W0253283

Hans Dackweiler

Dann brauchst Du einen Freund

Erlebnisse und Einsichten aus der Sozialtherapie

Hans Dackweiler

Dann brauchst Du einen FREUND

Erlebnisse und Einsichten aus der Sozialtherapie

Verlag Freies Geistesleben

1. Auflage 2012

Verlag Freies Geistesleben
Landhausstraße 82, 70190 Stuttgart
www.geistesleben.com

ISBN 978-3-7725-2369-4

© 2012 Verlag Freies Geistesleben
& Urachhaus GmbH, Stuttgart
Umschlag: Bianca Bonfert
Satz: Gabriele Zimmermann
Umschlagfoto: Wolfgang Schmidt
Fotos: Wolfgang Schmidt (Seite 13, 23, 32, 39, 59, 93, 106, 119, 139, 163, 168, 189, 213, 247, 261, 274, 312, 321, 351), Holger Wilms (Seite 48, 83, 289, 327, 347)
Zeichnungen: Hans Dackweiler
Druck: Freiburger Graphische Betriebe
Printed in Germany

Inhalt

Einleitung

Das Gebiet der Sozialtherapie ist so vielfach differenziert wie das Leben selbst. Menschen erfahren von der Not anderer Menschen. Im Nachdenken darüber stellen sich Fragen ein, man erdenkt, erfühlt Therapieansätze und verwirklicht solche individuellen Impulse. Der Beobachter empfindet, dass der therapeutische Impuls der Sozialtherapie weit mehr als in anderen Bereichen über das Individuum geht. Mensch begegnet Mensch. Daraus ergeben sich alle weiteren Schritte.

Erfahrene Sozialtherapeuten sind der Auffassung, dass das Therapeutische immer zwischen Menschen entsteht und somit den Begleiteten und seinen Begleiter gleichermaßen erreicht.

Der Letztere kann eine Zeit lang der Meinung sein, dass er der Führende sei. Der Nachdenkende und -empfindende wird aber bemerken, dass er selbst als Partner betroffen ist.

In der Beobachtung der Erscheinungen nimmt man Fragen wahr und erkennt Themen, die jeweils eine eigene Betrachtung ergeben. So kommt es, dass die hier vorgelegten Gedanken, Erlebnisse und Einsichten jeweils einzelne Themenkreise sind, die separat betrachtet werden können.

Behinderung geschieht stets mitten im Menschsein. Sie ist nie ein Defizit, das das Menschsein verkleinert oder gar infrage stellt. Jeder kann in der Behinderung – in der eigenen oder der anderer Menschen – sich selbst erkennen und erfahren, dass der betroffene Mensch ein Schicksal trägt, das jedem Wahrnehmenden das Eigensein ein Stück weit zu erkennen gibt.

Schicksal ist Ich-Sprache, die Erfahrung der Behinderung gehört in die Wesensmitte des Menschen, dessen, der als Betroffener damit lebt und der sie als Menschengeschwister annimmt.

Die hier mitgeteilten Gedanken sind nicht philologisch-wissenschaftlich erarbeitet, sondern dem Leben abgelesen. Dies geschah vor dem Erlebnishintergrund der Geisteswissenschaft Rudolf Steiners, der Anthroposophie.

Hier werden Denkvorgänge betrachtet und nicht endgültige Wahrheit mitgeteilt, sondern Gedanken, die aus dem Leben heraus gebildet wurden. Mancher wird andere Gedanken neben die hier angeführten stellen. So entsteht ein lebendiges Bild, das dem Leben nahekommen kann. Manches des Mitgeteilten spricht spirituelle Wege an. Zum Beispiel wird davon gesprochen, dass es Reinkarnation gebe und dass man Studien treiben solle, um Fragen des Karmas, des Schicksals und der Wiedergeburt zu bedenken. Der Zeitgenosse mag denken: Solch einen Gedanken möchte ich prüfen, ehe ich ihn annehme. Gebt mir Beispiele, die ich beurteilen kann!

Dazu muss man feststellen: Esoterisches Denken kann nicht auf ein Ergebnis hin entwickelt werden, es erweist sich in der Denksituation, macht diese eine Stufe bewusster. Spiritualität wird im Denkvorgang erfahrbar. Dies kann im reinen Denken geschehen, es entwickelt sich aber auch im tätigen Leben:

– Man dient einer Aufgabe, die die Zeit, die Menschen oder die Erde stellen.
– Man stellt Eigennutz zurück. Man dient der Sache um ihrer selbst willen.
– Man entwickelt ein Gespür für die Stimmigkeit von sozialen Ereignissen.
– Man achtet den Mitmenschen und schafft damit die Grundlage seiner Freiheit.

Mancher Leser wird bei den hier ausgesprochenen Gedanken den Eindruck haben, dass sie unkritisch sind und die helle Seite des Daseins ungebührlich überzeichnen. Wir bitten allerdings zu bedenken, dass hier die heilpädagogische Sichtweise gepflegt wird. Wenn man dieselbe Ausrichtung in das Feld der Sozialtherapie hebt, ist es die therapeutische Seite, die immer das Heilende aufsucht. Insofern ist hier nur wenig Diagnostisches zu finden.

Da das Helle im Dasein nicht nach vorne drängt, muss man es suchen, um es zu finden. Das Dunkle dagegen drängt immer in den Vordergrund. Es weiß, das Bewusstsein zu unterwandern, indem es sich zwischen das Wahrnehmen des Eigenseins schiebt. So, dass man schließlich seine Klugheit als die eigene annimmt. Wer die Dunkelseite des Daseins wahrnehmen möchte, braucht nicht lange zu suchen. Wer das Helle, Förderliche finden möchte, muss weite Wege gehen. Das wird hier versucht.

Mitteilungen aus der Geisteswissenschaft sollte man denken, nicht sie glauben oder nicht glauben. Wer glaubt, bleibt im Bereich des Seelischen und des Halbbewussten. Die hier gegebenen Mitteilungen sollten denkend betrachtet werden. Wer sie nicht prüfen kann, weil Urteilsgrundlagen fehlen, kann sie am Leben prüfen. Erweisen sie sich als hilfreich oder lebensfeindlich? Helfen sie im täglichen Leben, ist es angebracht, sie zu denken. Dabei ist unabdingbar, sie immer wieder neu zu prüfen.

Zu dem Beschriebenen muss die Fachlichkeit hinzuerworben werden. Das ist die Aufgabe unserer Ausbildungsstätten und Seminare. Die Kenntnis aller fachlichen Gegebenheiten muss im Leben weiterentwickelt, ausgebaut und im Austausch mit anderen Fachleuten gepflegt werden.

Rudolf Steiner stellte den heilpädagogischen Strom in das Feld der Medizinischen Sektion der Freien Hochschule für Geisteswissenschaft am Goetheanum in Dornach. Viele Heilpädagogen fühlen sich somit unmittelbar mit Ita Wegman verbunden.

Die Menschen der Sozialtherapie haben den geistigen Ort ihres Berufs ebenfalls der Medizinischen Sektion angeschlossen und die Sektionsleitung hat das als Aufgabe angenommen. Diese Zuordnung wirkt nach beiden Seiten: Die Medizinische Sektion nimmt die Sozialtherapie als Bestandteil ihres Ortes an. Die Menschen und Einrichtungen der Sozialtherapie stellen ihrerseits ihr Wirken in die Sektion und die Hochschule hinein.

Sozialtherapie wird zu einer Lebenshaltung. Im Miteinander der Menschen will Heilendes entwickelt werden. Die Leser dieser Gedanken sind eingeladen, sich auf diese Betrachtungsweise einzulassen.

Dorfgemeinschaft Tennental *Hans Dackweiler*

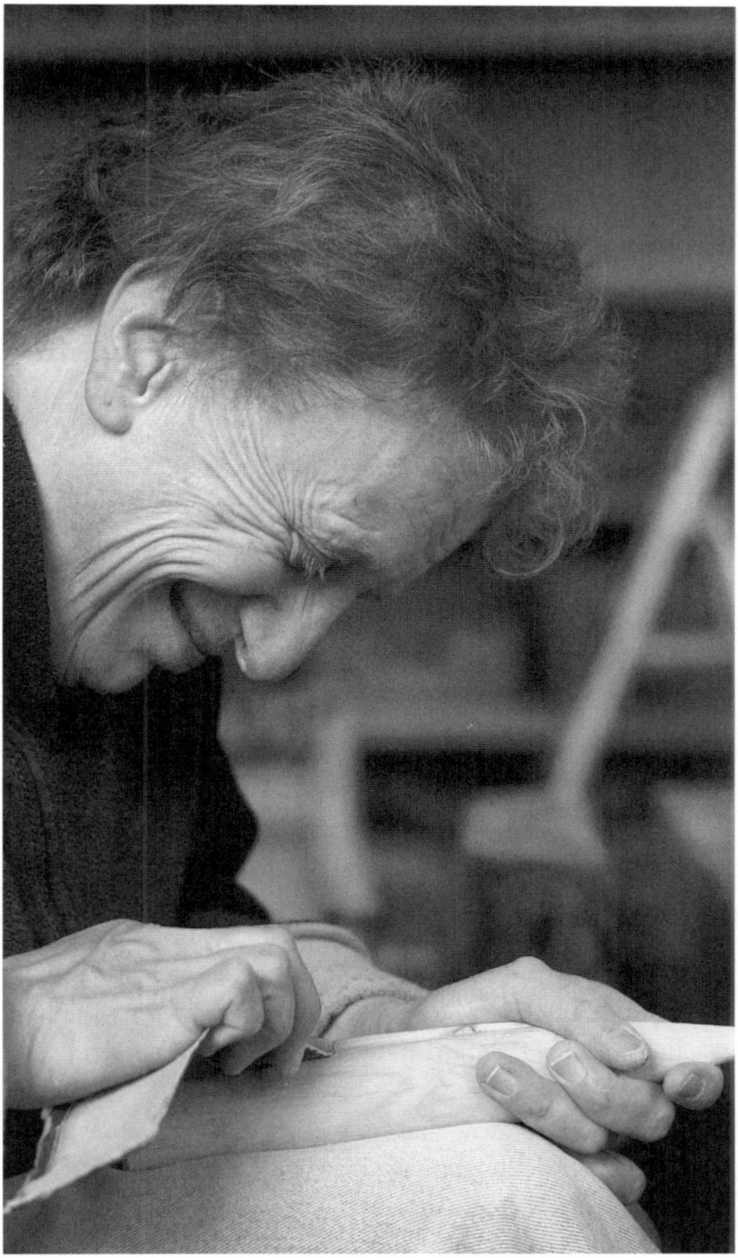

Vom Beginn bis in die Gegenwart

Anthroposophische Heilpädagogik erfuhr den entscheidenden Anstoß durch drei junge Menschen, die Rudolf Steiner um Rat fragten. Sie hatten begonnen, behinderte Kinder zu betreuen und suchten die Hintergründe zu erkennen, die die Schicksale dieser Menschen umgeben. Ihr Bestreben war es, aus dem Erahnen des Schicksals, Wege zur Heilung, zum Ausgleich der Behinderung zu finden. Rudolf Steiner antwortete auf die Frage in umfassender Weise. Diese Frage öffnete ein Feld, dessen Wege weit in die Zukunft weisen.

Der Auftakt war unendlich bescheiden und nur wenige Menschen nahmen an den Betrachtungen teil. Die meisten waren geladene Gäste, als Zeugen des Geschehens, die aber nicht selbst die Heilerwege antraten. Der Beginn verzweigte sich rasch an viele Orte, getragen von Menschen, die sich den Heilergedanken zum inneren Weg machten. Vermutlich wird dieser besondere Weg des Schicksal-Heilens in der Zukunft immer mehr an Bedeutung gewinnen.

Der *Heilpädagogische Kurs*[1] entwickelt menschenkundliche Denkwege, die viel weiter reichen, als ein Fachkurs in seinen Grenzen aufzeigen kann. Diesem Impuls folgten die ersten Heilpädagogen, die unmittelbar auf die Hinweise Rudolf Steiners eingingen. Es waren Franz Löffler, Siegfried Pickert und Albrecht Strohschein, die die entscheidende Frage nach der Betreuung behinderter Kinder an Rudolf Steiner richteten. Zu ihnen gesellten sich bald weitere Menschen, darunter Karl König, der in Pilgramshain wirkte.

Der Zweite Weltkrieg unterbrach die Anfänge. Manche der damaligen Einrichtungen sind zugrunde gegangen. Martin Kretschmer aus Bonnewitz bei Dresden wurde im Straflager der SS umgebracht. Gegen Kriegsende wanderten viele behinderte

Kinder mit den Betreuern zu Fuß vom deutschen Osten in den Westen. Hier begann eine neue Zeit der Heilpädagogik.

Die Not der Zeit impulsierte einige Menschen, sich dem Leid anderer zuzuwenden. Es gab charismatische Persönlichkeiten, denen sich andere Menschen als freiwillige Helfer anschlossen. Sie waren geprägt vom Krieg und den menschenverachtenden Erscheinungen, die zu ihm gehörten. Sie suchten innere Bilder des Menschseins und fanden sie durch die ausstrahlenden Persönlichkeiten, die damals Gründer und Leitpersönlichkeiten waren.

Unter diesen nahm Karl König eine besondere Stellung ein. Er war Jude und erlitt als solcher das Schicksal, aus seiner Heimat vertrieben zu werden. Er wendete diese Situation in etwas unerhört Positives, indem er mit seinen Freunden die Camphill-Bewegung ins Leben rief. Er war ein begnadeter Arzt und Heilpädagoge, dessen Gedanken bis heute helfend und impulsierend wirken. Er gab Richtung vor und war Meister darin, Menschen so anzuschauen, dass sie im Wahrgenommensein neue, unerwartete Schritte tun konnten im Erfassen des eigenen Weges. Er machte, als Empathiker der er war, Pfade erkennbar, die das Schicksal öffnet, hin zu den Schritten des Menschseins. Er erfüllte die Freunde, die sich ihm zur Seite stellten, mit dem Gefühl der inneren Führung. Er war Lehrer der Menschenkunde. Das wirkt bis heute und wird immer wieder neu entdeckt.

Eine neue Generation hat inzwischen die Führung im Strom der Heilpädagogik und der Sozialtherapie angenommen. Sie arbeiten und schließen sich in Gruppen zusammen, sodass gemeinsam etwas entsteht, was in den Einrichtungen als Weg und Ziel angenommen wird.

Das ganze Kollegium der Einrichtungen wird hineingenommen in die Suche nach einem Leitbild und in eine immer neu zu fassende innere Führung. Aus den Kollegien werden

Verantwortungs-Gruppen gewählt, die einzelne Aufgaben übernehmen, sie betrachten, bewegen und führen. Die Arbeit der Gruppen fließt zusammen in eine übergreifende Konferenz, in der alle Mitarbeitenden beteiligt sind. So entsteht eine klar erkennbare Identität der Einrichtungen und der Menschen, die sie tragen. Es gibt auch Nachteile in dieser neuen Ordnung – aber Schatten gibt es immer, wo Licht scheint.

Vor mehr als dreißig Jahren wurde die anthroposophische Heilpädagogik in der Öffentlichkeit ganz besonders positiv bewertet. Diese Einschätzung hat sich gewandelt und wird inzwischen mit einigem Abstand angeschaut und häufig kritisch hinterfragt. Die Maßstäbe der Zeitgenossen haben sich gewandelt. In den vergangenen Jahrzehnten wurden die Felder der Heilpädagogik und Sozialtherapie unabhängig neben den anthroposophischen Bestrebungen sehr sorgfältig erforscht. Aus den neuen Erkenntnissen entwickelte man neue Betrachtungsweisen. Das ging so weit, dass bisher geltende grundlegende Werte aus anderer Richtung angeschaut wurden und sich dadurch wandelten.

Anthroposophische Heilpädagogen und Sozialtherapeuten haben in dieser Zeit ihre eigenen Sichtweisen gepflegt und ausgebaut. Dabei entging ihnen teilweise, dass nebenan neue Wege gefunden und beschritten wurden. Als erkannt wurde, dass diese Wege gute Entwicklungen möglich machen, wurden die eigenen Pfade hinterfragt. Das ist gut – aber mit den Fragen trat zugleich Unsicherheit auf. Die neue Leitbild-Arbeit fragt: Gelten noch die alten Ziele oder müssen diese sich wandeln und neu erarbeitet werden?

Begegnung wird Schicksalsnähe

Wer sich Menschen mit Behinderung ernsthaft zuwendet, erfährt eine Berührung des eigenen Wesens. Man lebt mit ihnen zusammen, verrichtet alltägliche Dinge, und begegnet dabei Fragen, die an die Substanz des eigenen Daseins führen.

Man entdeckt, dass das Zusammenleben viel weniger von Antipathiekraft bestimmt ist, als man es sonst kennt. Der Begriff Antipathie ist hier auf das Erkennen als Kraft angewendet. Das Leben der Menschen mit Behinderung ist von Sympathie bestimmt, von Herzlichkeit, von Liebebedürfnis.

Im Laufe der Zeit lernt man, Antipathie im guten Sinne diesen Menschen nahezubringen. Sie lernen, Werte des Daseins auf der Erde und darüber hinausweisende Gedanken wahrzunehmen, sie zu erkennen und dabei sich selbst als Erkennende zu begreifen. Das mitmenschliche und religiöse Gespräch führen dahin. Trotzdem überwiegt die Sympathie. Das ist auf der einen Seite Schwäche, auf der anderen eine starke Liebefähigkeit. Man kommt sich menschlich nahe.

In der Hinwendung zu Menschen mit Behinderung wird Liebe in hoher Form erfahrbar. Man nimmt wahr: Mit Behinderung zu leben ist oft schweres Schicksal. Jeder wünscht, dass Behinderung gemindert oder gar ganz geheilt werden kann. Hinter diesem Phänomen entdeckt man jedoch menschliche Werte, die man als schönstes Geschenk des Menschen erlebt. Behinderung ist Vordergrund. Karl König nennt sie eine Maske. Dahinter steht jedoch das Menschenwesen, das das Schicksal annahm. Wer Behinderung trägt, schenkt dem Erlebnis der Menschenwürde eine neue Dimension.

Die hier angestellte Betrachtung wurde vor langer Zeit mit einer größeren Gruppe von Eltern behinderter Kinder angeschaut.

Es wurde gefragt: Wer waren Sie, bevor das Kind zu Ihnen kam? Wie war Ihre seelische und geistige Haltung? Wie haben Sie das Dasein und seine Werte beurteilt? Und wie haben Sie sich selbst durch das Kind gewandelt? Sind Sie selbst ein anderer geworden? Und welcher Art war die Verwandlung? Möchten Sie für sich selbst all das, was Sie erfahren und gelernt haben, missen? Die Antwort war klar und kräftig: So sehr man dem Kind eine Minderung der Leidenslast wünscht – man selber hat unendlich gelernt durch das Leben mit ihm.

Wer eine Lebensgestaltung für solche Menschen und sich selbst entdeckt und ausbaut, macht Erfahrungen am eigenen Dasein, die in die Nähe hoher Erkenntnis führen. Das lebt in den Einrichtungen, die sich Menschen mit solchen Schicksalszeichen zuwenden. Es lebt, es wirkt, wird aber sehr oft nicht erkannt.

Gedanken zu einer Berufsesoterik der Sozialtherapie

Die Heilpädagogen haben ihre Berufsesoterik mit und durch den *Heilpädagogischen Kurs* Rudolf Steiners erhalten. Auch die Sozialtherapeuten pflegen dessen Gaben und seine Esoterik. Aber es gibt eigene Wege in der Sozialtherapie, die zu erkennen sind. Die hier angesprochenen Gedanken sind ein Versuch, der besonderen Berufsesoterik der Sozialtherapeuten nahezukommen. Ich bitte um Mitarbeit.

In diesen Betrachtungen wird nicht der esoterische Schulungsweg beschrieben. Dessen Unterweisung findet man in Rudolf Steiners Werk an anderer Stelle. Hier sind einzelne Erkenntniswege und Meditationen erwähnt, die den Weg der Sozialtherapeuten kennzeichnen.

In unserem Beruf kommen Menschen zusammen, die durch die Behinderungen der begleiteten Persönlichkeiten angerührt werden. Die Berufseinsteiger sind nur ganz selten Menschen des reinen Denkens. Sie erfahren an den Erscheinungen und den Ereignissen des Lebens die inneren Anstöße, die sie in den Beruf führen. Die meisten Sozialtherapeuten lassen sich vom Herzen bestimmen und von dem, was das praktische Leben ihnen an Aufgaben stellt. Die Letzteren sprechen eine eigene esoterische Sprache.

Das Mittewesen des Menschen kann über das Denken erfahren werden, es kann aber auch über das Wirken in die Welt erkannt und erwandert werden. Die beiden Wege gehören zusammen. Wer den einen begonnen hat, wird den anderen auch finden.

Im ersten Schritt ist Sozialtherapie eine Sache des Herzdenkens und des entschlossenen Tuns. Die folgenden Gedanken mögen zunächst schwierig erscheinen – das ist eine fatale Folge unserer intellektuellen Erziehung. Man befürchtet, dass man der Höhe der Gedankenwege nicht gerecht werden kann. Wer das jedoch genauer prüft, erkennt zum einen, dass er selber Maßstäbe in das Phänomen hineinträgt, die der Sache nicht entsprechen. Wer diese erkennen möchte, muss sich von allen bisherigen Denkwegen verabschieden, auch von Vorstellungen und Wertmaßstäben. Er muss sich leer machen im Bewusstsein. Dort treffen aufeinander: Tiefe, Bescheidenheit und Geistgeschenke, die man über das Handeln im Alltag empfängt. In Wirklichkeit werden sie aber bereits im Herzen vorgefunden. Man erkennt sie wieder.

In einer Berufsesoterik der Sozialtherapie fordern mehrere Felder Aufmerksamkeit. Hier werden sie aufgezählt, in den Betrachtungen weiter unten ausgeführt.

Die Wesensglieder werden betrachtet, das Karma allgemein und das eines Menschen, der mit Behinderung lebt, werden angeschaut.

Karma hat einen Aspekt, der in die Vergangenheit, einen anderen, der in die Zukunft weist. Der Zukunftsaspekt ist ein besonderes Feld der Esoterik in der Sozialtherapie. Dazu gehören:
- Soziales Zusammensein als Lebenserfahrung.
- Das Sich-selbst-Erfassen als Person mit eigenem Recht.
- Das Arbeiten für Andere und der Wille zu gutem Tun.
- Religiöse und spirituelle Betrachtungen.
- Die Wahrnehmung des Schönen in der Welt.

Der Heilpädagoge erkennt in der Behinderung einen Schicksalsauftrag des betroffenen Menschen. Er nimmt das Kind so nahe an sich heran, dass er intuitiv erfasst, welche Therapiewege einzuschlagen sind.

Dazu sind nötig: die genaue Kenntnis der Formen von Behinderungen und den ihnen entsprechenden Heilungsmöglichkeiten sowie das Erarbeiten eines spirituellen Schulungsweges, der die Tür zum Erfassen der Hintergründe der Behinderung öffnet. Der Heilpädagoge wirkt zusammen mit dem Engel des Kindes, führt dessen Wirken in Erdenwege fort.

Der Sozialtherapeut wendet sich dem erwachsen gewordenen Menschen zu, dem Menschen, der nun mit seiner Behinderung lebt. Er setzt das Wirken des Heilpädagogen fort, indem er dem Menschen in den Bereichen hilft, in denen er Unterstützung braucht. Das betrifft:
- Körperliche Beschwerden.
- Beschwerden, die durch Krankheit verursacht werden.
- Ungeschicklichkeiten.
- Er räumt Steine aus dem Wege, wo es nötig ist.
- Vor allem aber bindet er den jungen Menschen ein in eine Gemeinschaft von Menschen.
- Er leitet ihn an zu tüchtiger Arbeit für andere Menschen.
- Er führt ihn in bewusstes Erfassen religiöser Einsichten.

Der Auftrag des Sozialtherapeuten ist einerseits der des individuellen Heilens, andererseits aber auch der des Eröffnens eines neuen Schicksalsweges. Letzteres geschieht durch das immer wieder neu entstehende Bilden von Menschen-Gemeinschaft sowie durch tätiges Arbeiten, dessen erzeugte Waren anderen Menschen zugute kommen. Ein Weiteres ist das Erfassen der eigenen Person im Nebeneinander mit anderen.

Es ist gut, wenn unter den Sozialtherapeuten einige ehemalige Lehrer leben. Sie kennen die Werdestufen des Kindes und sie erleben im Verhalten der begleiteten Menschen, dass diese einige Stufen der Kindesentwicklung nicht vollständig durchschritten haben. Aus waldorfpädagogischer Sicht haben sich die Geburten des Äther- und Astralleibs und des Ich nicht vollständig vollziehen können. Es bleiben Reste der alten Stufen im Leben des Erwachsenen zurück. Ein Beispiel ist die Kleinkindhaut mancher autistischer Menschen. Viele brauchen auch als Erwachsene eine geformte Seelenhülle, um ein erfülltes Leben führen zu können. Man muss die Zeichen erkennen und richtig behandeln. Dazu verhelfen die Kenntnisse der Heil- und Waldorfpädagogik. Man lese aus diesen Gedanken nicht heraus, dass erwachsene behinderte Menschen wie Kinder behandelt werden sollen.

In anthroposophischen Kollegienkreisen treffen oft Persönlichkeiten aufeinander, die mit ganz verschiedenen Lebensplänen ins Dasein blicken. Jeder findet einen Ort im Gefüge der Einrichtung. Jeder ist an diesem Ort notwendig, und doch sind sie ganz verschieden. Die übliche Bewertung, ob wesentlich oder nicht so wesentlich, trägt nicht weit. Wenn man genau fragt und aufmerksam lauscht auf den Menschen, erfährt man, dass jeder ein hohes Bild im Herzen trägt.

In Lautenbach lebte Otto Hausmeister. Er war immer zu sehen, ob beim Mähen der Wiesen im Sommer oder beim Schneeräumen im Winter. Er arbeitete still. In Konferenzen fühlte er sich nicht wohl. Eines Tages hielt er mich an. Er war erregt und zeigte mir einen Fehler, den ein tragender Mitarbeiter gemacht hatte. Er stieß hervor mit anklagendem Finger weisend: «Des isch nit mehr Lautenbach!» Was er sagte, zeigt deutlich: Otto hatte ein höheres Seelenbild von Lautenbach als der angeklagte Mitarbeiter.

Außer den genannten Aufgaben nehmen Sozialtherapeuten an:

- Die Pflege guter Arbeit. Das heißt: Die Arbeit dient den Mitmen- schen. Sie schädigt die Erde nicht. Die Arbeitsweise ist dem tätigen Menschen angepasst. Nach Möglichkeit sollte das Arbeiten den Tätigen selbst ein gesundes Erleben vermitteln.
- Die Pflege der Erde, der Pflanzen, der Tiere.
- Die Zuwendung zu Kindern, die sich der Gemeinschaft zugesellen.
- Die Zuwendung zu jungen Menschen, die das Leben der Gemeinschaft zur eigenen Orientierung aufsuchen.
- Die offene Zuwendung zu anderen Menschen, die mit ihnen in Verbindung treten.
- Die Pflege des religiösen und des kulturellen Lebens.
- Die offene Zuwendung zur Zeitgenossenschaft.

Die Aufgaben der Sozialtherapie und ihre Art der Verwirklichung sind sehr verschieden. Sie reichen von der Einzel-, über die ganze Palette der Teil- bis Vollbetreuung, in ambulanter Versorgung oder in Tageseinrichtungen. Allen gemeinsam ist, dass man Menschen hilft, einem inneren Lebensziel nahezukommen. Sozialtherapeuten denken Reinkarnation und nehmen das Karma anderer Menschen an: Einer trage des anderen Last.

Die Arbeitsform in einer Lebensgemeinschaft macht die Aufgabe leichter als in einer Teilbetreuung. Aber an jedem Ort macht man den Schritt, der als nächster zu gehen ist.

Von der Würde des Menschen

Würde entsteht auf zwei Wegen. Der eine ist der der Lebensführung. Der andere fließt aus den Herzen und Gedanken der Menschen. Würde ist ein individuelles und soziales Gut.

Der erste Weg bleibt dem Betroffenen in aller Regel unbewusst. Niemand möchte würdig erscheinen und richtet sein Auftreten danach aus. Wo dergleichen versucht wird, wirkt das unaufrichtig und komisch.

Dieser Weg wird auf redliche Weise gewandert, wenn Menschen eine Lebensaufgabe uneigennützig erfüllen. Sie haben Pflichten angenommen und erfüllen diese, sobald sie als Aufgabe vor ihnen stehen. Das Besondere einer solchen Lebensleistung wird meistens nicht erkannt, nicht vom Tätigen selber und nicht von den Menschen, denen die Sorge zugewendet wird.

Der zweite Weg wird *den* Menschen bewusst, die einen aus ihrer Mitte heraus betrachten, erkennen und wertschätzen. Es gehört zu den wesentlichen Tugenden des Sozialtherapeuten,

diese Haltung jedem Mitmenschen zuzuwenden. Dies ist ein Vorgang, der Gemeinschaft herbeiführt und trägt. Für den Betroffenen bedeutet dies, dass er sich in seinem Wesen erkannt fühlt. Er trägt Wesens-Gewinn davon.

Heilsam ist nur, wenn
Im Spiegel der Menschenseele
Sich bildet die ganze Gemeinschaft;
Und in der Gemeinschaft
Lebet der Einzelseele Kraft[2]

Das ist das Motto der Sozialethik.

Wir gehen in der Betrachtung weiter und erkennen im Phänomen *Lebensvorschau* eine Quelle der angesprochenen Lebensführung.

Der Menschengeist erfährt vor der Konzeption und Geburt eine Art Lebensvorschau, worauf Rudolf Steiner verschiedentlich hinweist. Das Geistwesen eines Kindes ist auf dem Weg zur Inkarnation. Es erkennt sein Elternpaar. Es schaut auf das kommende Leben und sieht darin die wesentlichen Ereignisse und die eigene Stellung zu ihnen. Es schaut nicht Einzelheiten, aber eine Art moralisches Bild der Lebensführung.

Wer im späteren Erdendasein sein Vorgehen so einrichtet, dass die Lebensvorschau einen Ort hat, lebt in Übereinstimmung mit diesem. Man kann diese Führung aber auch missachten und ohne eine innere Orientierung leben. Dann verfehlt der Mensch seine Lebensführung durch Ehrgeiz, Egoismus, Hochmut und durch vordergründige Ziele.

Eine Behinderung kann den Lebensentwurf des Betroffenen zudecken, sodass dieser für seine Mitmenschen nur schwer zu finden ist. Ihm selber aber bleibt er bewusst. Dafür gibt es Zeugnisse. Umso wichtiger ist es, dass Begleiter diesen Lebensplan des Begleiteten suchen. Es ist entscheidend wichtig, dass Begleitete spüren, dass sie in dieser Art angeschaut werden. Behinderung wird fast immer als Nachteil erlebt. Dabei bleibt ungeklärt, ob eine Behinderung ursprünglich im Menschen veranlagt ist oder ob das Urteil der Mitmenschen einen Teil der Behinderung ausmacht. Wir sehen aber eine Möglichkeit, Behinderung als Hilfe des Erkennens zu betrachten.

Michael – Raphael

Der Erzengel Michael ist führender Geist unserer Zeit. Durch ihn fließt Christi Licht in die Welt. Luzifer empfängt dasselbe Licht, behält es aber für sich. Ihm geht es um Selbsterleben. Michael dagegen ist vollkommen uneigennützig.

> Michael mutet in die Welt, in Menschenherzen hinein.
> Er wahrheitet in die Welt, in Menschenherzen hinein.
> Er schafft Beziehungen.
> Er lässt Menschen aufbrechen, in Unbekanntes hinein.

Es gibt Menschen, die sich nicht von Michael ansprechen lassen, die seinen Hinweis, das leise Winken, übersehen und überhören. Der Michael-Schüler erlebt strömende Wahrheit. Michael ist der, der vor Christus steht, Mut machend. Wahrheit strömend. Christus' Licht durchströmt Michael. Er behält nichts von diesem Licht für sich selbst. Er schenkt es her. Der Michael-Schüler erlebt dieses Licht als Erkenntnis, als Wahrheit, er erlebt es Mut schaffend.

Im Erleben der Phänomene der Erdenwelt.
Im Erleben der Wege anderer Menschen.
Im Erahnen des Schicksals anderer Menschen.
Im Erfassen von Beziehungen, die in sich wahr und klar sind. (Beziehungen werden verstanden als Ich-Wege des Menschen zu anderen Menschen.)

Wer das Michael-Licht nicht annehmen kann, erlebt es als verletzenden Schmerz. Nicht angenommene Michael-Erkenntnis schmerzt. So wird Michaels Wirken als Kampf erlebt. Dieser Kampf darf aber nicht aggressiv verstanden werden. Michaels Wahrheit, sein Mut und seine Erkenntnis sind nicht im üblichen Sinne Kampf-Geschehen. Wer Michael nahe erleben lernt, erfasst das Wesen seines nicht aggressiven Kampfes. Es ist Licht, das man in sich hineinnehmen kann.

Raphael dagegen ist Heiler. Von ihm strömt Heilendes in die Welt. Raphael heilt jeden innerlich und äußerlich Kranken. Er wählt nicht aus, wen er heilt. Michael schenkt Licht. Menschen stellen sich in das Licht oder eben nicht. Raphael schenkt Heil. Alle Menschen erhalten seine Gabe ohne jede Voraussetzung. Raphael steht vor dem Heiland.

Sozialtherapeuten sind als Zeitgenossen Michaeliten. Sozialtherapeuten sind Raphaeliten und insofern immer Heiler. Sie können nicht anders als Heiler zu sein. Das Heilende kann sich hinneigen zum Menschen in Not. Es kann sich erweisen im Sozialen selbst. Es kann sich auch erstrecken auf Erde – Pflanze – Tier und auf jedes Produkt der Arbeit.

Wer Michael mit Raphael verbindet, Sozialtherapeuten sind auf diesem Wege, kann Frieden bewirken. Denn Frieden ist Mut, ist Wahrheit, ist Heil und ist Trost. Wer den Frieden erlebt, kann den Anhauch Christi erfahren (Johannes 20, 19). Wer ihn erfährt, trägt des Bruders und der Schwester Last mit.

Der Heilpädagoge ist Zeitgenosse. Er trägt in seine Zeit ein Bild, das dringend gebraucht wird. Das Heilende – gibt es ein solches Wesen? – schaut so in die Welt, dass seine Art in sie einfließen kann. Das tut jeder schaffende und wirkende Mensch und all solches Wirken ist ein Teil dessen, was man die Zeit und ihre Art nennt. Das Heilende geht aus von einem Wesen, dessen Besonderheit wichtig ist. Es ist Raphael, der vor Christus steht.

Anthroposophen weisen zu Recht hin auf Michael, den Zeitgeist unserer Tage. Er ist der Mutmachende – der Wahrschaffende – der Klärende. Wenn wir die Zeit gottfern schauen, sind wir nicht auf Michaels Spuren, denn das in sich Wahre führt unmittelbar ins Göttliche hinein. Es gibt einen kostbaren Hinweis Rudolf Steiners, der ins Wahrnehmen Michaels hineinführt. Er rät dem bildenden Künstler, der Michael «malen» oder «plastisch» formen möchte, den Blick Michaels nicht auf den Drachen oder das Böse zu richten. Michael schaut nicht auf das Dunkle. Er blickt immer in das Wesen des Göttlichen hinein. Er ist das Antlitz Gottes oder des Christus selber. Das Licht Christi strömt ein in Michael. Er hält es nicht fest für sich, er lässt sich durchströmen und schenkt es in die Wesen der Welt hinein. Luzifer empfängt das gleiche Licht. Er hält es fest, will es für sich haben. Er bringt Menschen dahin, das Licht ebenfalls für sich selbst haben und halten zu wollen.

Wir werden Michael nur gerecht, wenn wir ihn anti-aggressiv erfassen können. Sein Kampf ist ernst, aber eben nicht aggressiv. Es ist das Licht Christi, das ihn erfüllt, das er herschenkt. Der Wahre kann es annehmen. Der in sich Unklare erlebt dasselbe Licht als Verletzung, die heftig schmerzt. Den Unterschied muss man verinnerlichen, um ihn in der Tiefe zu erfassen. Die Menschen unserer Zeit werden krank an den Gegenbildern des Michael. Raphael ist es, der das Heilende in den Menschen und in die Zeit trägt. Die Morgenmeditation weist dem Heiler den Weg.

Spiritualität im Alltag

Die Hausmutter schneidet Brot. Das ist eine notwendige und willkommene Tätigkeit. Es ist aber auch eine Geste der Liebe, in der Art, wie sie schneidet und darreicht. Es ist ebenso die Geste, deren Urbild am Gründonnerstag-Abendmahl gegeben wurde. Die beiden Emmaus-Wanderer erkannten den Dritten an dem einfachen Tun: Er brach das Brot. All das wirkt zusammen im Alltag. Alle drei Stufen können wahrgenommen werden. So wird einfaches Tun zum Sakrament. Im koptischen Christentum gibt es den Christus, der dem Menschen erscheint, wenn er den Stein hebt, wenn er das Holz spaltet.

Christus lebt in der Geste des Tuns.
Christus lebt im Tun des Alltags.
Christus lebt in der Begegnung von Menschen,
wenn einer auf den anderen lauscht.
Christus lebt in den Ereignissen, die Menschen treffen.

Wenn wir die Aufgaben erfüllen, die das Leben uns stellt, gibt es stets beide Seiten: die des gewöhnlichen Handelns und den angesprochenen Hintergrund.

Spiritualität beginnt nicht mit der Meditation, sondern mit der Aufmerksamkeit auf die Anforderungen des Lebens. Die Meditation hebt dies aus dem Gewöhnlichen ins Besondere. So wird es dem Menschen bewusst.

Der Mensch ist unvollkommen. Er ist Bedürftiger in körperlicher Beziehung, aber auch im Bereich der Seele und des Geistes. Er braucht Nahrung, Kleidung, Behausung. Er fragt aber auch nach dem Wesenhaften der ihn umgebenden Dinge und des Menschseins. Jede Antwort auf ein Bedürfnis muss er selbst schaffen.

Der Haushalt und seine Menschen brauchen Zuwendung. Handwerker pflegen das Material, das Gerät, die Werkzeuge. In der Fabrik geschieht das Entsprechende.

Die Dinge und die Geschehnisse verlangen Wachheit. Wer eine Erdenaufgabe annimmt, hört auf das Sprechen der Gegenstände, der Ereignisse. Wer dieses Hinhören mit innerer Bereitschaft annimmt, wer gar eine innere Freude empfindet, ist bereits auf dem Weg, den wir den *Weg der Andacht*[3] nennen wollen.

Erkennen durch Hingabe

Das Erkennen geht meist so vor sich, dass der Erkennende Abstand nimmt zum Gegenstand und erst dann wahrnimmt und erkennt. So wirkt Antipathie als Erkenntnishilfe. Der Sozialtherapeut sucht andere Wege des Erkennens zum Mitmenschen hin. Diese erwandert man über die Kraft der Sympathie. Der Erkennende umfasst den anderen mit voller Hingabe und geht so weit, dass dieser, oder auch der Erkenntnis-Gegenstand, sich selbst auszusprechen beginnt. So wirkt Sympathie, die zu Empathie wird. Das Letztere geschieht oft im Alltag, kann aber nicht immer bis ins volle Bewusstsein gehoben werden. Baruch Urieli hat diesen Begriff und sein Wesen ins Bewusstsein getragen.[4]

Es ist nicht leicht, Empathie bei sich selbst zu erkennen und angemessen zu behandeln. Es ist besonders hilfreich, wenn in einem Kollegium einer am anderen diese Zeichen wahrnimmt. Es wirkt im besten Sinne gemeinschaftsbildend.

Wer einen Mitmenschen in solcher Weise anschaut, schafft einen Innenraum, der dem Erkannten eine bedeutende Erweiterung des eigenen Wesens schenkt. Für Menschen, die mit Behinderung leben, ist solche Erkenntnis echte Daseinshilfe, weil der Begleiter den hinter den Erscheinungen liegenden eigentlichen Menschen erfassen kann.

Der Vorgang ist für jeden Einzelnen bedeutsam. Wer in solcher Art angeschaut und wahrgenommen wird, erkennt im Blicken des Freundes sich selber auf bisher unbekannte Weise. Das Geschehen wird Liebe genannt und trifft jeden Menschen, der Liebe erfährt. Es kann auch auf hoher Stufe geschehen, im Bereich der *Agape*, wie die Griechen sie nannten. Das ist rein geistige Liebe, die zugleich Wesenserkennen ist.

Das erste spontane Aufeinandertreffen zweier Menschen kommt diesem Geschehen nahe. Das bleibt aber fast immer unbewusst. Wenn beide Menschen eine Zeit lang miteinander leben, lernen sie einander recht gut kennen – allerdings jeweils die Vergangenheits-Gaben des anderen. Damit wird der erste Eindruck fast vollständig überdeckt.

Es gehört zur Esoterik des Sozialtherapeuten, das hinter den Erscheinungen liegende eigentliche Wesen des Mitmenschen stets im Bewusstsein zu halten. Damit kommt er dem Geistselbst ein Stück nahe.

Hier wurde das Erkennen beschrieben am Mitmenschen. Aber alle Erkenntnis geht einen gleichen Weg, wenn das Geschehen vertieft wird. Naturwissenschaftliches oder auch rein geisteswissenschaftliches Erkennen gehen mit dem Gegenstand ihres Suchens in gleicher Weise um. Der Weg des Erkennens geht über das wache Bewusstsein und das freiwillige Tun. Man wählt den Weg, den man geht, man wählt die Übungsinhalte und die Methode. All das beobachtet man bewusst und auch kritisch.

Der Weg der Andacht oder auch der Weg des guten Willens sieht anders aus. Er kommt meist als Erdenaufgabe auf den tätigen Menschen zu. Man hat die Aufgabe nicht immer, aber oft, frei gewählt. Aber nun stellt sie eigene Fragen. Der Tätige lernt, sie anzunehmen.

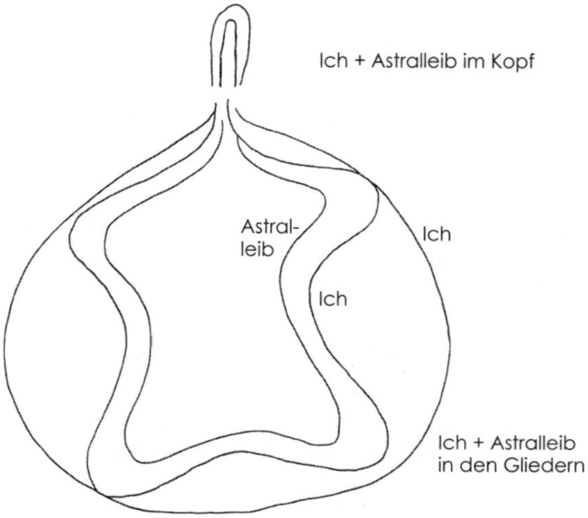

Das gilt für jeden Beruf, auch für die Heilpädagogik und Sozialtherapie. Es gehört zum Wesen der Aufgabe, dass man ihre Anforderungen annimmt, dass man eigene Interessen unterordnet. Sie spricht zum tätigen Menschen. Viele Dinge der Welt rufen nach uns Menschen. Alle Handwerkzeuge sagen, was sie sind, was sie tun wollen. Man lernt, das Sprechen, das Rufen zu vernehmen. Das Märchen weiß es: Goldmarie geht über die Wiese. Sie hört das Brot rufen im Backofen: Hol uns heraus, wir sind fertiggebacken! Die Äpfel am Baum rufen: Pflücke uns, wir sind reif. Goldmarie hört es und sie folgt dem Rufen. Pechmarie geht auch vorbei und vernimmt nichts. Sie ist taub für das; was Erdenaufgaben sagen.

Kinder vernehmen das Rufen und folgen ihm. Der Ball ruft: Wirf mich weit. Der Reifen singt: Rolle mich. Die Schaukel ist dabei: Wirf dich in die Luft. Ein glückliches Kind erlebt, wie der Vater Erbsen ins glatte Beet sät, wie die Keime sprossen, die Sträucher wachsen, wie Schoten kommen. Schließlich rufen die Erbsen in der Schote. Pflück uns und hol uns heraus. Mutter, koche uns, wir schmecken so gut. Erbsen in der Dose rufen nicht, auch wenn ein buntes Bild daraufgeklebt ist. – Wonach rufen die Dinge der Welt?

Im *Heilpädagogischen Kurs* gibt es Hinweise, die weiterhelfen. Man kann das Bild entwickeln, dass das Ich, die Wesensmitte des Menschen im Haupte ganz innen liegt und unscheinbar bleibt. Die Seele liegt um das Ich herum, darüber der Ätherleib und schließlich, ganz außen, die Physis. Im unteren Menschen, vor allem in den Gliedmaßen, verhält es sich umgekehrt. Das Ich liegt ganz weit außen, es hat die Tendenz zum Kreis. Die Seele liegt weiter nach innen, strebt aber auch in die Welt hinaus. Erst der Ätherleib ist innen, und ganz nach innen verlegt sind Physis und in ihr die Knochen. Vom Ich und der Seele im unteren Menschen wird ferner gesagt, dass sie in die Welt hinaus vibrieren. An anderer Stelle wird die Angabe ergänzt und davon gesprochen, dass das Ich des Menschen in die Agentien der Welt hineinwirkt. Damit sind gemeint die wirkenden Kräfte des Erdigen, des Wässrigen, des Luftigen und der Wärme, des Feuers.

Wir bedenken diese Angaben und zielen am Wesentlichen vorbei. Das Denken allein verschafft nicht die Einsicht in die Vorgänge. Man muss empfindend wahrnehmen lernen, wie sich der schaffende Mensch mit den Dingen und Vorgängen der Erde verbindet. Jetzt bemerkt man, dass die pflegende Hausfrau das Ich und die Seele in die Räume trägt. Dies macht leeren Raum erst zum Daheim für Kind und Mann.

Der Bauer wirkt mit Ich und Seele in Stall und Acker. Das Geschehen ist so, dass das Ich tatsächlich dort hineinatmet. Das bedeutet weiter, dass es im Inneren des Menschen nur unvollkommen, nicht frei von Irrtümern lebt, dass es aber wahrhaft durch das schaffende Tun in die Welt hineinströmt. So geht es dem Lehrer in der Klasse, dem Arzt beim Kranken, dem Handwerker mit Material und Werkzeug. Ich und Seele begeben sich in die Welt und leben darin.

Man erkennt den Vorgang daran, wie jemand sich zu Dingen stellt, mit denen er zu tun hat. Der eine bleibt gleichgültig. Ein anderer identifiziert sich mit einem Gegenstand. Er ist betroffen, wenn dieser schlecht behandelt wird. Er freut sich, wenn andere Anteil nehmen.

Der Landwirt sagt: Mein Acker – meine Kuh. Die Hausfrau: Meine Bettwäsche. Die Betroffenheit ist nicht mittelbar, sie wirkt unmittelbar.

Die Sache hat auch Schattenseiten, wie alles im Leben. Der innerlich enge Mensch geht auch mit seinen Dingen eng um, der Flüchtige verbindet sich nur wenig, der abstrakt Denkende und Erlebende ebenfalls nicht.

In Rudolf Steiners Vortragszyklus *Die Sendung Michaels*[5] gibt es einen Hinweis, der die Angabe unterstützt. Dort wird erwähnt, dass die Welt ihrerseits auf die Ich-Einwirkung antwortet: Der Mensch wirkt als Wesen in die Welt, die Welt antwortet darauf, indem sie den Menschen ruft.

Die Schulklasse verrät etwas vom Lehrer und dieser verbindet sich mit den Schülern. Der Arzt heilt nicht nur, weil er geeignete Medikamente weiß. Er wirkt auf den Kranken auch als der Mensch, der er ist. Wir begreifen, dass das Ich-Wirken des Menschen von verschiedener Qualität ist.

Der eine nimmt Erdengaben an, ohne auf das Wesen der Dinge zu achten. Ein anderer pflegt nicht, was er annimmt. Wieder ein anderer beschenkt die Natur durch Hingabe und Achtung vor der Größe, die er ahnt. Der zweite trägt Ich-Kraft in die Welt, der erste lässt sich selbst tragen von Ereignissen.

Religion und Spiritualität

Religion beginnt mit der Geste der Mutter, die Brot schneidet und anreicht. Sie setzt sich fort im Leben des Alltags, der von diesem Hintergrund getragen ist. Auf diesem Boden wird Religion lebendiger Bestandteil des Lebens. Religion wird verstanden als Rückbesinnung auf einen göttlich-geistigen Grund allen Daseins auf Erden. Wenn sie von Spiritualität getragen ist, wird sie auch zur Vorgestaltung der Zukunft.

Vergangenheit, Gegenwart und Zukunft sind nicht fest abgegrenzte Gebiete. Sie überlappen sich. Vergangenes wirkt in die Zukunft und diese bereitet sich im Jetzt vor. Man sollte dazu das Wort *Proligio*[6] verwenden, um diesen Aspekt des Geistigen zu benennen. Der Gedanke der Reinkarnation legt das nahe.

Die Jahre um 1200 und später brachten ein Element in die Entwicklung, das die Menschen bis heute bestimmt. Das platonische Denken wurde abgelöst durch die aristotelische Denkweise.

Die Letztere war in ihrem Ursprung hoch spirituell. Sie hat sich aber bis heute dahin entwickelt, die sicht- und messbaren Erscheinungen des Erdendaseins in den Vordergrund des Interesses zu rücken. Sie bezieht Ursache und Wirkung aufeinander.

Plato suchte in allen Erscheinungen deren geistigen Ursprung. Aristoteles – Schüler des Plato – suchte die Wirkung des heute Erlebten auf die Zukunft zu ergründen. So entstand als Vereinfachung das kausale Denken, das die gegenwärtige Denkart bestimmt.

Die Bibel ist jedoch in platonischer Denk- und Erlebensart geschrieben. Man kann die Bilder der Erzählungen nur erfassen, wenn man sie als Imaginationen versteht.

Das Wandeln auf dem Wasser ist nicht ein Gehen mit Erdenfüßen über einen See, sondern es ist das wache Erleben des Schlafbereichs. Wer des Nachts – schlafend – volles Bewusstsein dessen erreicht, was das Schlafleben schenkt, der wandelt imaginativ auf dem Wasser des Lebens. Das vermochte der Gautama Buddha. Der so oft dargestellt Buddha – zwischen Schlaf und Wachsein – erlebt diese Welt, ist in ihr zu Hause. Auch in den Märchen, die ebenfalls aus platonischem Denken entstanden sind, hat das Wasser eine solche Qualität. So wandelt auch Christus über das Wasser. Solcher Beispiele gibt es viele.

Wer die Bibel so lesen lernt, erfährt Spiritualität, die vor mehr als zweitausend Jahren entstand, nun aber Zukunft gestaltet. Das ist ein Kennzeichen der Spiritualität, dass sie Gegenwart aus der Vergangenheit entstehen lässt, die sie jedoch unmittelbar in die Zukunft weiterführt. Zugleich öffnet sie dem Menschen – ungeachtet einer Behinderung – sein innerstes Wesen.

Dieses ist nie behindert, vielmehr legt sich Behinderung wie ein Schleier über den Quell des inneren Menschen. Religiöse Spiritualität ist das entscheidende Heilmittel für jede Entschleierung dieses Ortes. Viele Zeugnisse behinderter Menschen belegen dies.

Die Behinderungen verändern sich im Verlaufe des Lebens. Sie zeigen in der Kindheit ein anderes Bild als im erwachsenen Menschen, und sie wandeln sich im Älterwerden.

Die religiöse Betrachtung folgt der Entwicklung. Sie füllt die Seele des Kindes mit reichen Gemälden biblischer Ereignisse.

Jugendliche Menschen, auch die, die mit Behinderung leben, bejahen ihre – und unsere – Zeit ohne Vorbehalt. Die Lebensbejahung ist zugleich der Wille, die Zeit und ihre Erscheinungen anzunehmen.

Deshalb geht der Religionsunterricht für diesen Personenkreis aus von dem, was in der Gegenwart geschieht. Es kommt vor, dass jemand bestimmte Erscheinungen unserer Zeit nicht annehmen will. Solche Persönlichkeiten bringen nicht die Voraussetzung mit für einen Religionsunterricht für junge Menschen.

Der aufmerksame Zeitgenosse findet manch aktuelle Ereignisse, die viel verraten von ihrem Hintergrund, wenn man sie von der geistigen Seite aus anschaut. Von dort aus kann man hinüberführen in Themen der Bergpredigt und andere Bilder der Bibel.

Karl König, der große Heilpädagoge und Sozialgestalter, hat den Ort des Bibelabends neu gefasst und seinen Schülern gegeben. Dieser geht zurück auf den Herrnhuter Bibelabend, ein Fest, das im evangelischen Raum entstand. Graf von Zinzendorf war der Urheber dieses Festes, Karl König führte fort, was von ihm begonnen wurde.

Der Bibelabend am Samstag vereinigt alle erwachsenen Bewohner einer Gemeinschaft. Die Elemente sind das Schweigen, das gemeinsame Mahl und die Bibelbetrachtung. Diese Feier pflegt das Denken an das Gründonnerstag-Abendmahl.

Das Fest wird in allen Einrichtungen unserer Camphill-Bewegung gefeiert und auch in anderen Gemeinschaften. Durch seine spirituelle Substanz und die regelmäßige Wiederholung gibt es den Menschen das sichere Wissen um einen eigenen geistigen Ort im Getriebe der Welt.

Der Bibelabend ist eine soziale und zugleich religiöse Einrichtung. Man kann ihn übernehmen, man kann aber auch Feste solcher Art selber neu schaffen. Man muss sich aber klar sein, dass Derartiges, einmal begonnen, weitergeführt werden sollte.

Unsere Zeit und unser Beruf ganz besonders verlangen nach neuen Sozialgebräuchen. Wir tun gut daran, sie im Kleinen zu beginnen.

Man meint, die Zeit zu kennen. Die Uhr, der Kalender und die Wochentage lassen vermuten, die Zeit sei wahrnehmbar, wenn man sie an äußeren Zeichen festmacht. Sie ist aber nicht an räumlichen Erscheinungen zu erkennen. Kalender und Uhr zeigen nur räumliche Einteilungen. Die Menschen erleben Zeit jedoch als Qualität.

Das Kind beispielsweise erlebt den Sommer als dauerndes Plantschen im Wasser, den Winter als Schlittenfahren mit den Freunden. Das Erleben solcher Ereignisse wird zur Wahrnehmung der Zeit. Daher ist anzuraten, Geschehnisse zu gestalten, die die Zeit in solcher Weise erkennbar machen. Rilke lässt den Malte Laurids Brigge rufen: «Wir brauchen Gebräuche! Gebräuche müssen her!»

Die vier christlichen Jahresfeste geben Gelegenheit, die vorüberziehende Zeit zu strukturieren.

Welche Weisheit hat sie geschaffen? Wie stimmig erscheint dem Betrachter, zur Zeit der 12 heiligen Nächte, das Geburtsfest Christi zu feiern! An den Beginn dieser 12 Tage und Nächte wurde die Lukas-Christgeburt gelegt, am Ende steht das Matthäus-Geburtsfest. In vielen unserer Lebensgemeinschaften werden die 12 heiligen Tage und Nächte in besonderer Weise aus dem Strömen der Zeit herausgehoben. Zu Beginn und am Ende werden die beiden Versionen der Geburt des Jesuskindes gefeiert. Gabriel, der Gottesbote und Erzengel, ist geistiger Führer dieses Festes.

Diese Feiern heben das Jahresende und den Beginn des neuen Jahres heraus aus allem übrigen Walten der Zeit. In den Gemeinschaften Lautenbach und Tennental ist während dieser 12 Tage und Nächte arbeitsfrei. Zu Beginn wird das Paradeisspiel aufgeführt und am Weihnachtstage das Christgeburtsspiel der Oberuferer Weihnachtsspiele.

Dann wird das Lukas-Geburtsereignis gefeiert. Dazu gehört, dass vom großen Christbaum in der Halle ein Licht in jede Familie gebracht wird. Und die Stallweihnacht gehört hinzu. Das Evangelium wird im Stalle vorgetragen. Alle nehmen Anteil.

Während der 12 heiligen Nächte wird an jedem Morgen das Lied des Olaf Asteson in der Vertonung von Johanna Ruß eingeübt. Daneben proben die Spieler des Dreikönigsspiels ihr Stück, und viele Menschen sind beteiligt. Die Könige haben Diener, die die Szepter tragen. Und Hauptmann und Knecht haben weitere Soldaten. Es ist ein langer Zug von Menschen, der auf die Bühne einzieht.

Im Jahreskreislauf steht gegenüber der Weihnachtszeit der Mittsommer, und dorthin wurde in alter Zeit das Fest des Täufers Johannes gelegt. Das erscheint stimmig aus mehreren Gründen. Im Sommer sind Hitze und warm strömende Luft unmittelbar verbunden mit dem Johannes in der Wüste, dem Manne mit kamelwollenem Gewand und lang wallenden Haaren. Beide sind – das sei nebenbei angemerkt – überaus gepflegte Bilder. Johannes mit wilden Haaren und zerrissenem Kleid darzustellen, entspricht nicht der Wirklichkeit! Die Haare weisen hin auf den Propheten, der Gottes Wort vernimmt.

Johannes wird ein halbes Jahr vor Jesus geboren. Johanni liegt um diese Zeitspanne vor Weihnachten. Johanni wird geführt und überstrahlt vom Erzengel Uriel.

Am Morgen des Johannitags gibt es ein Fest in der großen

Halle. Die Gemeinschaft steht im Kreis. Bevor die Menschen eintreten, haben sich schon vier Gruppen in den vier Raumesrichtungen aufgestellt. Die Menge versammelt sich im Kreis um sie herum. In der Mitte ist ein kleiner Altar mit Steinen, Blumen und Kerzen errichtet.

Das Fest beginnt mit Spruch, mit Klang und einem Lied. Die Menschen der vier inneren Gruppen sprechen einen Text. Dann treten aus der Menge einzelne hervor, legen eine Blume, einen blühenden Zweig oder auch nur einen grünen Zweig zur Mitte hin.

Mit der Zeit entsteht eine Art großer liegender Strauß mit zur Mitte hingelegten Blüten.

Wieder gibt es Klang und Spruch, und wieder ein Lied. Dann gehen die Menschen des äußeren Kreises schweigend hinaus.

Zu Mittsommer versammeln sich alle am Abend des 24. Juni. Es wird ein oft besonders hoher Holzstoß gerichtet. Lieder werden gesungen, es wird getanzt, zuerst weit um das Feuer herum, später näher an die heruntergebrannte Glut. Einige springen auch um das Feuer, aber das wird entweder genau durch die Helfer geführt und zwar an den Seiten des Feuers, oder nur wenigen gestattet. Heute gibt es eine Feuerpfanne, die erhöht steht, von der aus das Feuer zum Himmel lodert. Um diese Feuer herum wird Eurythmie gemacht.

Die beiden weiteren Feste sind Ostern, das Fest des Raphael, und Michaeli, das Fest, das nach seinem führenden Erzengel benannt wurde.

Ostern macht Christi Tod und seine Auferstehung bewusst. Während der Karwoche wurde morgens und abends in der Kapelle eine Bibelstelle gelesen, die zum Passionsgeschehen einen Bezug hat. Das rahmt diese auf besondere Weise besinnliche Zeit ein.

Am Gründonnerstag gibt es ein gemeinsames Mahl in der Gestalt des Bibelabends. Am Karfreitag fallen die Bibelstunden der Karwoche weg, aber zur Sterbestunde wird die lange Bibeldarstellung der Ereignisse von Christi Tod gelesen.

Am Ostersonntag stehen alle vor Sonnenaufgang auf. Man versammelt sich und wandert zu Fuß an den östlichsten Punkt des Dorfgeländes. Dort wird gesungen, das Evangelium gelesen und Sprüche vorgetragen. Oft sind diese Sprüche von bedeutenden Menschen des Frühmittelalters, die im Bodenseebereich lebten. Daran schließt sich ein gemeinsames Osterfrühstück an. Die Karwoche und der Tod des Heilands sind abgelöst von der Frohstimmung des Ostertages.

Michaeli wird als Gegenbild zu Ostern gestaltet. Man versammelt sich am Abend des 29. September in der Kapelle. Die Stühle sind beiseitegeräumt; alle stehen in der Mitte des

Raumes in einem großen Kreis. Aus diesem Kreis heraus ertönen aus den vier Himmelsrichtungen Worte des Michaelfestes. Dazu gibt es Klangeisen, – Töne auf rhythmische Weise vorgetragen. Wieder gibt es Spruch und Lied. Alles wird von Ernst und würdiger Ruhe getragen.

Ostern wandert man weit nach außen und bezieht die Natur und ihre Wesen mit ein.

Michaeli wendet sich nach innen, zu einer Mitte hin, die sich bildet durch das Tun der Menschen.

Diese Art, die Jahresfeste zu begehen, ist in Lautenbach und im Tennental zu Hause. Das bedeutet aber nicht, dass sie auf immer so bleiben werden. Sie werden hier nicht berichtet, weil man sie für richtungsweisend hält. Sie sind Beispiele, an denen der Wahrnehmende eigene Formen entwickeln kann.

Schwerst mehrfach behinderte Menschen haben individuelle Möglichkeiten, eine religiöse Ansprache anzunehmen. Das reicht von den allgemein bekannten Gottesdiensten bis zu einzelner Ansprache und Handreichung. Wer mit ihnen vertraut ist, findet einen Weg, sie anzusprechen und weiterzuführen. Allein das soziale Element, dabei sein zu können, ist wesentlich. Die Stimmung, die Haltung der beteiligten Menschen, gehören dazu. Die Worte erklingen, und wenn sie auch nicht immer als Information aufgenommen werden können, so wirkt doch die Atmosphäre, die in einem solchen Vorgang gestaltet ist.

Zwei Geschehnisse mögen das zeigen: Frau W. erlebt die eigene Mitte nicht in sich, sie ist ganz im Umkreis, vor allem bei den Menschen um sie herum. Sie kann nicht lernen, so heißt es, sie kann nicht erinnern. Sie wird nie eine sinnvolle Arbeit tun können, so wurde von den ehemaligen Lehrern gesagt, als sie nach Lautenbach kam. Die Voraussagen haben sich nicht als wahr erwiesen. Inzwischen kann Frau W. sinnvoll arbeiten, wenn auch sehr langsam. Sie hat vor allem einmal gezeigt, dass sie auch in religiösen Ereignissen daheim ist.

In Lautenbach wird zu jeder Feier der Prolog des Johannesevangeliums gesprochen. Das geschieht zweimal in der Woche. Die meisten Menschen der Gemeinschaften in Lautenbach und Tennental kennen diese lange Bibelstelle auswendig.

Frau W. spricht nicht zusammen mit den anderen. Sie kann das nicht! Es geschah aber einmal, es ist lange her, dass es im Sprechen des Prologs eine Unterbrechung gab. Alle schwiegen. Nur Frau W. sprach auf einmal und führte den abgebrochenen Fluss des Sprechens richtig weiter.

Das andere Ereignis betrifft Frau H. Sie ist contergangeschädigt, besonders in den Armen und ganz stark im Gehör. Sie hört nicht, nicht einmal Körperschall![7] Sie brauchte als Kind und später als junge Frau immerzu neue Operationen, weil viele Körperaufgaben nur durch diese bewältigt werden konnten. Frau H. hat dies als Kind – nicht hörend, nicht sprechend – nicht verstanden. Sie hat bis heute Angst vor Menschen in weißen Kitteln.

Sie kann folglich auch nicht die religiösen Feiern in Lautenbach hören. Was kann man tun, um sie einzubeziehen? Manches wurde versucht, das meiste misslang. Frau H. hat die Eigenschaft so mancher Nicht-Hörenden: Sie mag nicht im Mittelpunkt stehen. Sie vermeidet es, Aufmerksamkeit anderer auf sich zu ziehen. Das Problem blieb: Wie wird man ihr gerecht? Mit der Sorge ging der Berichterstatter lange Zeit um. Frau H. löste das Problem.

Der Begleiter, der die religiösen Feiern gestaltet, sitzt vor der Feier schon an der Tür der Kapelle, um früh Kommende begrüßen zu können. Eines Abends kommt Frau H. besonders zeitig. Sie stellt sich mit dem Rücken zum Begleiter und hebt die Hände langsam nach oben. Sie tut es feierlich. Die verkürzten

Arme machen die Geste besonders eindringlich. Sie wird zum Zeichen, zur Ich-Geste. Dann nimmt sie die Arme langsam nach unten. Sie hebt sie wieder bis zur Mitte und streckt sie nach beiden Seiten. Wieder ist es eine bedeutsame Geste.

Sie nimmt die Arme langsam zusammen, dann streckt sie sie nach unten. Wieder ist es eine klar sprechende Geste. – Sie hat die Zeichen der drei Ehrfurchten getan, die Goethe die jungen Schüler in den Wahlverwandtschaften ausführen lässt. Der Kundige wird erkennen, dass dies die Gesten der Ehrfurcht sind, die Christian Rosenkreutz in die christliche Welt stellte.

Frau H. hat mich trösten wollen. Obwohl ihr gegenüber nie ein Wort darüber gefallen war – sie hat auch nichts Ähnliches wie die Gesten der drei Ehrfurchten gesehen –, spürte sie die Sorge des Berichterstatters. Sie hat darauf geantwortet und deutlich gemacht: Ich verstehe gut, was geschieht, und ich bin voll dabei!

Religiöse Ereignisse führen den Menschen zum Innersten seines Wesens. Diese Schicht wird erreicht trotz Behinderungen. Ein Kultus spricht eine eigene Sprache. Auch hier werden Sinne angesprochen. Die Augen tasten die Formen des Kirchenbaus nach. Sie bewegen sich in die Farben der Fenster, eines Bildes. Der Altar spricht sich aus als Sinneserleben. Vor allem das Altarbild übt eine starke Wirkung aus. Musik tritt hinzu. Es gibt Instrumentalmusik, es gibt das Lied. Später kommt der Geruch von Weihrauch hinzu. Die Casula des Priesters weist bestimmte Formen auf. Es gibt ein U, es gibt eine Lemniskate. Die Augen der Anwesenden fahren die Formen nach. Sie werden verinnerlicht.

Das Wesen der Andächtigen nimmt diese Formen an. Anthroposophisch gesagt ist es der Ätherleib, der in diese Formen hineinschwingt. Es ist eine Fülle von Eindrücken.

Die Bewegungen der Handlung haltenden Menschen leitet das kultische Geschehen herbei. Das Wort ertönt. Der Andachtsvolle vereinigt das eigene Sein mit all dem und holt aus den Tiefen des Unterbewussten herauf, was das Innerste seines Daseins unterbaut. Der Kultus vereinigt tief Vergangenes mit dem Jetzt des Menschen. Er führt Geistgeschehen unmittelbar in die Gegenwart.

Aus religiösen Gesprächen

In allen sozialtherapeutischen Lebensgemeinschaften gibt es regelmäßig religiöse Betrachtungen, Feiern und kultisches Geschehen. In Lautenbach und Tennental finden wöchentlich drei Ereignisse statt: Am Dienstag gibt es den religiösen Abend, samstags den Bibelabend und am Sonntagmorgen eine Morgenfeier. Menschenweihehandlungen gibt es einmal im Monat, in der Regel am Samstag.

Der religiöse Abend betrachtet zuerst die Bibelstelle des vergangenen Wochenendes und danach die neue des kommenden Samstages und Sonntages.

Am Samstag gehört zum Bibelabend, nach Schweigen und Rückschau auf die vergangene Woche, die Bibelstelle, die am Dienstag vorbereitet wurde. Und in der Morgenfeier gibt es wieder diese Bibelstelle. So kommt es, dass dieselbe Stelle dreimal in der Woche angeschaut und intensiv vor das innere Auge gestellt wird. Viele der Unseren haben inzwischen eine tüchtige Bibelfestigkeit erreicht.

Der Prolog des Johannesevangeliums wird in den Feiern zweimal gemeinsam gesprochen. Die meisten der Unseren – auch angeblich recht schwache Menschen – können diesen inzwischen auswendig sagen. Wir meinen, dass dies ein großer Gewinn ist für sie. Bei den Gesprächen am Dienstagabend kommen besonders schöne Gedanken zum Vorschein. Davon werden einige Beispiele gegeben.

Wir betrachten im Februar zur Vorbereitung auf Ostern Johannes 11: Die Auferweckung des Lazarus. Christus spricht dreimal über Lazarus. Er sagt von ihm er sei krank, er schlafe, und dann, dass er gestorben sei. Erst am dritten Tage nach der Mitteilung macht die Gruppe sich auf den Weg nach Bethanien. Auf dem Wege droht Gefahr von Menschen aus Galiläa. Christi Antwort auf den Hinweis: Wer im Lichte geht, der stolpert nicht.

Diesen Gedanken betrachten wir lange. Was ist mit solchem Licht gemeint? Wer ist dieses Licht? Wir verstehen, dass es Christus selber ist, in dessen Ausstrahlung jede Erdengefahr abgewendet sein kann. Wir berichten nur bis hierher, denn die folgende Überlegung bezieht sich darauf.

Viel später, im Herbst, wird an Johannes (1, 35) gearbeitet: Die ersten Jünger des Christus werden berufen. Der Begleiter fragt: «Woher wusste Johannes, dass er seine Jünger zu Christus schicken musste?» Eine Antwort kam spontan: «Er wusste es, weil er im Licht stand.» Und sofort fragte die antwortende Frau: «Woher weiß ich das?» Die Antwort war: «Du weißt es, weil du Christin bist.»

Ein anderes Mal wurde gefragt: «Wer ist das, der Menschensohn?» Diese Frage beschäftigte den Kreis beträchtlich. Ein Mann fragte während der Erwägungen: «Was ist das eigentlich, der Mensch? Diese Frage stellten wir zurück bis zum nächsten Mal, denn die erste füllte diese Stunde aus.

Am folgenden Dienstag überraschte ich die Freunde mit der Frage: «Seid Ihr Menschen?» Die Frage wurde überzeugt bejaht. «Woher wisst ihr das?» Das ist nicht leicht zu beantworten, selbst große Geister haben Mühe damit. Auch unser

Kreis schwieg verdutzt. In dem Augenblick waren die Menschen überfordert. Wir vertagten die Frage noch einmal bis zum kommenden Dienstag. Dann wurde die Frage noch einmal aufgebaut und von verschiedenen Seiten betrachtet. Nun kamen Antworten in vielfältigen Varianten:

«Ich weiß das, weil wir so viel Schönes machen in
den Werkstätten.»
«Ich weiß das, weil wir uns gegenseitig helfen.»
«Ich weiß das, weil ich denken kann.»
«Ich weiß das, weil ich gebraucht werde.»
«Ich weiß das, weil ich gerne etwas schenke.»

Ein Mann, der als sozial unverträglich gegolten hatte, sprach aus: «Ich weiß das, weil ich behindert bin!» Welch eine Antwort! Von einem Menschen, der betroffen ist! Dann aber denkend völlig zu Recht erfasst: «An der Behinderung erkenne ich mein Menschsein.» – Rudolf Steiner hätte gejubelt! –

Eine Frau, die einen sehr niedrigen Intelligenzquotienten hat – sie kann nicht eins und eins zusammenzählen – sagte schließlich: «Ich weiß, dass ich Mensch bin, weil ich dich lieb habe.» Sie hat eine Wahrheit erkannt und ausgesprochen, die im tiefsten Menschsein zu Hause ist.

Einmal sprachen wir darüber, was Christus wohl zu den Geistesschülern sagte auf den langen Wegen, die sie zusammen wanderten. Wenn man bedenkt, welche innere Wandlung ein Mensch wie Maria und ihre Schwester Martha erlebten, dann ist der Gedanke nahe, dass Christus sie auf den langen Wegen unterrichtete. Wir nennen die Apostel auch ungern seine Jünger. Wir sagen Geistesschüler. Es waren bedeutende Persönlichkeiten, Frauen und Männer.

Aus der Überzeugung heraus, dass man Christus im Schlaf

begegnen kann, stellten wir an einem anderen Dienstagabend eine weitere Überlegung an. Wir wollten in den kommenden Abenden vor dem Einschlafen bedenken, welche Frage, jeder für sich, an Christus stellen könnte, wenn man ihm begegnen dürfte. Am darauffolgenden Dienstag kamen die Antworten:

«Ich würde ihn fragen, weshalb er so viel leiden musste.»
«Ich würde ihn fragen, weshalb es Leid gibt in der Welt.»
«Ich würde ihn fragen, weshalb manche Menschen behindert sind.»
«Ich würde ihn bitten, meinem Vater zu helfen.»
(Der Vater lag im Sterben)
«Ich würde ihn fragen: Woher kommt die Musik?»
Und wieder dieselbe Frau: «Ich würde sagen:
Ich hab dich lieb.»

Mancher Beobachter mag den Gedanken erwägen: Sind dies wirklich Menschen mit Behinderung? Ich kenne so manchen, weiß aber keinen, der zu solch tiefen Gedanken in der Lage wäre. Dazu versichern wir, dass es sich um wirklich behinderte Menschen handelt, die aber über lange Zeit an der Bibel arbeiten. Es sind in Lautenbach bald vierzig Jahre, in denen Woche für Woche dreimal mit der Bibel gearbeitet wird.

Menschen mit Behinderung können im gewöhnlichen Leben wie verhangen wirken. Wenn sie aber in ein vertrautes Gespräch kommen und in ihrem Wesen angenommen sind, dann öffnen sich Quellen eines Menschentums, das andere beschämen kann. Dazu gibt es auch Beispiele aus anderen Gesprächen.

Es wird die Bibelstelle Johannes 15 betrachtet: Ich bin der wahre Weinstock. Dabei wird handwerklich vorgegangen, wie es uns Handwerkern entspricht. Die Kultur und Pflege eines Weinbergs werden dargestellt. Dann wird beschrieben, wie die

Wurzeln des Weinstocks weit, weit in die Erde gehen. Aus diesen Wurzeln steigt der Saft empor. Er wandert durch den Weinstock, von dort fließt er in die Reben und dann in Blätter und Trauben. Christus vergleicht sich selbst mit dem Weinstock, uns, seine Freunde, mit den Reben. Aller Saft, der durch die Reben fließt, kommt aus dem Weinstock zu ihnen hin. Derselbe Saft gelangt in die Trauben und füllt sie ganz. Die Sonne scheint und gibt die Süße in die Trauben. Christus wirkt von innen, des Vaters Sonne von außen. So trägt der Mensch Lebensfrüchte durch diese beiden Kraftströme.

Nun kommt die schwierige Stelle. Wohnet ihr in mir und lasst meine Worte weiter wirken in eurem Herzen, dann könnt ihr erbitten, was euer Wille euch vorsetzt, und es wird euch zuteil werden. Hierzu wurde die schwierige Frage gestellt, welcher Wille das sei? Kennen wir solchen Willen? Ist das der Wille, der sagt, ich gehe arbeiten? Eine Antwort kam spontan: «Das ist doch ganz einfach! Dieser Wille ist strömende Liebe!»

Es geht aber nicht nur fromm zu! Herr W. ist ein Beispiel, er ist ein lang aufgeschossener Herr. Der Kopf ragt weit nach oben aus einem langen Hals. Herr W. überschaut alle Situationen des Daseins aus seiner Höhe und er beurteilt sie nach seinem Maß. Dabei kommen andere nicht immer gut weg. Er gibt gerne eigene Meinungen zum Besten, redet dabei unendlich lange, ohne einen erkennbaren Faden. Er knüpft unwahrscheinlich weit abliegende Gedanken zusammen. Er trägt sie aber mit bedeutungsschwerer Stimme vor.

Herr W. sitzt bei religiösen Gesprächen gerne in der Nähe des Gesprächsleiters, der die Bibelstelle vorträgt. Herr W. seufzt vernehmlich. Ein Gespräch wird eingeleitet. Herr W. betrachtet sinnend seine Füße. Das Gespräch beginnt. Herr W. zaubert ein großes bunt kariertes Taschentuch aus der Tasche. Er faltet es auseinander und betrachtet es eingehend. Das Gespräch geht weiter! Dann schnäuzt er sich eingehend die Nase, wieder und wieder. Danach faltet er das Tuch wieder auseinander, betrachtet stirnrunzelnd das Ergebnis seiner Bemühung, faltet es zusammen und steckt es in die Tasche. Nun wendet Herr W. sich wieder den Füßen zu. Er zieht die Schuhe aus, dann die Strümpfe. Er schaut sorgenvoll seine Füße an, dann die Zehen.

Bei alledem führt der Gesprächsleiter das Gespräch weiter. Er weiß, dass wenn er nur ein Wort zu Herrn W. sagt, provoziert dieser einen Aufstand und der Rest der Stunde ist diesem gewidmet, nicht mehr der frommen Betrachtung. Schließlich zieht Herr W. die Strümpfe und Schuhe wieder an, unter vernehmlichem Seufzen. – Nein! Herr W. hat es nicht mit der Frömmigkeit. So geht es manchem Zeitgenossen!

Später, nach dieser Begebenheit, unternehmen Herr W., seine Eltern und eine Tante eine Bergwanderung in den hohen Alpen. Die Wanderer steigen manchen Berg hinauf, wieder hinab. Sie kommen nach Stunden an eine besonders herrliche

Aussicht. Die Tante ruft begeistert: «Hier müsste man eine Hütte bauen!» – «Ja», antwortet Herr W., «eine für Elias, eine für Moses und eine für Christus!» – Er hat doch aufgepasst!

Die Ausbildung zum Sozialtherapeuten

In unseren Beruf streben zwei Menschengruppen hinein. Das sind einmal junge Menschen, die Orientierung suchen für das eigene Leben, aber auch ältere Menschen, die schon einen Beruf erlernt und ausgeübt haben.

Wenige der jüngeren Berufsanwärter sind schon gleich zu Beginn entschlossen, Sozialtherapeut zu werden. Die meisten erkennen erst nach einiger Zeit der Zusammenarbeit, dass dieser Berufsweg für sie der angemessene ist. Manche kommen unseren begleiteten Menschen nahe und wechseln später doch die Richtung. Einige absolvieren die Ausbildung und schließen bald danach eine weitere an.

Diejenigen, die älter sind, hatten zumeist den Eindruck, dass die erlernte Tätigkeit sie innerlich nicht befriedigte. Sie suchen Nähe zu Menschen und wollen direkt mit ihnen zu tun haben. Diese Persönlichkeiten gehen mit großem Ernst an die neue Aufgabe heran. Sie nehmen auf, was sie erleben, sie wenden Erkanntes an, betrachten es und wenden sich mit neuem Einsatz den Menschen zu. Sie bleiben fast immer in dem neuen Beruf und wachsen zu tragenden Mitarbeitern heran.

Das Seminar für Heilerziehungspflege nimmt alle Menschen an, die den Beruf ernsthaft anstreben. Es bildet diese Menschen, führt sie aber auch in die Wesenstiefen des Berufs. Es leitet an, Menschen mit Behinderung im täglichen Leben führen zu können, um ihnen zu innerer und äußerer Selbstständigkeit zu verhelfen. Das Seminar vermittelt Fachlichkeit und sachlich notwendiges Wissen; es führt aber auch zu einer inneren Haltung, die wir *Seelenpflege* nennen wollen.

Der heutige Zeitgenosse ist in seinem Bewusstsein ein betrachtender Mensch. Das Handeln wird untersucht auf gedanklich erkennbaren Wegen. Diese werden vermittelt und der ausgebildete Heilerziehungspfleger kann sie benennen. Dahinter steht eine Fülle von erlerntem Stoff. Die andere Seite des Berufs ist schwerer zu kennzeichnen.

Man kann denkend lernen, man kann auch über den Willen lernen. Das denkende Lernen erfasst bewusst die Lerninhalte und verinnerlicht sie durch das Auswendiglernen. Dann kann man sie erinnern und aufsagen. Solches Lernen kann sehr viel an Stoff aufnehmen. Aber das Gelernte bleibt äußerlich.

Das Gegenteil ist ein Lernen über die Schulung des Willens. Heute wird in der Praxis das Lernen von benennbaren Denkinhalten gewertet. Man unterschätzt die Lernwirkung des Vormachens und der Nachahmung. Aber auch der Nachahmende möchte erkennen, was er erfasst hat und fragt den erfahrenen Anleiter. Das Lernen über die Nachahmung weist den Weg in eine Verinnerlichung dessen, was man sich angeeignet und aufgenommen hat. Das Gelernte wird Substanz des Menschseins.

Ein Geselle ist im ganzen Habitus ein anderer als der Lehrling. Er ist in seinem Wesen verwandelt. Solch innere Verwandlung wird im Seminar nahegebracht.

Das trifft in besonderem Maße zu für den Umgang mit Menschen. Ein besonders kluger Lehrer braucht gar nicht der effektivste zu sein. Ein weniger kluger Lehrer bringt den Schülern den Lernstoff erfolgreicher nahe. Woran liegt das?

Von Lehrer zu Schüler fließt ein unsichtbarer Strom. Der Lehrer nimmt die Schüler an und in sich hinein, diese begeben sich ihrerseits in das Wesen des Lehrers. Sie sind in ihm.

Dieser Vorgang ist im von Rudolf Steiner dargestellten soziologischen Grundphänomen enthalten.[8] Durch diese Nähe trägt der Lehrer sein Inneres an Geist und Seele der Schüler heran. Das pädagogische Gesetz beschreibt dies.[9]

Und so findet es auch statt in einer sozialtherapeutischen Einrichtung. Auch dort gibt es Schicksalsnähe und Begegnung der Wesensglieder. Beide werden ganz selten bewusst erlebt, manchmal erahnt, meistens aber unbewusst mitgemacht. Für diese Ebene bereitet das Seminar den Weg.

Das Mittel dazu ist die Persönlichkeit des unterrichtenden Begleiters. Dieser wirkt in dem angesprochenen Felde nur wenig über das bewusst Mitgeteilte. Er wirkt durch seine Persönlichkeit und deren individuelle Gesten des Denkens, Fühlens und des Handelns.

Hier wirkt eine weitere Erkenntnis erhellend: Der ältere Mensch kann nicht dem jungen die Wege seines Berufsschicksals vorzeichnen. Er darf nicht hoffen, der Lernende werde später, als selbständiger Heilerziehungspfleger, die Arbeit genauso ausführen wie er selbst sie zeigte.

Er soll dahin wirken, dass er selber ein ehrliches Bild seines Berufs aufzeigt. Seine Erscheinung, sein Wesen, sein Tun sollen sprechen und damit das angesagte Bild vermitteln. Der Lernende soll durch dieses Bild zu sich selbst kommen. Er soll eigene Wege entdecken, die er am Wesen des Älteren erkennt.

Auf diesem Felde wirkt wenig, was der Erfahrene an Vollkommenheit im Beruf erfasst haben mag. Es kann sogar sein, dass eine gewisse Einseitigkeit, von ihm selber kaum erfasst, derart wirkt, dass der Lernende daran entdeckt, wie er es anders machen werde.

Der Lernende wird in seinem Menschsein geprägt. Er geht als ein Verwandelter aus der Lehre hervor. Der Anleiter im Beruf gibt innerlich Wahres vom eigenen Sein. So wirken die Generationen zusammen. Der eine gibt sein Wahres. Der andere entdeckt daran eigene Wege.

Die Ausbildungen in sozialtherapeutischen Einrichtungen sind fast immer berufsbegleitend. Das heißt, man ist in einem Feld der sozialtherapeutischen Arbeit tätig, ist unmittelbar eingebunden in das tätige Leben der Einrichtung. Neben der Tätigkeit werden Lehrstoffe betrachtend unterrichtet. Das Tun und das Anschauen stehen nebeneinander. Man kann auch sagen, das eine sei der Willensweg, das andere der des intellektuellen Lernens.

Beide wirken zusammen und ergeben für die Lernenden ein einprägsames Gesamtbild des Berufs.

Staatliche Behörden beaufsichtigen das Wirken der Ausbildungen. Sie sind bemüht, die Qualität der Ausbildungen in Deutschland zu heben. Man ist überzeugt, dass berufliches Lernen die Entwicklung Deutschlands neben anderen Völkern bestimmen wird. Je besser die Ausbildung, umso besser die berufliche Leistung und entsprechend gut die Stellung unseres Landes im Zusammenwirken der Völker.

Die zuständigen Beamten vernachlässigen den Willensteil der Ausbildung. Sie bevorzugen einseitig den Lernteil, denn dieser ist nachweisbar. So kommt es, dass dieser Teil überhand genommen hat. Die Willensschulung wird wenig beachtet und in der Folge auch herabgestuft. Das geschieht zum Nachteil der Auszubildenden.

Anthroposophische Ausbildungen sollten darauf achten, den zweiten Aspekt des Lernens genügend vorzutragen.

Neue Entwicklungen

Vor mehr als dreißig Jahren war es ein Kennzeichen der sozialtherapeutischen Arbeit, dass die Mitarbeiter es ablehnten, nach Verdienst oder für ihre Arbeit bezahlt zu werden. Jedem war zwar klar, dass man Geld braucht, aber man betrachtete dies als Tatsache des Rechtslebens, nicht als Ort des Freien Geisteslebens. Denn, wessen Arbeit bezahlt wird, verhält sich wie ein Abhängiger, dessen Innerstes, das sich in der Arbeit als Impuls zum guten Tun zeigt, bezahlbar sein kann.

Der Einzelne nahm das Gehalt entgegen und zahlte es auf ein gemeinsames Konto ein. Über dieses Konto verfügten alle gemeinsam. Diese Vorgehensweise garantierte den Beteiligten lange Zeit ein Gefühl der Unabhängigkeit.

Aber es gelang nicht, alle der nachrückenden Mitarbeiter in diesen Umgang mit Geld einzubeziehen. Es sollte ein freiwilliger Schritt sein, denn, wollte man den neuen Mitarbeitern nahelegen, dies mit Antritt in die Gemeinschaft anzunehmen, wäre es einem unfreien Akt gleichgekommen. Sie wurden von Jahr zu Jahr mehr, und schließlich waren die Beteiligten am Gemeinschaftsfonds in der Minderzahl. Inzwischen sind die meisten dieser Fonds aufgelöst. Der Mitarbeiter erhält ein Gehalt, das nach Leistung bemessen ist.

Zu dieser Entwicklung trat hinzu, dass neben den anthroposophischen Einrichtungen für Heilpädagogik und Sozialtherapie andere Träger ihre Fürsorgearbeit entwickelten. Jahr um Jahr wurde mehr für Kinder und erwachsene Menschen, die mit Behinderung leben, getan.

In den Einrichtungen der Caritas, der Inneren Mission und vor allem der Lebenshilfe wurden Menschen versorgt. Die Lebenshilfe wendete sich entschlossen der Rechtslage dieses

Menschenkreises zu. Viele Gesetze wurden von ihr zusammen mit dem Gesetzgeber erarbeitet und haben heute die Lage des Menschen mit Hilfebedarf entscheidend verbessert.

Neben dieser Arbeit wurde geforscht über Ursache und Entwicklung der verschiedenen Behinderungserscheinungen. Es wurde gute, vorbildliche Arbeit geleistet.

Das hatte zur Folge, dass die anthroposophische Heilpädagogik zunächst weniger hervorragend erschien, als das früher der Fall gewesen war. Sie wurde nun sachlich bis kritisch angesehen. Zugleich studierten Wissenschaftler unter unseren heilpädagogischen Mitarbeitern die Fortschritte, die auf wissenschaftlichem Felde gemacht wurden. Sie sprachen laut aus, dass es Pflicht ist, diese Entwicklung in das anthroposophische Bild unserer Arbeit einzubeziehen. Der Glanz unserer Arbeit schien zu verblassen.

Neben diesen Entwicklungen traten zuständige Behörden zunehmend auf den Plan. Sie gaben Richtungen vor und verlangten Nachweise von Qualität und Leistung.

Heute ist Letzteres dicht verbunden mit jeder Geldzuwendung und diese wiederum muss prüfbar sein. Aus all dem wurden Bezahlung nach Leistung und die Verpflichtung zum Nachweis der im Dienst verbrachten Arbeitsstunden. Heute werden in vielen Einrichtungen die Arbeitsstunden gezählt – ein Zustand, der früher ganz undenkbar gewesen wäre.

Besorgte ältere Mitarbeiter fragen sich, ob dies noch vereinbar sein kann mit anthroposophischer Heilpädagogik und Sozialtherapie. Dazu ist festzustellen, dass äußere Verhältnisse im Außen bleiben, dahinter liegen die eigentlichen Motive verborgen.

Anthroposophische Heilpädagogik und Sozialtherapie sind ihrem Wesen nach Schicksalshilfe. Menschen wenden sich

Menschen mit Hilfebedarf zu. Sie tun es, weil sie eine Nähe spüren, eine starke Verbindung. Sie wollen von dem vergangenen Schicksal das überkommene Schwere lösen, wollen im Jetzt die Wege erleichtern, sie wollen vor allem die Zukunft ins Helle führen. Sie nehmen das Schicksal anderer Menschen an, tragen es ein Stück weit mit. Anthroposophische Fürsorgearbeit ist Gestaltung am Karma. Das tun andere Heilpädagogen und Sozialtherapeuten auch, aber es ist ihnen nicht erklärtes Ziel.

Neben den Begleitern mit entsprechender Grundeinstellung gibt es weitere Hilfen. Das können Therapien sein oder zeitweise Betreuung und Förderung, zum Beispiel in Tagesschulen. Wir stellen allerdings fest, dass es leichter ist, anthroposophische Arbeit in einer Volleinrichtung zu leisten.

Die Entwicklung der fürsorgenden Arbeit in Deutschland wird heute bestimmt von neuen Forschungen und Zielen.

Für begleitete Menschen werden offene Wohnformen angestrebt. Man ist bemüht, ihnen eine Lebensart anzubieten, die möglichst nahe an die in der Gesellschaft üblichen Wohnformen herankommt. Das betrifft einmal die Paarbeziehung, die heute viel offener als früher möglich gemacht wird und auch die Arbeitsorte, die ähnlich oder gleich denen der modernen Arbeitswelt sind.

Zu den offenen Wohnformen ist zu sagen, dass viele der Menschen, die so schon leben können, diesen Schritt begrüßen und Fortschritte in der Entwicklung machen. Das gilt in besonderem Maße für die Paarbeziehungen, die es erst seit wenigen Jahren in nennenswerter Anzahl gibt. Hier gehen Menschen Entwicklungsschritte, die den Begleiter besonders froh machen.

In der weiteren Betrachtung muss man aber auch bedenken, dass das offene oder getrenntes Wohnen Menschen zwar in ein freieres Leben führt, zugleich aber auch die Gefahr der

Vereinsamung birgt. Der erfahrene Begleiter sieht damit Rückschritte kommen, die das heutige Handeln zum Nachteil der betroffenen Menschen werden lassen kann.

Menschen, die mit Behinderung leben, brauchen das Anteil nehmende Miterleben anderer weit mehr als der wache Mensch. Sie brauchen es für die Sorgen und Tücken des Alltags und zum Wahrnehmen des eigenen Ortes. Vor allem brauchen sie Anteilnahme für die Schwierigkeiten des Älterwerdens und insbesondere für das Problem vieler älterer Menschen: die zunehmende Einsamkeit.

Die Stärken der anthroposophischen Lebensgestaltung liegen in:
- Gemeinsamkeit und Anteilnahme
- Schicksalsbejahung
- der Erfahrung eines eigenen Ortes oder der Selbstbestimmung durch das Zusammensein mit anderen
- dem Erleben eigener Freiheit durch die Anerkennung der anderen
- der Fürsorge für Menschen, die Hilfe benötigen

Was hier genannt wird, trifft in Teilen auch auf andere als die erwähnten anthroposophischen Einrichtungen zu.

Reinkarnation

Man kann das gegenwärtige Leben eines Menschen, eines Kindes so anschauen, dass durch die Verbindung von Mutter und Vater etwas Neues entstand. Die Eltern vereinigten ihre Erbgaben. Daraus erwuchs ein Kind. Nun treten Einflüsse von außen hinzu – so entwickelt sich das Kind. Alles ist kausal aufeinander bezogen. Man kann das Dasein auch so anschauen, dass es mehrere Erdenleben gibt und dass vergangene Leben in ihrer Eigenart Einfluss nehmen auf das jetzige Leben. Das Vergangene stellt eine Quintessenz bereit, die das heutige Leben aufnahm und durch sie vorgeprägt wurde.

Gibt es Vorprägungen – oder entsteht alles durch zufällige Mischungen und Einflüsse? Steht eine Geist-Individualität hinter einem jeden Menschen? Man wird sich entscheiden für die eine oder die andere Anschauungsweise. Das Kriterium für die Entscheidung wird sein, welche von beiden Denkarten das Leben fassbar macht, welche es reich macht.

Wer an Reinkarnation glaubt, bleibt im Gefühlsbereich. Gleiches muss man sagen, wenn jemand nicht an Reinkarnation glaubt. Erst wer denkt, bewegt Gedanken, bleibt aber kritisch im Beobachten. Das Letztere ist der Weg der Geisteswissenschaft.

Solches Denken verändert das Weltbild. Man hält für möglicht, dass biografisches Missgeschick eine tiefe Ursache haben kann, die zur Aufgabe des Lebens wird. Man hält auch für möglich, dass Schicksalsströme in das Leben hineinwirken und des Menschen Wege unterbauen.

Ist die Inkarnation in jedem Falle eine Aufgabe, an der bestimmte Lerninhalte erworben werden? Gibt es eine Wesensquelle für jeden Menschen, die hinter der Inkarnation steht, selber aber nie in Erscheinung tritt? Goethe nannte ein solches Wesen die Entelechie[10].

Eigenarten von Menschen und ganz besonders Behinderungen bekommen eine positive Bedeutung. Behinderung ist einerseits ein Weniger an Fähigkeiten, an Möglichkeiten, auch an Glück. Andererseits ist jede Behinderung ein Mehr.

Das Wenig ist offensichtlich, der Mensch, der mit Behinderung lebt, ist auf verschiedene Weise eingeschränkt. Die Behinderung wirkt im Körperlichen, aber auch in den Lebenskräften. Sie scheint auf im seelischen Bereich und der Persönlichkeit.

Der Mangel an Lebenskraft führt dahin, dass man die Lebensordnung um den Menschen herum heilsam-lebendig gestaltet. Die Ereignisse des Lebens, von ganz kleinen angefangen, bis zu bedeutenden, werden erkennbar und eine die andere stützend geordnet.

Das seelische Leben wird ebenso reich gebildet und geführt. Die Persönlichkeit der Menschen mit Behinderung wird hervorgelockt und im sozialen Miteinander eingebunden.

Denkt man Reinkarnation, so ist unmittelbare Folge, dass man vergangene Erdenleben für möglich hält, aber auch zukünftige. Die gewesenen Leben tragen eine Quintessenz ihrer Art in das heutige Dasein. Das zeigt sich in den schon genannten Begabungen, Talenten und Neigungen. Es zeigt sich auch in Fehlverhalten, in Schwächen. Und es zeigt sich in biografischen Ereignissen, die scheinbar zufällig auftreten und doch einen spürbaren Bezug zum Menschen haben. So wirkt vergangenes Schicksal.

Man kann sich in der Gegenwart von diesem Alten bestimmen lassen. Man kann aber auch Abstand nehmen von spontan auftretenden Neigungen. Man betrachtet sich selbst von außen und schlägt bewusst eine andere Richtung ein als die zuerst aufgetretene. In diesem Falle verlässt man das Zwingende des Vergangenen und öffnet einer freien Zukunft die Türe.

Es ist für Menschen, die mit Behinderung leben, von entscheidender Bedeutung, den Blick in die eigene Zukunft offen und frei zu gestalten. Dazu gibt es im sozialtherapeutischen Felde unmittelbar wirkende Hilfen.

Das ist die Lebensführung, die von Gemeinsamkeit bestimmt wird. Das Zusammensein mit anderen führt immer dazu, dass der eine auf den anderen Rücksicht nehmen muss. Man entwickelt Formen des Zusammenlebens, die das Jetzt gestalten, die aber zugleich etwas Zukünftiges enthalten.

Das Arbeiten ist ein entscheidender Punkt dieser Betrachtung. Man arbeitet nicht für sich selbst, sondern Arbeit haben wir genannt das uneigennützige Tun für andere Menschen. Das Arbeiten geschieht nicht für die Gegenwart, die erstellten Produkte werden in der Zukunft gebraucht. Die Zuwendung nach vorne reicht weit.

Man erlebt in einer Gemeinschaft den eigenen Ort des Daseins neben anderen. Es ist Ziel der Gemeinschaft, jeden Einzelnen zu einem solchen Ort der Selbstbestimmung zu führen. Auch das hat nicht Vergangenheits-Charakter, es weist in die Zukunft. Man kann Religion auf die Vergangenheit beziehen, man kann sie aber auch auf die Zukunft hin ausrichten.

Das Karma entsteht aus der Vergangenheit. Es lebt in der Gegenwart. Man bereitet heute zukünftiges Karma vor.

Hier sind wir an dem entscheidenden Punkt der Karma-Betrachtung: Man schafft stets neues Karma durch die Art, wie man mit dem jetzigen umgeht. Lässt man sich bestimmen von dem Mitgebrachten, von dem, was auf einen zufließt, oder wird man zum Selbstgestalter? Anthroposophische Sozialtherapie sucht Wege inneren Freiseins. Sie nimmt den Menschen mit Behinderung mit auf diesem Wege. So wird Zukunft offen, wird frei von Behinderung

Das Karma

Reinkarnation und Karma sind Geschwister, nahe verwandt. Karma prägt sich ein in das, was man Individualität nennt. Es führt Menschen zusammen, stellt Aufgaben, zeigt Wege. Dabei können kürzere oder längere Irrwege zurückgelegt werden. Das bloße Dasein kann auch einen Ausgleich auf Verknotetes in anderen Menschen bewirken.

Das Karma wird gebildet aus Erfahrungen und Handlungen vergangener Erdenleben. Wer die Erde verlässt, geht in die Welt des Geistes und der Geistwesen über. Dort erlebt er alles Geschehen und alles selbst Gewirkte des vergangenen Lebens gewissermaßen von der anderen Seite. Die Wahrnehmungen verdichten sich zu einem Gesamten, das sich als Gestimmtheit zeigt, als Neigung, die Ereignisse des neuen Lebens auf individuelle Weise anzugehen.

Biografische Ereignisse und Begegnungen von Menschen sprechen fast immer Karma-Sprache. Man kann Karma lösen, man kann es neu verknoten. Wer den ersten Weg geht, geht ihn helfend-heilend.

Altes Karma lässt nicht frei, der Mensch muss es nehmen, wie es sich zeigt. Das kann äußeres Geschehen sein, das können andere Menschen sein, deren Art die Gegenwart beeinflusst. Es können auch Gedanken sein, die sich von den Vorgängen leiten lassen.

Ein Karma-Geschehen kann man lösen, wenn man sich frei macht von allem Zwingenden. Das ist aber nur dann möglich, wenn man ein zukünftiges Helles wahrzunehmen lernt.

Dieses Helle ist Christus-Wirken. Christus ist ganz hell. Er kommt auf uns zu. Er hat gar nichts Nötigendes, er lässt ganz frei. Er lässt sogar zu, Atheist zu sein, das heißt Christus nicht zu denken, ihn nicht anzunehmen. Keine andere Religion kennt diese Tatsache. Nur der von christlichem Wesen Geprägte kann denken, es gäbe Gott nicht.

Lange Zeit wurde gelehrt, dass Christus der Weltenrichter sei, der die Menschen scheidet in die, die den Weg ins Finstere gehen werden und diejenigen, die er zum Licht erhebt. Rudolf Steiner weist jedoch darauf hin, dass Christus mehrfach von sich selber sagt, dass er nicht gekommen sei, um zu urteilen und zu richten, das sagt schon das Evangelium. Er schreibt in die Erde, was an Fehlverhalten geschieht. Was an Leid durch Menschen bewirkt wird, nimmt er auf sich.

In der Zeit des Tiefschlafes begegnet der Mensch dem Engel. Er schaut das Tun des vergangenen Tages an und erkennt – erlebt in den Augen des Engels Freude, Glück oder Trauer. So erlebt der Mensch das eigene Verhalten gespiegelt. Die Erinnerung an diesen Vorgang nennt man das Gewissen.

Das geschieht verstärkt nach dem Tode. Der Verstorbene erlebt alles Getane, Gedachte, Gesagte des eben abgeschlossenen Lebens ebenso im Auge des Christus und dieser unauslöschliche, tiefe Eindruck bestimmt die innere Haltung, die das Handeln des nächsten Lebens herbeiführt. Nicht der Christus urteilt über Menschen. Diese sind es selber, die – erkennend im Auge des Christus – sich selber beurteilen. Das ist eine der ersten Stufen des Weges durch die Geistwelt, die der Verstorbene zurücklegt. So entsteht Karma.

Karma führt uns zu Menschen, führt Menschen zu uns. Karma führt uns zu Ereignissen, zu Lebensentschlüssen. Karma ist der erste Grund all dessen, was man Leben und Lebensführung nennt. Wer sich uneigennützig dem Menschen mit Behinderung zuwendet, erhält Hilfe auf diesem Wege.

Solche Hilfestellung entstammt dem Bereich der Nacht und des Schlafes. Am Tage mühte man sich um Menschen, trug Sorge um sie, versuchte die Steine aus dem Wege zu räumen, die das Leben erschweren. Man geht – behinderter Mensch und Begleiter – in die Nacht und wird dort von Engeln getragen, von dem eigenen Engel und denen der begleiteten Menschen. Man wandert im Tiefschlaf zusammen mit ihnen – Engeln und schlafenden Freunden – durch Planetensphären. Dort erfährt man Klang und Bewegung hoher Geistwesen, auch solcher, deren Gaben der Mensch mit Behinderung seinerzeit nicht genügend wahrnehmen konnte. Nun durchströmen deren Geschenke beide: Begleiter und Begleitete. Dort erfährt man Helfer- und Heilerkräfte. Am nächsten Tage zeigen diese Gaben sich als helfende Gedanken. Das Leben im Bereich der Heilpädagogik, in sozialtherapeutischen Gemeinschaften und auch in anderem Zusammenhang, wird von diesen Schlaf-Geschenken bestimmt.

Rudolf Steiner legt uns Heilpädagogen und Sozialtherapeuten nahe, das Karma der Menschen zu erahnen, die uns anvertraut sind. Wenn man von solchen Dingen spricht, tut man es behutsam und zurückhaltend. So sprechen wir hier auch nur tastend von anfänglichen Empfindungen.

Zuerst stellen wir fest, dass Rudolf Steiner bei solchen Mitteilungen oft von Bewegungen der Glieder spricht. Anhand solcher Wahrnehmungen erkennt er karmischen Zusammenhang. Es liegt nahe, die Bewegungen von Menschen zu beobachten. Sie sprechen eine eigene Sprache, die fast immer einen weiten Hintergrund erahnen lassen.

Im Übrigen geht es darum, Ereignisse aus der Geschichte so anzuschauen, dass sie lebendig aussagen, wie Menschen sich damals erlebten. Wir versuchen Beispiele:

Wir sprachen schon davon: Karma begegnet dem Menschen in der Gegenwart. Hier kann es alte Wege nehmen, wenn man bestehende Verknotungen wieder neu verschlingt. Man kann Ärger in sich aufsteigen fühlen, man kann überschäumende Freude erleben bei Begegnungen mit Menschen. Beide sind zunächst Karma aus der Vergangenheit.

Dieses kann neue Wege nehmen, wenn man nicht dem ersten Eindruck folgt, sondern dem Licht nachlauscht, das immer zugleich leuchtet. Diesen Weg versuchen Sozialtherapeuten zu gehen.

Es gibt aber auch ganz neues Karma. Man lernt im Augenblick einer Begegnung einen Weg einzuschlagen, der nicht von eingefahrenen Spuren bestimmt ist, sondern der ganz neue Ausblicke gewährt. Es gehört zur Fachlichkeit des Sozialtherapeuten, solch neue, bisher unbekannte Wege zu erschließen zusammen mit und für die begleiteten Menschen.

Man kann der Behinderung folgen und den gangbarsten Weg nehmen. Man kann aber auch eine Richtung einschlagen, die nicht von Behinderung bestimmt wird. Das geschieht dann, wenn der Begleiter nicht Behinderung spiegelt, sondern sie verwandelt. Dazu gehört, dass man sie im ersten Schritt annimmt und erst im zweiten auf neue, freie Wege führt. Man kann den Vorgang vergleichen mit der Haltung des Hiob, der Leiden erfuhr, von Gott auferlegt, die aber nicht durch eigene Schuld herbeigerufen waren. Er nahm das Schicksal an, obwohl es ihm fremd war.

Die Elemente der Lebensgemeinschaft sind: Das Zusammenleben in einem Sozialorganismus, das Arbeiten für andere Menschen, das Erkennen der Würde jedes Menschen und das Bemühen, sie zu vertreten im Kreis der Freunde. – All das sind Karma-Begleiter, die in neues, freies Schicksal führen. Ein besonders hilfreiches Medium auf diesem Wege ist das Bemühen um religiöse Einbindung des Einzelnen und der Gemeinschaft. Ein wesentliches Mittel zu all dem ist das Gespräch. Sozialtherapeuten leisten nicht nur Lebenshilfe, also Hilfe für dieses Leben. Sie bereiten neues Schicksal, lichtes Schicksal, vor.

In einer besonders bewegenden Karma-Angabe, die vermutlich an Äußerungen Rudolf Steiner angelehnt ist, findet sich Folgendes: Eine Gruppe von Geist-Keimen künftiger Menschen durchzieht den Geistraum und begegnet einer Gruppe exkarnierter Menschen. Diese sind jedoch an die Erde gefesselt. Ihr vergangenes Erdenleben hat sie durch ein Fehlverhalten an die Erde gebunden. Sie werden nicht frei für die weitere Wanderung in die Geistwelt. Ein solcher Zustand ist äußerst schmerzvoll für solche Wesen. In der katholischen Kirche wird der Ort in der Geistwelt Fegefeuer oder Hölle genannt.

Unter den so gefesselten Menschen ragt eine Persönlichkeit heraus. Nun geschieht es, dass eine der Seelen, die auf dem Weg zum Erdenleben ist, die Not des anderen wahrnimmt. Sie wird so von Mitleid ergriffen, dass sie einen Teil des Verhängnisses des anderen auf das eigene Schicksal nimmt. Sie tut dies freiwillig.

Das bedeutet für den Exkarnierenden, dass er nun den Weg einschlagen kann in die hohe Geistwelt. Das ist unendliches Glück. Für das inkarnierende Menschenkind hat es zur Folge, dass es behindert in das neue Leben tritt. – Wir nehmen diese Angabe mit Erschütterung auf und erahnen, dass mancher der Unseren einen solchen Weg beschritten haben mag.

Was ist fortwirkendes Karma?

Rudolf Steiner rät den Zuhörern des *Heilpädagogischen Kurses*, wie sie unter sich eigene Karmastudien beginnen können. Er sagt: «Nun ist, wenn man wirken will, nicht gut, sich Karma so vorzustellen, dass man sagt: Da ist ein Engel, der hat den S. hingestellt, der andere Engel hat den P. hingesetzt, ein anderer Engel hat den L. hingesetzt. Dann hat ein Engel noch die etwas widerspenstige Dr. K. hingesetzt (widerspenstige Dr. K. – wie mögen die damals Anwesenden geschmunzelt haben!), ein besonders gütiger Engel hat dann noch die Fräulein B. hineingebracht, wir fühlen uns von fünf Engeln so zusammengesetzt. – Das ist, wenn man wirken will, gar nicht die richtige Auffassung von Karma, in die man eintreten soll.» Man müsse die Frage auf andere Weise stellen und das fortwirkende Karma betrachten.

Er gibt dazu ein Beispiel. Die vor ihm sitzenden jungen Heilpädagogen haben in der Nähe von Jena ein Haus erworben, das den Namen Lauenstein trägt. In Jena lebte vor langer Zeit der Abt eines Klosters. Er hieß Hildebrand. Er wurde nach Rom gerufen, wurde zur Papstwürde ausersehen und erhielt als solcher den Namen Gregor der Sechste. Rudolf Steiner studiert die Wesensart dieser Persönlichkeit und erkennt den Weg, den sie nahm nach dem Tode. Papst Gregor kehrt in seinem nächsten

Leben wieder als Ernst Haeckel. Diesen zieht es nach Jena. Er wird der bekannte Professor Haeckel, der Zeit des Lebens in Jena lehrte.[11]

Der Hinweis Rudolf Steiners sagt, man solle Zeichen der Geist-Vergangenheit aufsuchen, Zeichen, die zu dem Ort gehören, an dem man lebt. Diese solle man sorgfältig wahrnehmen, solle sie mit Interesse begleiten. Eine derartige Zuwendung beginnt einen eigenen Weg anzunehmen. Der aufmerksame Beobachter wird von Hinweis zu neuem Hinweis gelenkt. Die Suche führt zu neuen Stufen.

Wir vergegenwärtigen uns: Geistwelt und Erdenwelt verhalten sich im Bewusstsein der Menschen wie das Schlafen und das Wachen. Das Erstere bleibt unbewusstes Geschehen. Das Zweite verläuft – teilweise – mit vollem Bewusstsein. Vom Ersteren weiß man nicht im Sinne eines Erdenwissens. Aber man wendet sich ihm zu mit ahnender Aufmerksamkeit. Rudolf Steiner weist darauf hin, dass dieses Verhältnis von der anderen Seite entsprechend gilt. Wie wir zum Himmel blicken, so Geistwesen und Verstorbene zur Erde.

Wenn nun ein Erdenmensch die Wesenszeichen aufsucht, die ein Verstorbener auf der Erde hinterlassen hat, dann wendet sich dieser von der Geistwelt her dem Menschen zu. Das Suchen auf der einen Seite führt zur Begegnung mit der anderen. Beides wirkt zusammen, und mit diesem Vorgang beginnt vergangenes Karma einen Weg in die Zukunft zu nehmen. Das ist fortwirkendes Karma.

Wer das üben möchte, sollte an dem Ort, an dem er lebt, alte Zeugnisse aus der Vergangenheit aufsuchen. Das können Legenden sein von Heiligen, von Einsiedlern. Das findet man in Berichten aus der Vergangenheit und man erfährt von Menschen, die vor langer Zeit lebten. Man wird angerührt von einem der Berichte. Man sucht weitere Angaben auf und gerät auf einen Weg, der das eigene Interesse weckt und verstärkt. Man bindet sich innerlich an eine Persönlichkeit aus der Vergangenheit. Diese scheint zu antworten. So beginnt die Suche nach fortwirkendem Karma.

Der Heilpädagogische Kurs

Drei junge Männer arbeiten 1923/24 in den Trüperschen Anstalten in Jena. Dort werden behinderte Menschen betreut, Kinder, junge und ältere Menschen. Die jungen Männer bitten Rudolf Steiner um Rat und Hinweis für Menschen, die mit einer Behinderung leben. Der *Heilpädagogische Kurs* ist die Antwort Rudolf Steiners. Welche sind die geistigen Hintergründe des Daseins von Kindern und Menschen, die mit einer Behinderung in die Welt traten und nun ein ungewöhnliches Leben führen?

Der Kurs wurde in Dornach vor einem kleinen Kreis eingeladener Zuhörer gehalten, darunter drei junge angehende Heilpädagogen: Franz Löffler, Albrecht Strohschein und Siegfried Pickert. Zu dem Kurs wurden eingeladen: die Damen Ita Wegman und Marie Steiner sowie Frau Dr. Vreede, Frau Dr. Bockholt, Frau Dr. Walther, Frau und Herr Kolisko, Frau Dr. Julia Borth und Frau Dr. Knauer; die Herren Albert Steffen und Friedrich Husemann, Karl Schubert, Dr. Lehrs und Lic. Emil Bock und die Krankenschwestern Führ, Becker und Gerda Lange.

Man schaut zusammen zu einem lebendigen Bild: drei anfragende junge Menschen, dazu werden eingeladen Persönlichkeiten aus verschiedenen Berufsrichtungen.

Der Kurs hat eine ungewöhnliche Gestaltung. Der Kurs hat mit der Zeit an Bedeutung gewonnen und diese wird weiter zunehmen. Man erhält den Eindruck, dass Rudolf Steiner auf die Frage wartete und sie ihm besonders wichtig war.

1924 war das sehr erstaunlich, da ein Leben mit Behinderung allgemein als Randproblem gesehen wurde. Heute hat man den Eindruck, dass die Bedeutung des Kurses nur von wenigen Menschen erkannt wurde, dass diese aber seine Gaben sehr bewusst pflegten. Der *Heilpädagogische Kurs* kann der Menschen Not wenden.

Der Kurs hat mehrere Besonderheiten, die ihn unterscheiden von anderen Vortragsfolgen Rudolf Steiners. Er ist zunächst eingeteilt in einen lehrenden Teil, in dem Grundphänomene des Behindert-Seins zusammengestellt, und in dem Therapiewege aufgezeigt werden. In einem zweiten Teil werden Kinder mit verschiedenen Behinderungen vorgestellt und besprochen. In einem dritten Teil werden mehrere Hinweise gegeben zum Schulungsweg des Heilpädagogen. Zugleich gibt es Ausblicke in die Stellung der Heilpädagogik in der Zeit. Ein vierter Teil bedenkt viele Karma-Hinweise, die den Weg behinderter Kinder und Menschen begleiten.

Rudolf Steiner denkt je zwei Behinderungsarten, die wie Gegensätze erscheinen, in Pole, die einander gegenüberstehen.

Ein Denken in polaren Gegensätzen ist ungewöhnlich für Rudolf Steiner. Was polar gegenüber gezeigt wird, muss vom tätigen Heilpädagogen und mehr noch vom Sozialtherapeuten durch das denkende und erlebende Schaffen der Mitte zwischen den Gegensätzen ergänzt werden.

Großkopf und Kleinkopf sind solche Pole oder Epilepsie und Hysterie. Die Einteilung ist eine Denkhilfe, die den Betrachter zur Erkenntnis führt. Er kann im eigenen Denken, und vor allem in der Praxis, die Gegensätze ausgleichen und zu einer Mitte führen. Das Suchen der Mitte zwischen zwei Sonderformen führt in ein therapeutisches Erleben hinein.

Eine weitere Besonderheit ist die heilpädagogische Menschenkunde, die – an Behinderungen entwickelt – die allgemeine Menschenkunde vertieft. Dafür gibt es Beispiele: Die Unterscheidung zwischen einem vordergründigen und dem dahinterliegenden Seelenleben ist nicht nur für Menschen mit Behinderung hilfreich. Sie trifft auf jeden Menschen zu. Ein anderes Beispiel, das den Sozialtherapeuten wichtig ist: Die Wesensglieder des Menschen wirken ganz verschieden im Haupt und in den Gliedern. Davon wird noch die Rede sein.

Ferner gibt es viele Schulungshinweise, die dem Heilpädagogen einen eigenen Weg des geistigen Strebens aufzeigen. Der Weg setzt ihn in die Lage, er führt ihn in das innere Gleichgewicht, Kindern und Menschen mit Behinderung Daseinshilfe zu geben. Ein Weiteres sind die Hinweise auf das Karma der Menschen, die behindert genannt werden. Der Heilpädagoge und der Sozialtherapeut wenden sie auf die Kinder an, auf die Menschen neben ihnen, aber auch auf die eigene Person.

Man nähert sich dem Kurs und entdeckt neue und wieder neue Merkorte des Erkennens. Man erfährt von den Wegen der Menschen im Reich zwischen Tod und neuer Geburt. Man erfährt, wie ein Mangel in einem Leben sich auswirken kann in einem nächsten Erdenleben. Man erfährt auch von den Taten hoher Geistwesen, die des Menschen Wesenskern im Geistdasein führen, ihn beschenken, ihn vorbereiten auf das kommende Dasein auf der Erde.

Der Heilpädagoge wird dahin geführt, diesen Geistgeschenken Raum zu geben, das behinderte Kind bereit zu machen, sie aufzunehmen. Die Hilfestellung des Heilpädagogen wirkt immer, auch dann, wenn äußerlich kaum ein Erfolg wahrzunehmen ist. Die eigentliche Hilfe fließt zum «dahinterliegenden Seelenleben» des Kindes.

Man kann das Leben so verstehen, dass es aus der Vergangenheit in die Zukunft führt. Man kann aber auch entdecken, dass in der stets anwesenden Gegenwart ein Hinweis auftaucht, eine Lebensfrage erkennbar wird, die aus der Zukunft entgegenkommt. Solche Gaben können wahrgenommen und eingebunden werden in das Tun des Heilpädagogen.

Das trifft vermehrt zu für den Sozialtherapeuten, dessen Wirken weniger als das des Heilpädagogen dem vergangenen Schicksal zugewendet ist. Er schafft im Heute und Jetzt für das, was in der Zukunft werden kann.

Rudolf Steiner führt den Studierenden unmittelbar in den Schicksalsstrom hinein, in den Behinderung Menschen geleitet. Er führt ihn zugleich auf den Weg zum eigenen Wesen.

Der Schulungsweg des Anthroposophen weist den Strebenden zu Imagination, Inspiration und Intuition. Die genannten Ebenen sind nicht wie Stufen einer Treppe zu denken. Sie sind Möglichkeiten des Erlebens geistiger Werte, die oft eine in die andere hineinwirken. Der Geistesschüler lernt, sie zu unterscheiden.

Der aufmerksame Leser bemerkt, dass die Hinweise des Kurses auf eine Struktur hinauslaufen, die das Leben im Strom der Erscheinungen durchordnet.

Die Berufsesoterik der Heilpädagogen und Sozialtherapeuten lebt einerseits aus dem Schulungsweg, andererseits führt sie in einen Willensweg, der eigenen Gesetzen gehorcht. Ekkehard Fiedler, Heilpädagoge aus Hamburg, nennt den Weg des geordneten Willens einen Anforderungsweg. Und er fand deutliche Stufen im Erwandern des Anforderungsweges. Er nennt sie:

– reinliche Anschauung,

– Stimmung,

– Haltung oder Gesinnung.

Hans Dackweiler erlebt das als Sozialtherapeut und nennt den Anforderungsweg Fiedlers den Andachtweg und findet die Stufen:

– Uneigennutz des Sozialtherapeuten,

– Freiwilligkeit der Beteiligten,

– Schicksalsstimmigkeit im Miteinander.

Viele Menschen gehen den zweiten Weg. Kaum jemand bemerkt es. Es liegt am Wesen des Willens, dass er übersehen wird. Wer davon weiß und Menschen beobachtet, auch in nicht-anthroposophischen Einrichtungen, findet viele auf diesem Wege. Auch dem Begleiter eines Menschen, der mit Behinderung lebt, ist das kaum bewusst. Aber der Freund, der neben ihm Gehende, kann es entdecken. Wir meinen, dass das Wahrnehmen des anderen auf diesem Wege eine wesentliche Voraussetzung ist für Gemeinsamkeit. Wir erleben an vielen Orten, dass Menschen auf dem zweiten Weg Hilfe brauchen. In unserer Zeit ist es zwar notwendig, den Willensweg zu gehen, wie er immer schon begangen wurde. Aber die Wanderer brauchen die Aufmerksamkeit derer, die zugleich den inneren Schulungsweg suchen. Und wir meinen, es sei eine vordringliche Aufgabe der Anthroposophen, solche Wesenswege bei anderen wahrzunehmen.

Wenn jemand nach seinem Willen gefragt wird, denkt er gewöhnlich an zwei Erlebnisse. Das sind einmal die Gedanken, die den Willen anrühren, die ihn lenken. Viele glauben, mit diesen Gedanken schon den Willen selbst zu kennen. Das andere Erlebnis gehört in die Welt der Wünsche. Viele halten ihre Wünsche für den Willen. Sie bemerken den Unterschied nicht. Jeder Mensch hat Wünsche, und in der Seele nimmt das Wunschesleben einen wichtigen Raum ein.

Es ist gar nicht recht, sich selbst Wünsche zu verbieten. Man sollte sein Wunsch-Leben führen lernen. Und es ist sogar ein Fehler in der Erziehung der Kinder, ihnen Wünsche entweder zu versagen oder sie so weit wie möglich zu verwirklichen. Beide Arten der Erziehung führen das Kind aus der eigenen Mitte hinweg.

Aber die Wünsche, die man hat, sind weder ein Zeichen des Willens, noch sind sie ein Ausdruck der Freiheit. Sie sind Teil des Seelenlebens und haben dort, im Seelenraum, ihre Aufgabe. Die Wünsche bewegen den Menschen von einem Ort zum anderen. Sie veranlassen ihn zu vielen seiner Handlungen. Sie sind Stationen auf dem Wege zur Freiheit. Aber im Raum der Freiheit selbst sind sie ein Hemmnis.

Der Wille rührt aus den Tiefen der Seele den Menschen an. Er impulsiert ihn, er treibt ihn vorwärts. Er geht auf Erdenaufgaben zu und schenkt dem planenden Menschen die Kraft, einen Vorsatz zu verwirklichen. In alter Zeit waren Ritter und Pferd das Bild des lenkenden Ich, und im Tier der Wille, der vom Reiter geführt wird. Die Kraft des Rosses übersteigt die des Menschen bei Weitem. In unserer Betrachtung suchen wir diese Kraft. Wir bewegen uns tief unter den lenkenden Gedanken und noch tiefer unter den Wünschen, die an der Seelenoberfläche wogen.

Der Wille ist in einen dichten Schleier gehüllt. Jeder von uns glaubt, etwas vom Willen zu wissen, denn er weiß, dass er sich Aufgaben vornimmt. Er weiß, wie er sie ausführen wird. Er weiß, was geschieht in den einzelnen Arbeitsschritten. Man glaubt zu wissen, was Wille ist.

Man übersieht, man bemerkt nicht, dass man Wachbilder des Denkens vor den Willen stellt. Von Denkbildern weiß man. Man kennt sie. Der Wille steht jedoch dahinter und diesen kennt man durchaus nicht.

Wer es unternimmt, etwas vom Wesen des Willens zu fassen, muss das Denken, und erst recht alles Urteilen zurückstellen. Er muss beobachten, wie sich Kraft und Impuls regen. Er muss wahrnehmen lernen, dass der Wille eine eigene Gewalt ist, die weit über dem steht, was man denkend erfassen kann. Schaut man mit dem inneren Auge dorthin, dann beginnt zu wärmen, zu leuchten, was man Willen nennen kann. In dieser Wärme entsteht das, was uns im beruflichen Tun belehrt. Mit solchen Vorgängen wird das Denken auf eine neue Stufe gehoben. Es nähert sich der Qualität Willen und wird selbst verändert. So lebendig der Wille ist – so tot ist das gewöhnliche Denken – auf den angedeuteten Wegen kommt das Denken dem Lebendigen nahe.

Mit diesen Gedanken ist der *Heilpädagogische Kurs* nur angerührt. Er enthält unendlich viele Hinweise, die nicht nur Fachleute angehen. Sie betreffen alle Menschen.

Meditationen im Heilpädagogischen Kurs

Was ist die Andacht zum Kleinen?[12]

Es ist das Kleine, das Unscheinbare, das man leicht übersieht. Es ist aber nicht das unendlich Geteilte, das im Atom endet. Es ist vielmehr im Kleinsein ein Ganzes, das sich im genauen Hinschauen zeigt.

Im pädagogischen Felde rät Rudolf Steiner dem Waldorflehrer, eine Situation des Kindes, in der Bewegung, im Ausdruck, im Wort, so intensiv wahrzunehmen, dass sie das Wesen des Kindes als Wahrbild aufzeigt. Das ist das wesenhaft Kleine. Im heilpädagogischen Bereich gilt das ebenso. An den unauffälligen Erscheinungen bemerkt man das Wesentliche.

Der Sozialtherapeut kennt die Tatsache auch. Aber zwei neue Ereignisse treten hinzu. Im ersten wollen die Dinge der Erdenwelt wahrgenommen, wollen gepflegt, wollen angenommen werden. Die Sorgfalt umgreift das Ganze des Betriebs bis in Einzelheiten und in jede Verrichtung. Später werden wir sehen, dass das Ich des tätigen Menschen in die Welt eingreift, sich in sie hineinbegibt.

Das zweite Ereignis führt den Menschen, der mit einer Behinderung lebt, in die Sorgfalt des Arbeitens hinein. Er nimmt sie an und geht damit einen Schritt auf dem Andachtweg.

Das Kleine ist das unscheinbare Ding. Es ist das Ereignis, das man leicht übersieht. Es ist das Symptom eines Besonderen, das sich nur dem Aufmerksamen zeigt. Es ist auch der Punkt, der noch nicht verrät, dass er zum Kreis, zum großen Kreis werden kann.

Was ist Andacht? Andacht ist eine Seelenstimmung. Andacht führt den Menschen aus dem innerlich Engen ins ganz Weite. Andacht macht im Kleinen das Wesentliche erkennbar.

Was ist Bewusstsein? Die Frage führt uns auf einen weiten Weg. Welche Formen von Bewusstsein kann man erleben? Die Frau eines Landwirts führt den Haushalt, aber sie sorgt auch für die Kühe und die Hühner. Sie hat stets im Bewusstsein, was im Hause zu geschehen hat, im Stall und bei den Tieren. Sie weiß genau, wohin die braune Henne Eier legt, weiß, wohin sie verschwindet in der Scheune und was sie braucht während der Zeit des Brütens. Ebenso sicher weiß sie, was die eigenen Kinder anstellen und welche Aufgaben sie haben. Das Bewusstsein dieses Menschen ist außerordentlich weit gespannt und wird vielen Gegebenheiten des Daseins gerecht.

Ganz anders ist das Bewusstsein des Lehrers, der die Kinder seiner Klasse kennt und wiederum anders das des Arztes, der den Krankheitsverlauf der Patienten im Bewusstsein hat.

Aus diesen Formen hebt sich heraus, was der Aufmerksame an sich selbst entdeckt und mit der Erkenntnis umfasst. Außer dem Menschenbewusstsein gibt es das Tierbewusstsein. Wir Menschen bemerken meist nur sehr wenig davon.

Ein kleines Kind schaut Mutter zu. Die Äuglein folgen ihr bei jeder Bewegung. Der Vater kommt. Er bewegt sich, spricht. Das Kind verfolgt alles mit großer Aufmerksamkeit. Nun nimmt Mutter das Kleine auf den Arm. Beide blicken sich in die Augen. Das Kind lacht Mutter an, diese lacht zurück: Welche Tiefe des Bewusstseins!

Es gibt Bewusstsein auf vielen Ebenen und auf jeder ist das Bewusstsein ein komplexes, in sich ruhendes Geschehen. Wir heute Lebenden schätzen das intellektuelle, das kausale und das dingliche Bewusstsein über alles. Kinder erleben aber ganz anders und werden mühsam auf die Linie des heute so hoch geschätzten Wachbewusstseins gehoben. Wer es aber unternimmt, andere Bewusstseinsformen zu studieren, erfährt Vielfalt und Tiefe.

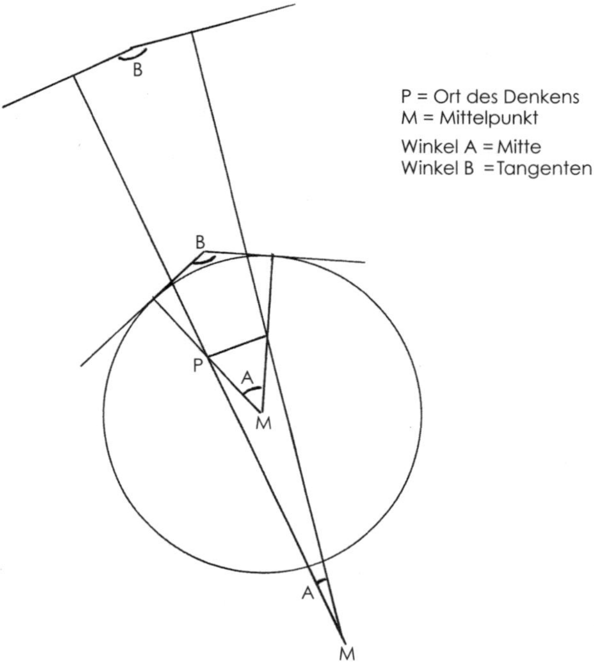

Rudolf Steiner spricht von mehreren Ebenen des Bewusstseins. Er spricht sogar dem Schlafzustand ein Bewusstsein zu. Mit diesem Denk-Hintergrund gewinnen manche Bilder der Bibel neues Verstehen. Ob Christus auf einem Berge spricht, am See, auf einem Schiff oder sogar wandelnd auf dem Wasser: Immer sind Bewusstseinsebenen angesprochen, die sich klar voneinander unterscheiden.

Eine geometrische Denkübung: Man kann auf verschiedenen Wegen zu dieser Denkübung kommen (siehe Zeichnung oben). Der erste ist ein rascher Weg mit den Nachteilen des allzu Schnellen. Der zweite ist umständlich, dafür aber sicher. Versuchen wir zuerst, den schnellen Weg zu kennzeichnen.

Man denke einen Kreis mit Mittelpunkt. Können das Ich und die Seele in diesen Punkt hineinschlüpfen? Geht das? Natürlich geht es nicht physisch und auch nicht mit Ätherkraft allein. Aber gelingt das mit Seele und Geist? Falls das möglich ist, verändern sich die Raumverhältnisse. Der Punkt verliert den Anschein des Kleinen. Er wird, sobald man sich darin befindet, groß, sogar unendlich groß.

Es gibt einen entscheidenden Unterschied zum ersten Kreis! Dieser hat den Mittelpunkt innen, der zweite hat ihn außen, im Umfang. Das ist schwierig zu denken! Gelingt es, dann befindet man sich nicht mehr im physischen Raum, man befindet sich im Ätherraum. Dieser kann klein sein im Aussehen, er kann aber auch unendlich groß sein. Der Ätherraum hat andere Verhältnisse als der physische. Solches Denken verändert die Sicht des Gewohnten. Bisher dachte man die Unendlichkeit als Ferne, fern dem Menschen. Der zweite Kreis, der Mittelpunkt-Kreis ist aber menschennahe. Man denkt Raum und Gegenraum. Man denkt leibgebunden und leibfrei zugleich. Das Denken wird beweglich.

Nun folgt die zweite Denk-Übung: Wir erinnern uns aus der Schule: Ein Kreis ist der geometrische Ort einer Linie, deren Punkte alle gleich weit entfernt sind von einem Mittelpunkt. Das ist eine Definition, die so exakt nur in der Geometrie möglich ist. Gibt es noch eine zweite, andere Definition für einen Kreis? Wir werden sehen.

Wir denken einen Kreis, darin zwei Radien, Linien, die vom Mittelpunkt zum Kreisbogen führen. Die Radien werden halbiert und im gewonnenen Halbpunkt mit einer Linie verbunden. Diese Linie sei, wir nehmen es an, 10 Zentimeter lang. Das Maß kann anders sein, nehmen Sie eine Strecke Ihrer Wahl.

Nun kommt etwas Wichtiges. Der Zeitgenosse begibt sich ohne nachzudenken in den Mittelpunkt eines Kreises. Wir verzichten jedoch darauf und nehmen den Halb-Punkt eines der Radien als unseren Ort an. Das ist ungewohnt, für unsere Denkübung jedoch nötig.

Wir stehen auf dem genannten Punkt und blicken in eine Richtung, sehen den Mittelpunkt. Dort endet auch der zweite Radius. Die beiden Radien bilden einen Winkel, einen spitzen Winkel. Wir blicken zur anderen Richtung, sehen den Kreisbogen und die Enden der beiden Radien. Auf diese Punkte denken wir uns Tangenten, Linien, die senkrecht auf den Radien stehen. Die beiden Tangenten berühren sich, bilden einen stumpfen Winkel.

Unser Kreis soll nun groß werden, sehr groß, unendlich groß. Unser Ort bleibt wo er ist: Die Mitte eines der Radien. Wie groß auch der Kreis wird, unser Ort bleibt bestehen. Jedoch der Kreis entfernt sich im Größerwerden, der Mittelpunkt auch. Wichtig ist, dass die Entfernung zwischen der Hälfte der beiden Radien, wir sagten 10 Zentimeter, gleich bleibt. Sie nimmt nicht zu im Größerwerden des Kreises. Das hat zur Folge, dass die beiden Winkel sich ändern. Der Winkel im Mittelpunkt wird ganz spitz, so sehr, dass er wie eine einzige Linie aussieht. Der Winkel der beiden Tangenten über dem Kreisbogen wird ganz stumpf, fast eine Gerade. Der Kreis wird sehr groß, er nähert sich der Sonne. Der Abstand der Radien bleibt gleich groß. Die beiden Winkel sind kaum noch wahrzunehmen. Die Vorstellung hat Mühe, Winkel zu sehen. Das Denken besteht darauf: Es müssen Winkel sein.

Man kann sich vorstellen, man könne an den Radien vorbeifliegen und sie sehen. Man sieht zwei parallele Linien, die allerdings den Abstand ändern. Die Linien kommen einander nahe, verschmelzen, sind schließlich nur noch eine einzige Linie. Die Vorstellung sieht es so. Nur das Denken sagt anderes.

Der nächste Denkschritt sucht einen Stern, einen möglichst weit entfernten Stern. Dorthin dehnen wir den Kreis aus. Die Winkel können nur noch gedacht, nicht vorgestellt werden. Der nächste Schritt führt den Kreis weit hinaus über den Stern ins Unbekannte, ins Unendliche selbst.

Es gibt keinen Winkel mehr zwischen den Tangenten (siehe die Zeichnung auf Seite 81). Die beiden Radien stehen senkrecht auf den Tangenten, die eine Gerade bilden. Die Radien wandern nach unten in Richtung des Mittelpunkts, aber sie wandern weit, bis in die Unendlichkeit. Da sie aber parallel verlaufen, enden sie nicht in einem Punkt, sie enden in einer Linie, die 20 Zentimeter lang ist. Der ehemalige Punkt verliert den Charakter des Punkts, er wird zur Strecke, zur Linie.

Dem Mathematiker sind solche Überlegungen vertraut. Er weiß, dass alle irdischen geometrischen Elemente im Jenseits ins Gegenteil verwandelt werden. Wir haben diese Tatsache nachdenkend und mitdenkend vollzogen. Der Mittelpunkt im Erdenraum wird im Unendlichen zur geraden Linie.

Der Vorgang kann in alle Richtungen des Raumes gedacht werden. Damit verliert Peripherie oder Weltraum den bisherigen Charakter des Unendlichen, des nur Fernen und immer Ferneren. Bisher dachten wir Unendlichkeit als menschenfern. Nun erkennen wir bewegt, dass die Unendlichkeit sich dem Menschen zuneigt. Bisher erlebte man sich als Staubkorn der Unendlichkeit. Nun sieht man dasselbe Element als Majestät Gottes.

Der gewohnte Kreis auf Erden hat Mittelpunkt und Kreisbogen. Wir nennen ihn den Punkt-Kreis. Alle Stellen des Kreisbogens sind gleich weit vom Mittelpunkt entfernt. Wir denken einen neuen Kreis, einen, dessen Mittelpunkt im Weltraum liegt, dessen Mitte jedoch nicht Punkte sind, sondern Linien, die den Raum in ferner Unendlichkeit umfassen. Von dort denken wir einen Kreis, dessen Stellen wieder gleich weit entfernt sind vom Peripheren, vom Weitesten, von der Unendlichkeit. Diesen Kreis denken wir in die Endlichkeit des Erdenraumes projiziert. Wir haben einen Kreis, der nicht in der Mitte den Mittelpunkt hat, sondern im weitesten Umkreis. In der Mitte eines solchen Kreises – irdisch gesehen – ist leerer Raum.

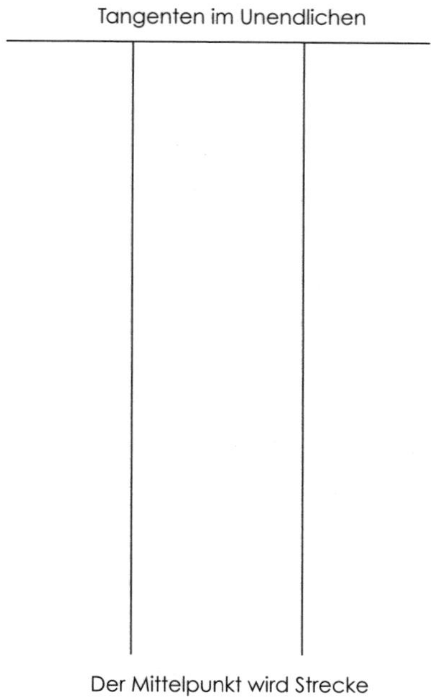

Wir können zwei Kreise denken. Der eine hat einen regelrechten Mittelpunkt. Der andere ist leer. Dessen Mitte-Wesen liegt im weiten Umkreis. Damit haben wir neben dem Punkt-Kreis einen Ätherraum gedacht. Der Heilpädagoge und der Sozialtherapeut sollen beide Arten des Kreises denken. Solches Denken macht beweglich, macht offen für ungewohnte Erscheinungen.

Diese geometrische Denkübung ist eine Variation zu Rudolf Steiners Hinweis:[13] Er rät dem Heilpädagogen, vor den inneren Blick einen Punkt zu stellen und daneben einen Kreis. Nun soll er den Punkt zum Kreis verwandeln und den Kreis zum Punkt. Diese Denkübung soll Beweglichkeit des Denkens herbeiführen, eine Eigenschaft, die der Heilpädagoge im Beruf dringend braucht. Trifft der Rat nur für Heilpädagogen und Sozialtherapeuten zu – oder auch für Menschen in anderen Berufen?

Die Abend- und die Morgenmeditation

Im *Heilpädagogischen Kurs* schließt an die Punkt-Umkreis-Meditation eine weitere an. Der Rat besagt, man solle am Abend meditieren: In mir ist Gott. Am Morgen lebe man mit dem Gedanken: Ich bin in Gott. Was geschieht, wenn man betet, was unterscheidet das Gebet von einer Meditation?

Eines der bekanntesten Gebete ist das Vaterunser. Der Betende nimmt die Gedanken in den Herzensbereich auf, versenkt sich im fühlenden Erleben in sie hinein und empfindet Trost und aufbauende Kraft. Bei allem Beten und noch mehr bei einer Meditation erlebt man zwei Seiten, wenn man den Sinn dafür entwickelt.

Die eine Seite bildet der betende Mensch. Die andere Seite entspricht einem Geistwesen, das ein ergänzendes Geschehen einfließen lässt. Gebete und Meditationen sind, so kann man sagen, Gespräche mit Engeln, aber auf geistiger Ebene. Das Gebet öffnet einen Herzens-Empfindungsraum. Die Meditation tut dasselbe, bemüht sich aber, den Vorgang bewusst zu erfassen. Sie lauscht den Worten nach und erlebt einen Hintergrund, der das Wort der Meditation von einer tiefen Seite beleuchtet.

Es ist wichtig, eine Meditation regelmäßig zu wiederholen. Am besten nimmt man sich eine bestimmte Zeit am Tage vor. Man beginnt sie und wiederholt sie nun in den folgenden Tagen und Wochen. Manche Meditationen kann man sehr lange üben. Nach einiger Zeit spürt man, dass die Meditation zu einer Gewohnheit wird. Diese nimmt aber nicht den gedankenlosen Verlauf an, den man von Gewohnheiten kennt, sondern verwandelt sich in eine Art Seelen-Geist-Kultur, deren Wesen und Form man selber bestimmt. Zugleich fließt von der Geistseite eine Entsprechung hinzu. Diese wird immer wichtiger. Meditation wird zum Gespräch mit einem hohen Geistwesen.

Man kann nicht immer meditieren. Es gibt Lebensbedingungen, die es verhindern. Aber man kann immer beten. Rudolf Steiner hat viel gebetet.

Die Abendmeditation – Gott ist in mir – führt in das Meer des Willens, in die Kräfte des Unbewussten und des Schlafes. Abendgebete führen in einen verwandten Gedankenkreis.

Man spürt sofort die Nähe des Abendspruchs zum Wesen des Umkreises. Die Morgenmeditation – ich bin in Gott – ist ungewohnt in der Gedankenführung. Der Zeitgenosse hat kaum jemals das Gefühl, der kommende Tag führe in das Wesen des Göttlichen. Dem Heilpädagogen wird gerade dies nahegelegt. Finden wir einen Weg dorthin?

Die Welt ist von Gott geschaffen bis in den kleinsten Stein. Aus der mineralischen Welt, Erde und Wasser wächst das Leben. Aus diesem heraus, beginnt die Seele sich selbst und die Welt zu erleben. Schließlich ist es das Menschen-Ich, das all das im Bewusstsein zusammenfasst. Solche Überlegungen weisen darauf hin, dass das Gotteswesen sich selbst offenbart in dem, was den Menschen am Tage umgibt. Das Denken der Menschen – soweit es sich an die dingliche Welt bindet – trennt ihn von dem Gotteswesen. Schaut man mit Andacht auf alle Erscheinungen, verschwindet die Trennung – Mensch und Welt wachsen zusammen.

Der Tag – der Alltag – führt den Menschen in kleine Dinge, die ein jedes seine Aufmerksamkeit verlangen. Man muss hellwach sein, um die Morgenanforderungen leisten zu können. Der Heiler geht auf sie so zu, dass er im Hintergrund des Erlebens die Sicherheit hat: Das Gotteswesen ist es, das hinter allen Erscheinungen lebt

Das Wesen der Andacht gehört in den Nachtbereich, auf das Kleine – oder auf den Punkt – wird man am Tage aufmerksam. Nennen wir den Tages-Weg den *Weg des Denkens*, den Weg durch die Nacht, den *des Willens*. Die beiden Wege sind seit alter, seit sehr alter Zeit bekannt.

Zarathustra, der Weise der urpersischen Zeit, bewegte sich im Nachtbereich. Er vollzog den Gottesdienst auf dem Etemenanki, dem Stufenturm, dem Turm von Babylon. In der Nacht – die Stufen des Turms waren dicht besetzt mit Schülern Zarathustras – erglomm auf der Spitze des Bauwerks ein Licht, wurde strahlend, erfüllte den Umkreis. Das Feuer wurde in Persien verehrt. Das Feuer und sein Leuchten standen in Verbindung zum Strahlen der Planeten. Auch das Licht auf dem Etemenanki gehörte einem der Planeten an – je nachdem, welchem der Sterne der Gottesdienst gewidmet war. Zarathustra selber begab sich in tiefer Meditation in die Bahn des Planeten hinein, wurde eines damit, war identisch mit dem Wesen der Gottheit des Planeten.

Ein Gott-Wesen begabt die Menschen und die Erde. Es schenkte in Urpersiens Zeit Entdeckungen – Erfindungen. Das

Rad wurde der Bahn der Sonne abgelauscht. Zunächst war es Gegenstand einer Prozession im Dienste der Gottheit. Erst nach langer Zeit wurde es zu profanen Diensten herangezogen.

Die Grundwerkzeuge der Landwirtschaft, des Handwerks wurden erfunden. Die Mysterienschulen entwickelten die Idee des Grabens, des Hackens, des Sägens und des Hobelns. Dann stand die Aufgabe vor den Weisen, die Idee zu übertragen in Erdenstoff. Erst dann wurde die Verwendung geübt in feierlichem Vollzug. Später wurden die Geräte freigegeben und alle Bauern-Gärtner des Zweistromlandes verwendeten sie. – Aus dem Umkreis wurde Punkt.

Im Jahre 325 wurde ein Konzil aller christlichen Lehrer in der Stadt Nicäa (heute Iznik, Türkei) einberaumt. Die christliche Lehre sollte abgestimmt und vereinheitlicht werden. Zwei der anwesenden Bischöfe vertraten gegensätzliche Ansichten. Athanasius sah den Menschen unvollkommen und von Sünde gezeichnet. Er konnte den Weg zu Gott finden – aber nur durch die Hilfe der christlichen Gemeinde und des Bischofs. Er lehrte: Die Welt ist zwar von Gott geschaffen, aber der Mensch muss den Weg zu Gott erst finden.

Arius dagegen lehrte, dass in jedem Menschen Göttliches lebt. Er sagte: Das Wesen des Gottes ist unmittelbar in ihn eingezogen. Athanasius und seine Lehre wurden in Nicäa anerkannt. Die Lehre von Arius wurde verworfen und er wurde sogar exkommuniziert. Das war damals eine schreckliche Strafe. Die Denkrichtung von Athanasius wirkt nach bis in unsere Tage. Die meisten Zeitgenossen wurden als Kinder so erzogen: Wenn du lieb bist, dann hast du eine Chance. Wenn du es nicht bist, gibt es schlimme Folgen.

Arius hätte ganz anders gewirkt. Er hätte etwa gesagt: Du hast Schlimmes getan. Wie schade. Nun hast du dein Bild verdunkelt. Kannst du es wieder hell machen? Heutige Kinder sprechen an auf diese Art der Mahnung und auch uns hätte sie als Kind geholfen.

Rudolf Steiner spricht oft von Nicäa und den beiden Bischöfen. Seine Worte und Gedanken kann man so deuten, dass aus ihnen hervorleuchtet: Athanasius ist der Tag. Arius dagegen sprach von den Mysterien der Nacht. Wir ahnen die Verwandtschaft zu den beiden großen Meditationen des *Heilpädagogischen Kurses*. Die Morgenmeditation ist die des Athanasius, die Abendmeditation die des Arius. Wir sehen tief bewegt, dass uns Heilpädagogen und Sozialtherapeuten das in die Hand gelegt wird, was damals getrennt wurde. Die Abendmeditation spricht aus, was auf dem Weg der Andacht gepflegt wird. Es ist ein uralter Mysterienweg, den wir heute neu beleben.

Wir sehen zugleich, dass der Nachtbereich für unseren Beruf entscheidend wichtig ist – in mehrfachem Sinne. Zum einen erfahren wir dort die wesentlichen Hinweise, die unsere Arbeit möglich machen. Zum anderen nehmen wir wahr, wie wichtig es ist, den Schlaf zu pflegen, den eigenen und den der uns Anvertrauten.

Was ist Behinderung?

Von außen angeschaut ist es eine wesentliche Beeinträchtigung in körperlicher Hinsicht und – oder – im Bereich der Lebenskräfte. Seelische Erkrankungen sind ein eigenes Feld, das gewöhnlich nicht unter die Behinderungen gerechnet wird.

Behinderungen lösen im Mitmenschen starkes Mitleid aus. Dies wiederum trägt der Betrachter in den anderen, den Menschen, der mit einer Behinderung lebt, hinein. Das bedeutet, dass der Mitleidige zunächst sich selbst erlebt und das anschaut, weniger den Benachteiligten. Dieser erlebt dieselbe Situation möglicherweise ganz anders. Wir Zeitgenossen leben in vielen Seelenbereichen so, dass uns unser Selbst bewusst ist. Wir haben jemanden lieb, wissen zugleich, dass das so ist. Unvermeidbar stellt sich der Eindruck ein, dass man doch selber liebenswert sein müsse, da man so sehr liebt. Das führt sofort zu Irrtum, zu Fehlentwicklung.

Wer das vermeiden will, muss das Eigenerleben im Mitleiden zurückstellen lernen. Das Mitleiden wird sachlich, nüchtern und intensiviert. Zugleich ändert sich etwas im Mitleidenden. Seine Empfindung, sein Denken, wird zu Empathie, die sich dem Wesen des Mitmenschen so weit öffnet, dass das Schauen zum Bauen wird am Wesen des anderen. Es schaut nun das Innenerleben des Menschen an, dem es sich zuwendet. Dies zeigt ein anderes Bild als das Erste.

Die weitaus meisten Kinder, die mit Behinderung leben lernen, nehmen sie nicht als ein Fremdes, das ihnen aufgelegt ist. Sie nehmen es als Situation ihres Daseins. Sie sehen Behinderung als Seins-Tatsache, die sie nicht hinterfragen. Von dorther entspringt die unerhörte Tapferkeit so vieler Kinder und Menschen, die die Mühe der Einschränkung klaglos hinnehmen.

Von außen geschaut, spricht man von Behinderung, also

einer Einschränkung, einem Negativum. Von innen wahrgenommen, verliert es den negativen Charakter. Es wird zur menschlichen Situation.

Der Gehbehinderte setzt mühsam Fuß vor Fuß. Die Beine wollen nicht gehorchen, sie müssen trotzdem Schritt um Schritt tun. Vielleicht tut es weh – trotzdem wird gegangen.

Wir anderen laufen ohne zu bemerken, was Füße und Beine tun. Der behinderte Mensch bemerkt es sehr wohl. Er tut mehr beim Gehen als wir anderen. So gesehen ist Behinderung ein Mehr, nicht ein Weniger.

Von außen gesehen unterscheiden wir Behinderung vom «Normalsein». Es ist aber bisher nicht gelungen, genau zu erkennen, was das eine vom anderen unterscheidet. Die anthroposophische Menschenkunde lehrt, Behinderungen als polare Situation zu erkennen. So gesehen lässt sich die eine Behinderung erst durch die andere als Erscheinung des Menschseins wahrnehmen.

Der Großkopf steht gegenüber dem Kleinkopf. Als Seinssituation sind beide je eine Erscheinung für sich. Im Erkennen jedoch stellen wir sie einander gegenüber. Wenn sie sich weit von einer gedachten Mitte entfernen, werden sie zur Behinderung, dem Hydrozephalus oder Mikrozephalus (siehe dazu auch das Schema auf Seite 111).

Schaut man aber mehr zur Mitte zwischen beiden Polen, trifft die Situation uns alle. Jeder Mensch tendiert – mehr oder weniger – zur einen oder zur anderen Seite. Wir sehen Behinderung nicht mehr als Fremderscheinung, sondern als Situation des Menschseins. Man erlebt an den eigenen Unvollkommenheiten, an den Einseitigkeiten das Besondere des Selbst. Wenn man auf das Stimmige in sich blickt, stellen sich sofort Verzeichnungen ein. Man schätzt sich selbst unzutreffend ein, wenn man auf das Gute in sich blickt oder gar auf ein Vollkommenes. Die eigene Behinderung wird zum Lehrmeister. Es wird normal, behindert zu sein. Behinderung steht mitten im Dasein. Sie gehört uns allen an.

Das Denken unserer Zeit führt manchmal auf seltsame Wege. Man möchte Menschen mit Behinderung helfen, möchte ihnen die Teilnahme an der Zeit, an unserer Gesellschaft ermöglichen. Es gibt Vertreter dieses Ideals, die behinderte Menschen fragen: Was wünschen Sie sich? Sind Sie gerne hier an diesem Ort? Würden Sie nicht viel lieber in der Großstadt leben, in eine Disco gehen, unabhängig leben? Solche Fragen werden bejaht und flugs wird daraus abgeleitet: Man muss die Wünsche respektieren, sie in die Tat umsetzen. Denn es gehört zur Freiheit des Menschen, dass er seine Wünsche erfüllen kann.

Wir dagegen fragen, ob das Wünschen tatsächlich die Ebene der Freiheit ist? Stellt man nämlich dieselbe Frage einer Gruppe von zufällig vorbeigehenden Menschen in der Stadt, würde sie ansprechen und vorschlagen, man solle doch auf einer Trauminsel im südlichen Meer leben, werden die meisten Angesprochenen zustimmen. Der oben getroffene Schluss wird weitergedacht. Man erkennt, dass unfrei lebt, wer so denkt.

Stellen wir die Frage anders. Schaue man sich selber an und frage sich: Wer bin ich heute und welche Kräfte, Ereignisse, welche Veranlassungen – von denen viele deutlich gegen meine Wünsche gingen – haben mich zu dem gemacht, der ich heute bin? In jedem Menschenleben gibt es Ereignisse, die zu biografischen Wendepunkten wurden. Diese haben mich geformt. Wäre ich meinen Wünschen gefolgt, dann wäre ich der Prägung ausgewichen.

Darunter gab es schöne, wunderschöne, aber auch schwierige und sogar tief verletzende Ereignisse. Schaue ich heute mein Sein an, dann sehe ich, dass all das zusammengeflossen ist in mein Dasein. Es gehört meinem Ich an. Auch die schwierigen Geschehnisse haben mich geformt. Ich wäre nicht, was ich nun bin, ohne sie.

Denkt man sich nun alle problematischen, frustrierenden Anstöße aus dem eigenen Leben weg und nimmt nur die schönen als geschehen an: Wer wäre ich? Verdanke ich nicht dem Schmerz meines Lebens unendlich viel? Niemand wünscht sich das Leid. Trotzdem gehört es zum Menschendasein untrennbar hinzu.

Die oben gestellte Frage nach der Freiheit und den eigenen Wünschen verlangt nach einer Ergänzung. Der Wunsch und seine Welt haben eine wesentliche Aufgabe im Seelenbereich. Ohne Wunsch bleiben viele Türen verschlossen, die man gerne durchschreitet, um eine neue Welt kennenzulernen. Es wäre ganz falsch, den Wunsch als solchen zu verneinen. Er wird, angemessen geführt, zum Erzieher des Menschen. Aber die Wunschebene verhilft nicht zur Freiheit. Werden Wünsche erfüllt, dann erfreut das gar sehr, aber man ist damit nicht auf der Spur, einen dem Schicksal entsprechenden Weg zu finden.

Das Schicksal erfährt man kaum jemals allein und nur für sich selbst. Der Mitmensch ist fast immer Übermittler und Träger des Schicksals, das auf einen zukommt. Das gilt nach beiden Richtungen. Der eine wird zum Hüter des anderen. Das führt zu der Erkenntnis, dass man Freiheit nur dann erreicht, wenn man das Schicksal – eigenes und fremdes – annimmt.

Wir haben Behinderung von außen angeschaut und dann von innen. Diese Art des Wahrnehmens bleibt, einmal erfasst, dem Betrachter erhalten. Er beginnt, andere Erscheinungen der Umgebung ähnlich anzuschauen. Das Weltbild ändert sich.

Diese Tatsache spielt hinein in die oben gestellte Frage nach der Beständigkeit so mancher Lebensgemeinschaft. Die

Menschen mit Behinderung belehren die Zeitgenossen, die sich ihnen zuwenden.

Die Objektivierung des Mitleidens ist ein weiterer Schritt in die angefragte Richtung. Auch dies bleibt, einmal erlebt, als Erfahrung beim Mitleidenden. Es ist nicht leicht, das in Worte zu fassen, aber die innere Wendung dorthin wird nicht vergessen. Sie gibt ein Wert-Maß, das auch an manche andere Lebenserlebnisse angelegt wird.

Eine weitere Erfahrung prägt den Mitleidenden, wenn sie auch weitgehend unbewusst bleibt. Der Erzieher hat sich dem Kind zugewendet am Tage, hat gesorgt, hat geholfen. Er hat die Belange des Kindes zu seinen eigenen gemacht. Er bleibt auch für das Kind nicht Außenerlebnis. Er tritt in dessen Selbsterfahren ein. Beide gehen in den Schlaf und nun erfahren sie dort – Kind und Betreuer – ein Geschenk, das sie in den nächsten Tag begleitet. Auch das wird kaum jemals bewusst, aber es wirkt entscheidend auf beide ein.

Wir sind sicher, dass solche Erfahrungen Menschen aneinanderbinden. Der Zusammenhalt ist stärker als die Zeittendenz, die eigene Wunsch-Freiheit über andere Werte zu stellen. All dies bleibt als Frage bestehen. Solche Fragen werden durch weitere Beobachtungen belebt und können sich ergänzen zu einem Bild, das sich an die Wirklichkeit herantastet.

Anthroposophen denken Reinkarnation. In der Regel ist man der Meinung, das könne man nur glauben. Die Geisteswissenschaft lehrt jedoch, dass man Mitteilungen aus der geistigen Welt weder einfach annehmen noch abweisen sollte – schon gar nicht sollte man sie glauben - Man soll sie wahrnehmen und auf ihren Wirklichkeitsgehalt prüfen. Das gelingt nur, wenn man sich Zeit lässt, die Mitteilung im Hintergrund des Bewusstseins belässt und nun die Bewegungen des wirklichen Lebens daraufhin prüft.

Hier liegt eine Gefahr: Man denkt so lange das Ungewohnte, bis es schließlich vertraut wird und man es als gegeben annimmt. Dann hat man aus Gewohnheit einen Gedanken übernommen und hält ihn für möglich. Das ist aber nicht eine Prüfung, es ist Gedanken-Trägheit. Dergleichen geschieht häufiger als man bemerkt – es geschieht aber auch denen, die einen Gedanken ablehnen, weil er ungewohnt ist.

Die Prüfung eines Gedankens oder einer Idee am Leben ist ein Vorgang, den man bewusst herbeiführen kann. Man muss ihn eine Zeit lang üben. Er erweist seine Wirksamkeit als innere Gewissheit. Diese erreicht man nicht durch mangelnde Prüfung. Im Gegenteil, der Geisteswissenschaftler wird zum Gedanken-Prüfer. Zugleich erfährt man, dass das Leben nicht ein aus fremden Gesetzen verlaufender Strom ist, dass vielmehr das Gedanken- und Empfindungsleben des Menschen direkt hineinwirkt.

Man kann Karma – oder das Schicksal – auf verschiedene Arten betrachten und damit umgehen. Man schaut vergangenes Schicksal an, das in die Gegenwart hineinwirkt. Dann wendet man sich zukünftigem Schicksal zu, an dem die Menschen in der Gegenwart gestalten. Die erste Art wird dem nachdenk-

Weitere Informationen zum Verlag Freies Geistesleben
und seinen Büchern finden Sie im Internet:
www. geistesleben.com | www.facebook.com/geistesleben

- [ ] Bitte senden Sie mir das aktuelle Gesamtverzeichnis
- [ ] Ich bin auch an E-Books interessiert
- [ ] Schicken Sie mir bitte Ihren monatlichen Newsletter

E-Mail:

Absender:

Name

Straße / Postfach

Postleitzahl / Ort

Bitte ausreichend frankieren

Deutsche Post
WERBEANTWORT

An den
Verlag Freies Geistesleben
Postfach 13 11 22
70069 Stuttgart

Liebe Leserin, lieber Leser,

mit dieser Karte können Sie uns Ihre Fragen und Wünsche
oder Ihre Meinung zum Buch mitteilen.

Diese Karte entnahm ich dem Buch: ______________________________

Meine Meinung zu diesem Buch:

Ich habe folgende Fragen / Wünsche:

☐ **Ich bin damit einverstanden, dass meine Meinung eventuell veröffentlicht wird.** (Ggfs. bitte ankreuzen!)

lichen Menschen mit der Zeit vertraut. Die zweite ist nur selten bewusst. Wir blicken zuerst in die Vergangenheit, die uns Zeitgenossen begleitet.

Wir wissen, wer wir sind. Wir haben vielerlei Erlebnisse gehabt, die sich uns eingeschrieben haben. Solche Erlebnisse kamen in der Form von Ereignissen in unser Leben, Ereignissen, denen wir nicht ausweichen konnten. Sie haben Stationen unseres Lebens bestimmt.

Eine weitere Art von Erlebnissen kam durch andere Menschen auf uns zu. Da waren Freunde, es gab auch Gegner, es gab Enttäuschungen. Es gab aber auch tiefe Freude. Alles hat gewirkt, hat sich eingeschrieben, hat das Leben bestimmt.

Die dritte Form sind Neigungen, Möglichkeiten, Talente und Begabungen, die man in sich trägt. Sie steigen auf bei Erlebnissen, bei Begegnungen und bei Anforderungen des Lebens und prägen die Art und Weise, wie man mit all dem umgeht. Dabei wollen wir nicht nur die eine Seite, die unerfreuliche, sehen. Das ist ein Fehler, den viele machen: Das Unglück, den

Fehler, schreibt man dem Schicksal zu. Das Glück aber, mit dem Gefühl leben viele, hat man selber herbeigeführt. Wer genau hinschaut, bemerkt aber, dass das eine wie das andere die Schriftzüge des Schicksals zeigen.

Wann beginnt Schicksal?

Die eigene Erinnerung reicht nicht weit zurück. Sie findet nur wenige Bilder, die vor das dritte Lebensjahr blicken. Die ersten Bilder zeigen schon Schicksalszeichen. Beginnt das Schicksal also in diesem Alter, oder gibt es schon früher solche Prägungen? Wer die Frage durchdenkt und kleine Kinder beobachtet, bemerkt solche Zeichen schon früh. Dann beginnt es also schon mit der Geburt oder der Empfängnis.

Dr. Lorenz war Arzt und Leiter der Medizinischen Sektion an der Freien Hochschule für Geisteswissenschaft am Goetheanum. Vor mehr als fünfunddreißig Jahren erzählte er von einem Erlebnis, das damals schon mehrere Jahre zurücklag.

Er berichtete, dass ein Hinweis Rudolf Steiners für Mediziner ausgearbeitet wurde. Es ging um eine neuartige Diagnose, um die Blutkristallisation. Rudolf Steiner hatte darauf hingewiesen, dass bei der Kristallisation bestimmter Metalllösungen, die man im Labor herbeiführen kann, Bilder entstehen. Solche Kristallisationsbilder lassen sich beeinflussen durch Zugabe eines Tropfens Blut eines Patienten. Das Bild der nachfolgenden Kristallisation zeigt Krankheitstendenzen, die im Blut leben und die der erfahrene Diagnostiker ablesen kann.

Der Hinweis war ausgearbeitet worden und zeigte beträchtliche Erfolge. Man konnte Neigungen zu Krankheiten erkennen. Der Vorgang ist für den Arzt von unschätzbarem Wert, weil er wahrnimmt, mit welchen Problemen der Patient lebt und welche davon in den Vordergrund treten. Das Erkennen einer Diagnose wird erleichtert und vor allem das Vorbeugen hat viele Möglichkeiten.

Dr. Lorenz wendete die Methode an und erlebte sie als bedeutende Hilfe im Erkennen von Krankheiten. Er hatte zur damaligen Zeit mehrere eigene kleine Kinder und im Erkenntniseifer der neuen Möglichkeit, nahm er auch von diesen Blutstropfen und ließ sie kristallisieren. Das Ergebnis erschütterte ihn tief. Er sah im Blut der kleinen, süßen Kinder, all die Krankheitsneigungen, die in die Biografie eines erwachsenen, nein, eines älteren Menschen gehören. Er sah: Schon die ganz Kleinen gehen auf ein Schicksal zu, wie es jeden Menschen trifft, der die Kindheit hinter sich gelassen hat. Er nahm wahr, dass im Blut der Kinder die Schicksalsrunen eines ganzen Lebens eingegeben sind.

Verfolgen wir diese Angabe denkend. Wir sehen den Gedanken, dass das Schicksal schon bei der Geburt und der Konzeption vorhanden ist. Wir betrachten den Gedanken, ohne ihn festzuschreiben. Falls er zutrifft, muss man die vorliegende Schicksalssignatur entweder dem Dasein in der geistigen Welt zuschreiben oder einem vergangenen Menschenleben.

Wir schauen die bekannten Schicksalszeichen an und fragen nach ihrer Wesensart. Verraten sie göttlichen Ursprung oder haben sie die Qualität von menschlichen Irrungen, Einseitigkeiten, aber auch guten Eigenschaften? Falls das Letztere sich zeigt, weist das auf den Gedanken der Reinkarnation hin.

Wir betrachten diesen Gedanken in einem anderen Zusammenhang. Wir blicken zurück in die eigene Vergangenheit und versuchen, Merkpunkte des Bewusstwerdens zu finden. Wir schauen weit zurück und sehen schon in der Frühkindheit und auch später viele solcher Ereignisse. Es gab ein Fest, das man erinnert und dessen Glanz unvergessen blieb. Es gab ein Unglück, das sich einprägte. Da waren Freunde, es gab Begegnungen, die beeindruckten. Später kam die Schule, die viele solcher Merkpunkte bildete. Der Lehrer, die Lehrerin vermittelten eine besondere Art von Erfahrungen, der Schulhof und die anderen Kinder eine ganz andere. So reihen sich Erinnerungen aneinander, freudvolle und schmerzliche. Es ist ein bunter Bogen von Erlebnissen. Sie alle liegen im Seelenhintergrund und treten von dort hervor.

Wenn in der Gegenwart ein neues, unbekanntes Ereignis eintritt, dann betrachtet man es vor dem Hintergrund der angesprochenen Erlebnisse, die man bereits hatte. Wenn man das neue Ereignis einordnen kann, ist man beruhigt. Man sucht aber mit starker Bewegung nach Orientierung, wenn das nicht gelingt. Man bemerkt, dass die Seelenerlebnisse der Vergangenheit zu einer Art von trigonometrischen Maßpunkten des Seelenlebens geworden sind. Das geht so weit, dass man das eigene Wesen unmittelbar mit ihnen verbunden erlebt. Man *ist* seine Erlebnisse.

Wir blicken wiederum zurück auf die eigene Vergangenheit und wir schauen dort auf diese Merkpunkte unseres Daseins. Wenn man das Bild in eine Grafik (siehe Zeichnung Seite 97) überträgt, erscheint die Gegenwart eng und klein, die Vergangenheit weit und je ferner, umso weiter. Das Bild wird zum Dreieck, dessen Spitze in der Gegenwart liegt, dessen Konturen verschwimmen, je weiter man zurückschaut. Das Dreieck ist ausgefüllt mit den Merkpunkten, die wir betrachten.

Das Bild zeigt Vergangenheit. Wie zeigt es sich aber, wenn man die Zukunft einbezieht? Denken wir weiter, nehmen wir an, dass die Zukunft weitere Erfahrungspunkte bereithält. Es wäre unrealistisch, wenn man anderes annehmen wollte. Wir zeichnen ein Gegendreieck, das auf dem ersten steht. Es be-

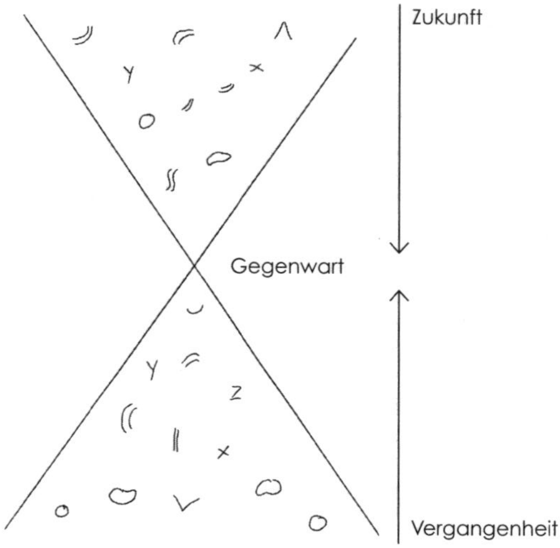

ginnt mit einer Spitze und verliert sich – weit werdend – in die Zukunft. Es besteht seinerseits aus Erfahrungen, die sich einprägen werden, bitteren und schönen Erfahrungen. Auch diese werden später einmal dem Wesen des eigenen Selbst zugerechnet. Das bedeutet zwingend, dass das eigene Selbst, das man heute anschaut, unvollständig ist. Es bedeutet ferner, dass das eigene Selbst erst werden wird. Es bedeutet außerdem, dass das eigene Selbst aus der Zukunft uns entgegenkommt.

Es ist eine wesentliche Denkerfahrung zu erleben, dass nicht man selbst auf die Zukunft zugeht, dass diese vielmehr auf einen zufließt. Die Zukunft kommt dem Selbst entgegen.

Bilder vergangenen Schicksals prägen Ereignisse und Handlungsweisen von Menschen der Gegenwart. Man kann mit ihnen in verschiedener Art umgehen. So wird Zukunft gestaltet. Sie kann von altem Karma bestimmt sein, sie kann ganz neue Zeichen tragen. Beides liegt in den Möglichkeiten der Gegenwart. Man kann mit dem überkommenen Karma so umgehen, dass man seiner Prägung folgt. Man kann aber auch so handeln, dass man das Alte zur Seite stellt und ganz neue Wege einschlägt. Vereinfacht kann man sagen: Man kann einen unangenehmen Menschen unersprießlich finden und ihn so anschauen. Damit führt man altes Karma weiter in die Zukunft. Man kann aber auch unerwartet Neues, vielleicht sogar Schönes entdecken. Im besten Falle begegnet man ihm so offen, dass das Alte keine Rolle spielt, nur die Aufgabe, die die Gegenwart stellt. So beginnt neues, helles Karma.

Für Menschen, die mit einer Behinderung leben, bedeutet es viel, wenn man die Behinderung nicht mehr beachtet, dass man offen ist, zusammen mit ihm Neues zu entdecken. Man lockt damit den unter der Behinderung verborgenen Menschen hervor.

Es gibt persönliches Schicksal, das den einzelnen Menschen betrifft. Die Zeichen des Schicksals stehen ihm so nahe, dass er sie zum Wesen der eigenen Persönlichkeit rechnet. Er stellt sie nicht nur nicht in Frage, er erlebt sie als Eigensein, das er nicht mit Abstand anschaut. Erst durch genaues Wahrnehmen wird es möglich, die Sprache des Schicksals zu unterscheiden vom Wesen des Eigenseins.

Es gibt ein Schicksal von Menschengruppen. Das können Familien sein oder ganze Völker. Das gibt es aber auch in Gemeinschaften, die sich um einer Aufgabe willen miteinander verbinden.

Es gibt das Schicksal einer Zeit und es gibt Menschheitsschicksal. Das Zeitschicksal wird fast immer als unabwendbar hingenommen. Man wird sich solcher Zeichen meist am Unglück bewusst, kaum jemals an guten Ereignissen. Man versteht aber nicht Menschen anderer Zeiten, wenn man nicht erfassen kann, wie die Zeitereignisse damals die Menschen führten.

Das angesprochene Menschheitsschicksal kann man erahnen, wenn man sich um Signatur und Wesen des Christus bemüht. Es ist eine notwendige Übung, die vier Schicksalsebenen zu unterscheiden.

Unser Eindruck ist, dass manche Menschen, die mit Behinderung leben, nicht nur persönliches Schicksal tragen, dass sie das Schicksal unserer Zeit angenommen haben und sogar am Menschheitsschicksal tragen.

Das Letztere trägt am Leiden Christi mit. Deshalb ist es unendlich wichtig, den anvertrauten Menschen das Wesen Christi in spirituell-religiösen Betrachtungen nahezubringen.

Rudolf Steiner hat an mehreren Stellen seines Vortragswerkes auf mögliche Ursachen von Behinderungen hingewiesen. Um sie nachvollziehen zu können, sei zunächst der Weg des Menschen nach dem Tode skizziert.

Ereignisse im Bereich des Ätherischen sind Zeit-Geschehnisse. Deshalb sind Vorgänge in der Zeit – die sich in entsprechenden Erlebnisräumen ausdrücken – wesentlich für solche Vorgänge.

Das trifft zu im Drei-Tage-Gesetz (siehe auch Seite 125f.), das der Heilpädagoge und der Sozialtherapeut anwenden, um dem Hysteriker Seelenhülle zu geben. Das trifft auch zu als Geschehnis nach dem Tode. Drei Tage braucht der Ätherleib, um sich vom gestorbenen Menschenwesen zu lösen. In diesen Tagen erfährt der Verstorbene eine Gesamtschau über das vergangene Leben. Diese Schau zeigt in einem gewaltigen lebendigen Bild alle Ereignisse, die er erlebt hat, an denen er beteiligt war, die um ihn herum waren. Die Bilder all dessen fließen nicht in der gewesenen Anordnung, in der sie geschahen, zusammen. Sie werden auch nicht auf ihre Qualität hin beurteilt. Sie sind ein Lebenspanorama. Nach der Zeit erfährt der Verstorbene eine Ausweitung dessen, was er als sein Wesen erlebt hat. Alles Denken verlässt den Zusammenhang mit dem Ganzen der

Persönlichkeit. Alles Fühlen zieht sich hinaus ins Weite und ebenfalls das Wollen. Die drei Seelenkräfte trennen sich, verlieren den Zusammenhang mit dem Einheitlichen des Menschen.

Nach diesen Ereignissen beginnt das sogenannte Kamaloka. Das Menschenwesen, das jetzt noch aus Seele und Geist besteht, erfährt eine Lebensrückschau. Es erfährt die im vergangenen Leben gewesenen Schlaferlebnisse, aber so, dass sie moralisch beurteilt werden. Diese Beurteilung geschieht nicht durch den Verstorbenen allein. Er sieht vielmehr alles, was er erlebt, was er getan hat, gewissermaßen im Auge des Engels. Aber nicht der Engel urteilt über ihn, sondern er selbst erkennt im wahrnehmenden Auge des Engels das moralische Bild des eigenen Wesens. Bei diesem Vorgang ist es nicht möglich, sich selbst zu verbergen, sich eine Situation nicht zu gestehen. Die Beurteilung ist objektiv und der Erkennende ist man selber. Diese Zeit dauert so lange, wie man im Leben schlafend zugebracht hat. Allgemein kann gesagt werden, dass es ein Drittel des vergangenen Lebens ausmacht.

Der Geistesschüler erarbeitet sich unter Anleitung des Geisteslehrers Kräfte, die diese Situation vorbereiten. Man kommt schon im Leben in die Nähe solcher Erlebnisse und man erfährt sie voll bewusst. Viele Hinweise Rudolf Steiners weisen dorthin. Man darf sie eine seelisch-geistige Hygiene nennen.

Erst nach dem Kamaloka verlässt der Verstorbene die Sphäre. Er kann aber nicht frei in die nächste Stufe des Erlebens gelangen, wenn er alles mitnimmt, was er auf Erden erfahren hat. Er lässt einen Teil von sich zurück. Diesen nimmt er wieder auf, wenn er vom Dasein in den hohen folgenden Sphären zurückkehrt.

Die nächsten Stufen sind die der Planetenwelt, denen Wesenheiten der Hierarchien zugeordnet sind. Der Verstorbene durchwandert sie und erfährt auf jeder Stufe einen Inhalt, der für ihn bedeutsam ist. Die Hierarchen, die hohen Gotteswesen, durchweben ihn mit ihrem Sein, beschenken ihn gewissermaßen, durchleuchten ihn mit Wesen des eigenen Wesens. Diese Gaben sind aber identisch mit den Kräften, die die Organe des Menschenleibes schaffen. Wenn der wieder inkarnierende Mensch sich an die Aufgabe macht, den neuen Leib zu gestalten, schöpft er aus den Kräften, die er in der Planetenwelt erfahren konnte.

Eine weitere Angabe sagt, dass ein Verstorbener durch eine besondere Fügung wie blind sein kann für eines dieser Planetenwesen. Er vernimmt nicht, was er wahrnehmen könnte. Er geht vorbei. Ein solcher Mensch wird später, wenn er als Kind in der nächsten Inkarnation den neuen Leib bildet, ein bestimmtes Organ nicht ausbilden können oder es unvollständig bilden. Eine solche fehlerhafte Gestalt eines Organs spiegelt sich – das tun alle Organe – im Kopfe des Menschen und erzeugen dort, in der mangelhaften Spiegelung, die Phänomene der Behinderung.

Unsere Ärzte sind sehr aufmerksam auf solche Vorgänge und unterstützen die betreffenden Organe durch Medikamente. Heilpädagogen arbeiten durch heilpädagogische Maßnahmen an den Organen. Sozialtherapeuten pflegen ebenfalls die bekannten therapeutischen Maßnahmen. Sie fügen zu diesen hinzu das heilende Wesen im Miteinander einer Gemeinschaft.

Wir sind dieser Angabe nachgegangen, haben lange Zeit Freunde gefragt. Diese Angaben werden hier zusammengetragen.

Von Herrn Klaus Wilde erhielt ich die Zuordnungen der sieben Planeten zu den Hierarchen, die dort ihre Gaben schenken. Das heißt: Der Verstorbene wandelt durch die Planetenwelt und erfährt dort Einprägungen oder Durch-Lichtungen von Kräften der einzelnen Planeten und deren Hierarchien.

Manfred Schmidt-Brabant erarbeitete soziale Gaben, die in der Zeit der Atlantis in sieben Mysterienorten zu den Planeten angelegt wurden.

Die Planeten:	Hierarchien:	Organe:	Sozialgeschenke sind:
Saturn	Cherubime	Milz	Innenraum – Intimität – Innigkeit
Mars	Throne	Galle	Klarheit – Sauberkeit
Jupiter	Kyriotetes	Leber	Weisheit – Stimmigkeit
Sonne	Dynamis	Herz	Übergreift alle Sozialgaben
Venus	Exusiai	Nieren	Heiterkeit – Spiel – Spaß – Freude – Frommsein
Merkur	Archai	Lunge	Das Innen-Außen – der Ausflug
Mond	Archangeloi	Fortpflanzung	Frau und Mann – Talent und Begabung

Anthroposophische Ärzte legen großen Wert darauf, den Zusammenhang zwischen bestimmten Behinderungen und den ihnen entsprechenden Organen zu erkennen. Sie behandeln diese Organe stets zusammen mit den körperlichen Erscheinungen der Behinderungen.

Es ist unseres Wissens nach noch nicht erforscht, welche Behinderungen welche Sozial-Fragen aufwerfen. Wenn das gelingen sollte, kann man durch Lenkung der Elemente des Miteinanders therapeutisch auf die Behinderung und deren Folgen einwirken.

Das geschieht aber mit großer Wahrscheinlichkeit schon heute, wenn Hausverantwortliche aus dem Gefühl für das im Augenblick Notwendige bestimmte Maßnahmen ergreifen, oder auch eine neue Richtung des Gesprächs und des allgemeinen Interesses lenken. Vieles Gute geschieht, und man erkennt erst später einen Zusammenhang.

Die Frage bleibt: Wie entsteht z. B. die angesprochene Blindheit? Rudolf Steiner sagt dazu, dass möglicherweise ein Mangel oder eine Einseitigkeit im vergangenen Leben zu solchen Erscheinungen führen kann. Verteilt in seinem Vortragswerk gibt es annehmbare Hinweise dazu, von denen einige hier frei assoziiert wiedergegeben werden.

Der junge Rudolf Steiner sitzt in der Schule. Geometrie wird unterrichtet. Der Lehrer gibt einen besonders lebendigen Unterricht. Er hat die Gewohnheit, während des Sprechens vor der Klasse auf und ab zu wandern. Er hinkt aber im Gehen. Er hat eine Geh-Behinderung, ein Bein ist kürzer.

Der Schüler Rudolf sieht das Gehen, das Hinken und er sieht hinter diesen Bewegungen den wandernden «Soldaten eines Kreuzzuges». Der Lehrer war einer der Ritter. Er wanderte zusammen mit einigen Kameraden unendlich weite Strecken, um das sogenannte Palladium, ein heiliges, hoch verehrtes Wahrzeichen zu finden. Die Wanderungen verausgabten ihre Kräfte ganz. Die Folge der Überanstrengung wurde zur Gehbehinderung im nächsten Leben.

Ein Beispiel aus den Karma-Vorträgen ist das Leben Pestalozzis. Er war in einem vorigen Leben eine Art Sklavenaufseher und erhielt als solcher die Aufgabe, gefangene Menschen zu bewachen. Er selber war kein besonders harter Mensch. Seine Aufgabe brachte es aber mit sich, dass er die gefangenen Menschen gegen ihren Willen zwingen musste zu bestimmtem Verhalten, zur Körperpflege, zur Arbeit. Die Gefangenen inkarnieren sich später als Kinder, die in der Umgebung Pestalozzis zur Welt kommen. Pestalozzi nimmt sich ihrer an, wird ihr Lehrer und entwickelt an ihnen seine pädagogischen Ideen, die ihn so bekannt machten.

Im Mittelalter wird ein Mensch gefangen gesetzt und das, wie damals üblich, im unteren Teil eines hohen Turms. Es gibt kein Fenster, keine Verbindung zur Natur. Der Gefangene kann weder Pflanzen sehen, noch das Wetter, noch die Zeichen der Jahreszeiten. Er lebt ganz abgeschnitten vom Geschehen in der Welt. Das hat eine schreckliche Folge. Beim Durchgang durch die Planetenwelt nach dem Tode ist der Mensch ganz blind für Gaben bestimmter Hierarchien. Er nimmt sie nicht wahr. Er kann in der Folge ein Organ nicht genügend ausbilden und wird deshalb zum Menschen, der mit einer Behinderung lebt.

Weitere Annahmen sprechen davon, dass ein Menschenleben, das nur kausales Denken und materialistische Gedanken kannte, eine beeinträchtigte Reinkarnation haben kann oder von Schreckenserfahrungen im späteren Dasein, hervorgerufen durch ein Leben und Handeln, das nur von Zweckmäßigkeit und Egoismus bestimmt war.

Wir beobachten, dass die inneren Bindungen von Eltern behinderter Menschen und auch von Betreuern außerordentlich stark sein können.

Wir gehen das Wagnis ein zu der Gedankenfolge: Kann es sein, dass wir Heilpädagogen und Sozialtherapeuten eine Pestalozzi vergleichbare Vergangenheit haben? Sind wir in dem Beruf, weil die Menschen uns riefen? – Manche Beobachtung stützt den Gedanken.

Viele Erscheinungen von Behinderungen erwachsener Menschen wirken in die soziale Umgebung hinein. Epileptiker tragen die eigene Krampfbereitschaft in die Menschen in der Nähe. Um sie herum entstehen oft Streit, Unzufriedenheit, Missgunst. Der Begleiter muss für die eigene Person lernen, die Krampfneigung zu überwinden, die der andere in ihm hervorrufen kann.

Hysteriker tragen die Überempfindlichkeit zu den Menschen in ihrer Nähe. Sie suchen sie auf, kommen ihnen auf ungute Weise nahe, zu nahe. Sie ziehen sie in eigene Probleme hinein, oft mit erheblichen Übertreibungen. Auch hier muss der Begleiter – Sozialtherapeuten neigen häufig ihrerseits zu Hysterie – für den Ausgleich sorgen.

Sozialtherapeuten kennen ein Bild, das Menschen mit Zwangsgedanken vor sie hinstellen. Ein Beispiel steht für manche Begebenheit.

Eine neue Mitarbeiterin betreut den Hausabend in der Familie. Ein Mann spricht besonders laut, übertönt alle anderen. Er schreit, sucht Streit, beschimpft andere, die Ruhe haben möchten. Er steigert sich immer mehr hinein in dieses Verhalten. Die Mitarbeiterin spricht mit ihm, sucht ihn zu beruhigen, aber ohne Erfolg. Schließlich bittet sie ihn, den Gemeinschaftsraum zu verlassen, ins eigene Zimmer zu gehen und wieder zu kommen, wenn er stiller sein möchte. Er schreit umso lauter. Sie greift ihn am Arm, um ihn hinauszuführen. Nun setzt ein Drama ein. Der Mann schreit entsetzlich, lässt sich fallen, benimmt sich, als sei er brutal geschlagen worden. Die Mitarbeiterin ist zu Tode erschrocken. Das Bild des am Boden liegenden, schreienden Menschen scheint sie anzuklagen. Hat sie ihm weh getan?

Wir müssen hinter dem geschilderten Bild eines aus dem vergangenen Leben des Mannes vermuten. Aus allem wird deutlich, dass Behinderungen eine soziale Komponente haben, die viele andere einbezieht, die Eltern, die Lehrer und die Betreuer in späterer Zeit.

Die Behinderung betrifft nicht nur den einen. Sie übergreift andere Menschen und bezieht sie ein in das Schicksalsgeschehen.

Der Heilpädagoge und der Sozialtherapeut sehen die behinderten Freunde vor sich und fragen sich mit tiefer Bewegung, ob einer unter ihnen ein solches Schicksal trägt. Die Frage ist nicht fremd für ihn. Mancher unter seinen Freunden verrät in intimen Gesprächen eine Tiefe des Seelenlebens, die solche Gedanken möglich machen.

Wir haben Berichte vor uns, die eine Palette von Möglichkeiten zeigen. Die Ursache von Behinderung kann Überanstrengung sein mit zwanghaftem Willenseinsatz. Ein anderes Mal stürzt jemand in ein Unglück, an dem er keine Schuld trägt, das ihm widerfährt, ohne dass er den Vorgang veranlasste. Er kann eine lange Zeit die Umgebung nicht wahrnehmen, vor allem nicht die Natur. Dies macht ihn blind für Gaben hoher Geistwesen in der Zeit nach seinem Tode.

Wir Heilpädagogen und Sozialtherapeuten werden von Rudolf Steiner aufgefordert, Karmastudien zu treiben. Wir nähern uns solchen Erscheinungen, indem wir das Wesen und das Schicksal der Menschen mit Behinderung nahe an uns herannehmen. Die Hinweise, die Rudolf Steiner gibt, sind Hilfestellungen solcher Erkenntnis.

Es fällt auf, dass Rudolf Steiner die meisten der gezeigten Karma-Beispiele durch Bewegungen der betroffenen Menschen erlebte. Jeder Mensch hat eine persönliche Art des Gehens, der Armbewegungen. Diese Art verrät die möglichen Hintergründe, nach denen wir fragen. Wir erkennen ferner, dass niemandem die eigene Art der Bewegung erkennbar ist, wohl aber den Mitmenschen. Man hat vom eigenen Körper eine nur sehr begrenzte Wahrnehmung. Eigenes Karma wird durch und mit anderen Menschen erfahrbar.

Der Heilpädagoge setzt das Tun der hohen Geistwesen fort, die im Dasein nach dem Tode die Seelen der verstorbenen Menschen durchwirken. Die Seelen durchwandern nach dem Tode die Sphären der Geistwelt. Dort werden sie begabt, beschenkt, durchlichtet mit dem Wesen des jeweiligen Geistgebiets. Sie gehen darin auf, werden durchatmet, sind ganz darin enthalten.

Es kommt aber vor, dass eine Geistseele sich der Gabe nicht öffnen kann. Sie nimmt nicht wahr, was ihr entgegenkommt. Sie erfährt nicht das Wesen dieses Geistortes und inkarniert später derart, dass ein Mangel auftritt. Das Kind kann ein Organ oder ein Organsystem nicht angemessen aufbauen und lebt deshalb als behindertes Kind. Aber der Heilpädagoge wendet sich ihm zu, nähert sich dem Schicksalsweg durch reines Mitleiden.

Nun kann das Geistwesen über den Heilpädagogen dem Kinde schenken, was es aus sich nicht finden konnte. Der Heilpädagoge stellt sich hinein in das Wirken des hohen Wesens. Es durchpulst ihn und schenkt ihm als Willenserkennen den therapeutischen Rat, der ihn nun in die Lage versetzt, wirksam zu helfen.

Ein behindertes Kind kann durch die Hilfe des Heilpädagogen Heilungswege gehen. Es nimmt tief in seinem Wesen wahr, dass der Erzieher und der Lehrer es in seinem Innersten annehmen und es einen guten Weg führen. Das kann sich bis in eine erkennbare Besserung der Behinderung zeigen – aber ebenso wichtig wie diese ist das Gefühl des Kindes, dass ihm geholfen wird.

Der Sozialtherapeut dagegen wendet sich nicht so sehr dem einzelnen Menschen zu, indem er auf ihn einwirkt. Er ordnet ihn ein in die Menschengemeinschaft, an der alle bilden, der Begleiter und die Menschen, die Behinderung im Dasein tragen. Dies ist ein sozialer Vorgang und als solcher nicht dem vergangenen Mangel zugeordnet, sondern einer Zukunftsgestalt. Später einmal wird sprossen, was hier als Keim gelegt wird.

Rudolf Steiner spricht dem Heilpädagogen und – wir wagen es zu ergänzen – dem Sozialtherapeuten Mut zu. Er nennt ihn esoterischen Mut. Der Heilpädagoge und der Sozialtherapeut sollen zu sich selber – vor der Aufgabe stehend – sagen: Ich kann das!

Was ist es, das er kann? Er steht vor dem Kind oder dem Menschen mit Behinderung und soll mit der Zuversicht wirken, dass er helfen könne.

Die Aussage ist unerhört! Sie widerspricht der allgemein geltenden Wissenschaft. Der Geschulte muss sagen: Du kannst es nicht – wenn du nicht das Fach nach allen Seiten sorgfältig studiert hast. Du kannst es nicht, wenn du nicht Diagnose stellen, wenn du nicht Therapien erwägen, wenn du nicht all das angewendet, geprüft, kritisch betrachtet und wieder neu geprüft hast. Erst wenn du all das gelernt hast, kannst du sagen: Ich kann es.

Es gibt partielle karmische Verschleierungen. In geringem Maße kennen wir alle solche Verhüllungen. Wer vermag schon alles vollständig zu leisten, was an Aufgaben vor ihm steht?

Das gilt auch für den Sozialtherapeuten. Er nimmt wahr, welche Hemmnisse der Mensch mit Behinderung in die Gemeinschaft trägt. Er therapiert nicht zuerst den besonderen Mangel, der beim Einzelnen auftritt. Das ist Sache des Fachtherapeuten.

Er vernimmt eine Schieflage des Einen im Zusammensein mit den Anderen. Er sieht die Schieflage. Sie entsteht in der

Familie oder der Arbeitsgruppe. Der Sozialtherapeut gleicht aus, mildert hier, sucht im Zeit-Strom eine Bewegung, die dem Störenden im Wandern aus der Enge verhilft. Die Gemeinschaft bewegt sich, so verstanden, auf einen Weg in die Zukunft. Neues Schicksal wird vorbereitet.

Das soziale Ereignis, das wir Gemeinschaft nennen, entsteht mitten im Ringen um Ausgleich von Behinderungs-Einseitigkeit. Die Behinderung wird aus dem Ganzen des Zusammenseins heraus überwunden. Der eine trägt des anderen Schicksal mit.

Das gilt für eine Lebensgemeinschaft, es gilt für eine unserer Wahl-Familien. Das gilt aber auch für einen Werkstatt-Betrieb. Auch dort geht es um ein Zusammensein mehrerer Menschen. Es geht darum, diese Menschen dahin zu führen, dass sie zusammen wirken an einer Arbeitsaufgabe. Das Gemeinschaftliche ist in allen Fällen die entscheidende Aufgabe. Sie weist in die Zukunft.

Gemeinschaft ist nicht Selbstzweck und sie dient nicht den Wünschen der Beteiligten. Sie gründet sich aber auf die Freiheit der Gemeinschafter. Freiheit entsteht nicht im Wunschbereich der Seele, im Gegenteil, Wünsche sind Zeichen des Unfrei-Seins.

Gemeinschafter wenden sich einer frei angenommenen Aufgabe zu, in unserem Falle den Menschen, die Hilfe brauchen. Gemeinschaft findet man dort, wo Menschen sich um Uneigennutz bemühen. Das Wort weckt Bedenken. Man hört eine Ermahnung, die fast unerfüllbar zu sein scheint. Wer kann von sich sagen, dass er ganz uneigennützig sei! Man wehrt sich gegen eine solche Forderung und man wehrt sich mit Recht. Aber blicken wir nicht auf uns, schauen wir auf andere.

Uneigennutz lebt überall da, wo Menschen mit Hingabe arbeiten. Wer das Arbeiten ernst nimmt, stellt eigene Fragen zurück. Man überwindet sogar Kummer und Schmerz und ist doch ganz anwesend bei dem Tun. Das gilt für die Krankenschwester, die einen Kranken pflegt. Das gilt für den Industriearbeiter an der Maschine, es gilt für den Facharbeiter am Bau und auch für die Hausfrau, die für ihre Familie eine Mahlzeit zubereitet. Wer für andere Menschen tätig ist, stellt eigene Interessen zurück. Mutter Theresa hat dieses Prinzip über weite Gebiete ihres Lebens ausgedehnt. Wir anderen tun dies, solange wir arbeiten. Sobald die Freizeit kommt, sind wir mit vollem Recht Egoisten und tun, was uns behagt.

Uneigennutz kommt vor, kommt sogar oft vor. Wir sind nur nicht darauf gestimmt, diesen wahrzunehmen.

Bilder von Behinderungen

Die nachfolgenden Betrachtungen wenden sich den einzelnen Bildern der Behinderungen zu, die unten im Schema aufgezeichnet sind. Das Schema dient dem Erkennen eines Sozialorganismus. Es hat aber weitergehende Bedeutung. Deshalb werden hier die einzelnen Bilder der Behinderungen angeschaut. (Zum Schema siehe auch die Angaben auf Seite 249 f.)

Vier Gegensatz-Paare werden einander gegenübergestellt. Die jeweils weit auseinanderliegenden Pole werden gekennzeichnet als acht Behinderungen. Man denke aber zwischen den beiden Polen eine Linie, auf der alle Menschen Platz finden. Jeder einzelne ordnet sich ein in eine Tendenz, die im Extrem zur Behinderung wird. Wer aber nahe der Mitte existiert, gilt als unauffällig. Er hat trotzdem eine Tendenz in sich, die sich einer Behinderung zuneigt. Damit wird Behinderung von einer Randsituation mitten ins Menschsein hineingerückt. Sie geht uns alle an.

Das weibliche Gestaltungsprinzip synthetisiert, es generalisiert.
Denkpol – Antipathiepol. (Mütterliches)
(Großkopf)

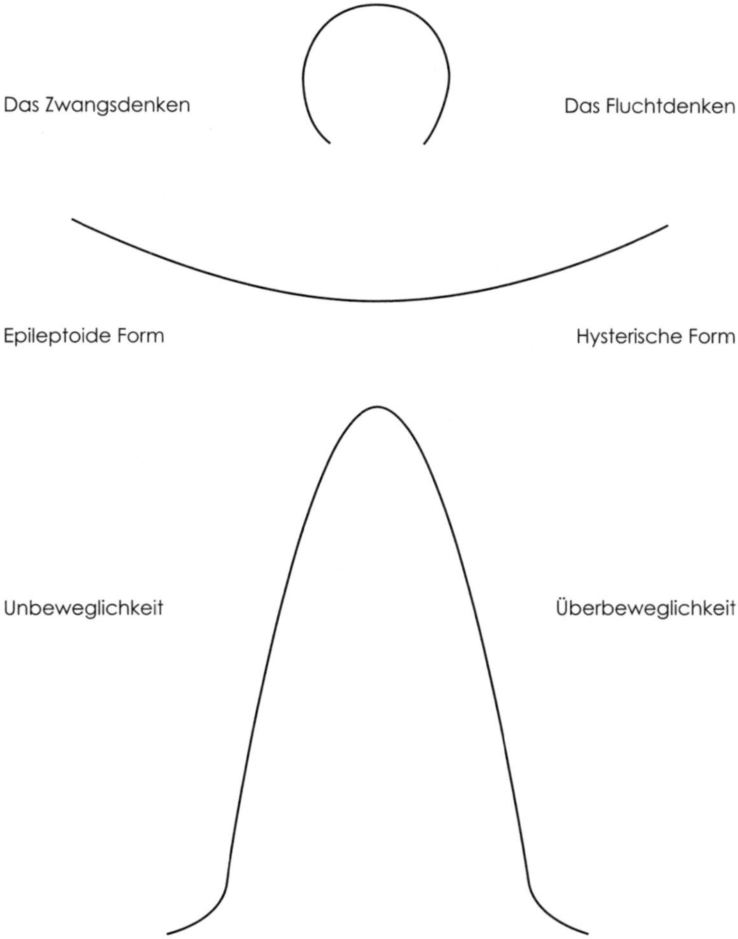

Der väterliche Willenspol wirkt sympatisch und analytisch.
Er vereinzelt und er lässt vereinsamen. Er bewirkt das Patriarchat.
(Kleinkopf)

In der Mitte ist Raum des Menschseins.

Großkopf und Kleinkopf

Der Mensch ist in eine Zweiheit gegliedert. Der Kopf ist Mittelpunkt des Nerven-Sinnes-Menschen. Die Glieder regen sich, erlauben dem Menschen, tätig zu werden und seine Intentionen in die Welt zu tragen. Im Haupte bilden sich Gedanken. In den Gliedern entfaltet der Mensch Tätigkeit. Das eine bleibt im Bild, das andere ist Realität.

Man kann dem Mütterlichen die eine, dem Väterlichen die andere Einheit zuordnen. Wenn ein Menschenwesen auf dem Weg zum Erdendasein sich vor allem der Mutter zuordnet, wenn eine besondere Zuwendung zum Wesen des Weiblichen auftritt, und wenn zugleich das Väterliche zurücktritt, neigt das Kind dazu, das Kopfprinzip stark anzunehmen. Der Kopf wächst mehr als bei anderen Kindern, hervorgerufen durch einen zunehmenden Wasserdruck im Köpfchen. Der Wasserdruck lässt das Gehirn etwas mehr aufschwimmen als bei anderen. Das lässt sich nachweisen durch Messung. Man kann den hohen Druck als Ursache der Erscheinung verstehen. Man kann ihn aber auch als ein Symptom betrachten, also eine Folge, nicht die Ursache. Diese liegt beim Kind, das diesen Weg einschlägt.

Wenn ein Heilpädagoge ein behindertes Kind kennenlernt, dann schaut er aufmerksam auf viele Zeichen, die sich dem geschulten Blick zeigen. Er fragt die Mutter nach der Schwangerschaft. War sie besonders schön? Freute sich die Mutter sehr? Gab es nur wenig Beschwerden und war ihr das Kindchen sehr nahe und so lieb, sie wollte es gar nicht hergeben? Die Geburt zögerte sich hinaus über den errechneten Zeitpunkt. Der Heilpädagoge sieht: Kind und Mutter sind besonders stark verbunden.

Es gibt viele Kinder, die zum Großkopf hintendieren, aber es keineswegs in besonderem Maße zeigen. Wir erinnern uns. Wir denken je zwei entgegengesetzte Behinderungen auf einer Linie.

Großkopf — Mitte — Kleinkopf

Auf der einen Seite den Großkopf, auf der anderen den Kleinkopf. Wenn das Phänomen zur Einseitigkeit wird oder gar zur Behinderung, dann wird der eine Pol zum Hydrozephalus, der andere zum Mikrozephalus. Beide sind starke Behinderungen, die fachärztliche Behandlung brauchen. Aber auf derselben Linie gibt es vom Mittelpunkt aus gerechnet alle anderen Kinder, die mehr oder weniger nahe der Mitte bleiben. Sie werden mit Recht gesund genannt und haben doch die Neigung zur einen oder der anderen Seite. Durch diese Betrachtungsart stehen alle Menschen in unmittelbarer Beziehung zu den beiden Extremen. – Behinderung gehört mitten ins Menschsein. Sie ist keine Randerscheinung.

In der Schule machen sich die beiden Tendenzen, eine jede auf ihre Art, bemerkbar. Großkopf-Kinder neigen zum Träumen und sind unzufrieden, wenn man sie stört. Sie helfen ungern. Sie verstehen den Unterrichtsstoff mühelos, obwohl sie scheinbar nicht aufpassen. Sie malen gern erhabene Bilder in zarten Farben, wobei ein König, eine Königin die bestimmende Rolle darstellen.

Wenn es darum geht, ein Märchen zu spielen, dann sind sie überzeugende Könige oder Prinzessinnen, die ganz ihrem hohen Rang entsprechend auftreten.

Der Lehrer muss sie mit Achtung behandeln und muss es hinnehmen, dass eine der Herrschaften einmal nicht geneigt ist, ihn zu beachten. Sie lieben Ausflüge nicht besonders. Die vielen Sinneseindrücke können sie nicht verarbeiten. Ihr Innenleben ist so stark, dass es ihr Interesse weitgehend ausfüllt.

Kinder mit kleinem Kopf dagegen freuen sich, wenn sie jemandem helfen können. Sie spielen im Märchen den Diener und nehmen es nicht übel, wenn sie im Spiel schlecht behandelt werden. Kleinkopf-Kinder haben oft große Mühe, einem gedanklichen Unterricht zu folgen. Sie erfassen einen Stoff erst nach häufigem Wiederholen.

Beide Erscheinungen gibt es natürlich auch in der Sozialtherapie und sie stellen ihre Anforderungen an den Begleiter. Der Mensch mit großem Kopf nimmt ungern eine Aufgabe an, der mit einem kleinen Kopf dagegen hat sie schon erledigt, ehe man fragen musste. Der eine möchte im Gewohnten bleiben. Der andere dagegen freut sich über Abwechslung. Für beide ist eine sichere Haus- und Arbeitsordnung die entscheidende Hilfe. Sie richten sich danach aus, der eine, weil er durch Gewohnheit an ihr festhält. Der andere, weil er sie verstanden hat und sich daran orientieren kann.

Dem Ersteren kann man die Wahl lassen, welche Aufgabe er – oder sie – annehmen möchte. Diese wird er nach einiger Zeit der Übung zuverlässig ausführen. Der andere schafft spontan das Nötige. Er reicht dem Werkmeister ein Werkzeug an, ehe dieser darum bat. Er hilft der Hausmutter bei den vielen Arbeiten in der Familie und kann ständig um weitere Hilfegabe gebeten werden.

Der Großkopf-Mensch kommt leicht in innerlich enge Situationen und benimmt sich manchmal recht ungebärdig. Leises Sprechen ist angebracht und Hinweise auf seine besonderen Leistungen, auf seine großen Erfolge auf Gebieten, die ihm wichtig sind. Bei Fasching sind sie wunderbare Prinzen und Königinnen, die entrückt tanzen und sich freuen.

Die anderen werden Zwerge, die überall herumwuseln und helfen oder auch Schabernack treiben.

Der Heilpädagoge holt sie ab an ihrem Ort. Von dort führt er sie Schritt um Schritt auf Lernwege. Der Sozialtherapeut geht ähnlich vor.

Zwangsgedanken und Gedankenflucht

Man kann Gedanken frei behandeln, aber manche Menschen neigen dazu, sie eng zu sehen. Die einen bleiben im Denken unabhängig, gehen frei um mit Gedanken. Die anderen lassen sich von ihnen einnehmen, sind fast gefangen. Das letztere Denken kann zu Zwangsgedanken führen, die ersteren neigen, wenn das Denken nicht straff geführt wird, zur Gedankenflucht.

In der Heilpädagogik wird daran therapeutisch gearbeitet und oft werden Besserungen erreicht. Bei erwachsenen Menschen mit diesem Behinderungsbild werden die Zwänge zum sozialen Problem. Der betreffende Mensch kann sich selbst nicht steuern. Die Gedanken führen ihn aus sich heraus in ausweglose Situationen. Er bohrt sich in das enge Denken hinein und wird noch enger. So entstehen Desorientierung, Verzweiflung und auch Aggression. Das Problem kann im Älterwerden eher schwieriger werden, da das Grundgefühl zunimmt: Ich kann den Weg nicht finden. Wir erinnern uns: Behinderung liegt über dem eigentlichen Karma-Impuls, verdeckt ihn. Aber dieser Impuls ist vorhanden in den Tiefen der Seele. Der Sozialtherapeut ist stets auf dem Wege, diesen eigentlichen Impuls freizulegen. Oft sieht es so aus, als würde er gar nicht erreicht. Hier sind wirksamer Trost und Wegweisen nötig.

Die Situation breitet sich aus in die Umgebung. Die Nachbarn eines Menschen in Zwängen treffen unversehens und unvermutet auf ein Engsein im anderen. Der kann eine vermutete Beleidigung nicht annehmen. Er reagiert überaus heftig, kommt einer Verzweiflung nahe. Das ist für die anderen nicht zu verstehen. Streit beginnt. Der Friede ist gestört.

Es ist wichtig, sich auf den Hinweis Rudolf Steiners zu besinnen. Man darf nicht laut oder zurückweisend sprechen und handeln. Man erreicht durch leises Sprechen mit sanfter Stimme mehr. Man muss verstanden und verinnerlicht haben, dass die meisten Behinderungen danach streben, im Mitmenschen dieselbe Behinderung im Verhalten auszulösen. Eine Spiegelung solcher Art ist erreicht, wenn der Begleiter heftig reagiert. Er begibt sich in das gleiche Bild, in dem der Zwangsdenker lebt. Dann reagiert er, aber er heilt die Situation nicht.

Die Sprache ist des Heilpädagogen wesentliches Medium, auch für den Sozialtherapeuten. Das milde, nicht aggressive Sprechen ist das eine. Die Gedanken, die angesprochen werden, ein anderes. Es ist oft nicht ratsam, auf den Inhalt der Zwangsgedanken einzugehen, weil die Zwänge andere ebenso ins immer Engere saugen.

Darum empfiehlt es sich, ein positives Ereignis aus dem Leben des behinderten Menschen anzusprechen, darauf hinzuweisen. Es kann auch helfen, dass beide, Zwangsdenker und Sozialtherapeut etwas tun, was alle anderen erfreut. Solche Gedanken kann man wiederholen – ohne dem Zwangsgedanken zu widersprechen. Man flüstert den eigenen Gedanken wieder und wieder. Die Stimme bleibt unemotional, freundlich. Rudolf Steiner nennt sie streichelnd. Der behinderte Mensch kann dabei sehr laut und ungebärdig sein. Der Sozialtherapeut bleibt in seinem Wesen gleich.

Jeder Mensch zeigt dem anderen ein Bild des eigenen Wesens. Diese Bilder werden gefärbt durch den Betrachter, deshalb sind sie nicht gleich. Wir wollen eine Denkübung anstellen, um die Situation zu erfassen.

Man denke sich selber im Kreise der Menschen, die einen gut kennen. Die Mutter, die Frau, der Freund, die eigenen Kinder. Nehmen wir an, es seien zwanzig Menschen, die einen selber sehr gut kennen. Nun betrachte man zuerst das Bild, das man selber hat von der eigenen Person. Dann stelle man daneben die Vorstellungsbilder eines jeden Freundes, die Bilder, die alle die Freunde von einem haben.

Stimmen diese Bilder überein? Hat ein jeder der vertrauten Freunde dasselbe Bild? Sind sie verschieden? Wahrscheinlich sind sie das. Welches ist das zutreffende? Das Bild, das man selbst von sich hat? Stimmt das der Mutter? Das der Ehefrau? Das des Kindes? Sie sind alle verschieden. Wer hat nun Recht? Wer zeigt die Identität des Fragenden an?

Man erkennt, dass alle Bilder zusammen das Eigensein darstellen und es aussagen. Die Denkübung führt uns in ein Punkt-Umkreis-Erlebnis. Die Erkenntnis führt dahin, das eigene Bild auf der einen Seite in der Selbstwahrnehmung zu suchen, auf der anderen aber in dem, was die Menschen der Umgebung spiegeln. Beide zusammen ergeben erst ein Ganzes. Wir beginnen das Selbst neu zu entdecken, nämlich im Innenleben und zugleich in dem, was die Menschen der Umgebung einem entgegentragen

Gehen wir zurück zum Zwangsdenker. In ihm lebt ein Bild vom Sozialtherapeuten. Er hat ein sicheres, viel zu festes Bild von den eigenen Gedanken, die ihn nicht freilassen. Er kann nicht neben die eigenen Gedanken blicken und eine neue Tür entdecken in offenes Land. Es ist von grundlegender Bedeutung, dass das Bild des Sozialtherapeuten nicht verstellt wird, dass es ohne eine Verzeichnung bestehen bleibt. Sobald der Begleiter die Behinderung spiegelt und seinerseits eng wird, beginnt dieses Bild ungenau zu werden, es wird grau oder gar fremd. Noch schwerwiegender ist es, wenn der Begleiter einmal in tiefe Wut gerät. In solcher Situation spricht man Worte aus, die man niemals bei ruhiger Betrachtung sagen würde. Aber auch das Gesicht nimmt einen Ausdruck an, den man selber mit tiefem Erschrecken wahrnehmen würde, könnte man sich sehen.

Damit setzt anti-therapeutisches Geschehen ein. Der bisher so vertraute Begleiter nimmt ein bedrohliches Wesen an. Das kleine Kind und auch der behinderte Mensch erleben sich ganz tief bedroht. Die Verzweiflung weist in einen Abgrund.

Der Sozialtherapeut lernt, darauf zu achten, dass er in der Stimme, in den Gedanken und im Verhalten ein Bild darstellt. Das ist ihm zunächst nicht bewusst. Er kann es nicht wahrnehmen. Die behinderten Freunde machen es ihm aber allmählich wahrnehmbar. Er entwickelt Bewusstsein dafür, wie er auf andere wirkt und stellt sich darauf ein.

Hier wurde oft davon gesprochen, dass man Bilder habe von sich selber und anderen. Das Wort trifft die Situation nicht gut. Bilder bleiben oft unverbindlich. Das angesprochene Phänomen ist aber alles andere als unverbindlich. Deshalb muss gesagt werden, dass der Sozialtherapeut das eigene Bild nicht etwa schauspielern darf. Es muss das eigene Sein erreichen, es muss wahrhaftig sein.

Der Umgang und das Zusammenleben mit Menschen, die Behinderte genannt werden, werden zum Erzieher des Begleiters.

Gegenüber dem Zwangsdenken steht in unserem Schema (Seite 111) unkontrollierbares Denken, die Gedankenflucht. Was auf der einen Seite zu hart und zu eng ist, bleibt auf der anderen ganz unverbindlich und offen. Gedanken werden daher geschwätzt ohne Hintergrund und ebenso leicht vergessen, übersprungen wie ein Steinchen am Wege. Man kennt beide Erscheinungen. Im Leben selbst treten sie auf in milder Form. Hier besteht der genaue Denker darauf, dass einmal Gefasstes auch exakt befolgt wird. Der leichtfüßige Denker springt von Eindruck zu Eindruck und lässt sich nicht festlegen. Wenn doch einmal jemand vorwirft, gestern anders gesprochen zu haben als heute, dann heißt es, das habe man doch nicht so gemeint. Konrad Adenauer versetzte einmal einem insistierenden

Journalisten: Was geht mich mein Geschwätz von gestern an? Der Gedankenflüchtige kann Freunde und Hauseltern zur Verzweiflung treiben, weil man sich auf nichts verlassen kann. Der Betreffende kann sehr wohl helfen und schaffen. Er bleibt aber nicht bei einer Sache, saust vielmehr von einer zur anderen.

Hier helfen die heilpädagogischen Hinweise: Wenige klare

Worte, eindeutige, gut überschaubare Aufgaben, wenige Zeitvorgaben. Aber diese müssen – stets gleichbleibend – über lange Zeit geübt werden. Eine sichere Hausordnung, der Tageslauf und andere Rhythmen helfen sehr. Die Hausverantwortlichen stehen zwischen den Gegensätzen und müssen nach beiden Seiten ordnend, helfend eingreifen. Es ist unerlässlich, dass sie ihrerseits der Situation gerecht werden. Das Ordnen und Mitte-Suchen wird zur Selbstwahrnehmung und Schulung.

Epilepsie

Die beiden Behinderungsformen Epilepsie und Hysterie stellt Rudolf Steiner einander gegenüber. In unserer Zeichnung sind sie rechts und links der Mitte des Menschen zugeordnet.

Alle Menschen befinden sich auf der Strecke, mehr oder weniger nahe der Mitte. Behinderung tritt ein bei einiger Entfernung zur Mitte.

Die heilpädagogische Menschenkunde Rudolf Steiners zeigt den Weg, den der Mensch nimmt, wenn er sich vom wachen Tagesleben in den Schlaf begibt.

Die Wesensglieder streben auseinander im Einschlafen. Seele und Wesensmitte wandern in die geistige Welt. Der physische und der Ätherleib bleiben zurück. Die beiden hohen Hüllen erfahren die Berührung durch Geistwesen. Sie erneuern, was am Tage durch die Beanspruchungen – vor allem der Nerven und der Sinne – abgebaut worden war. Am Morgen ziehen Seele und Ich wieder ein in die beiden unteren Hüllen.

Nun kommen Differenzierungen, die in der allgemeinen Menschenkunde nicht so genau, in der heilpädagogischen Menschenkunde aber sehr genau getroffen werden. Der Astralleib und das Ich wandern beim Vorgang des Aufwachens hinein in die Organe und zwar in die des Ätherleibes und die des physischen Körpers. Es sind vier Vorgänge. Die Seele zieht ein in die Organe des Ätherleibes und im zweiten Schritt in die physischen. Das Ich tut das auf seine Weise ebenso.

Beide Wesensglieder ziehen ein in die Organe und nun wandern sie in einem dritten Schritt durch die Organe hindurch in das, was in der Welt wirkt. Rudolf Steiner, Österreicher, spricht von den Agentien der Welt. Damit sind gemeint die Kräfte des Erdigen, des Wässrigen, des Luftigen und die der Wärme oder des Feuers. Er fügt hinzu, dass das Ich und die Seele durch die Organe hindurch direkt in die Welt eintreten und dort wirklich sind, während sie im Kopfe, der uns so wichtig ist als Träger des Bewusstseins, nur wenig wahre Bedeutung erreichen. Dort bleiben sie Spiegelbild und ein solches hat in sich keine Wirklichkeit. Das Ich und die Seele des Menschen leben real in der Welt. Dieser Hinweis ist dem Sozialtherapeuten ganz besonders wichtig. Darüber denken wir später nach.

Wenn Epilepsie vorliegt, gelingt dieser Vorgang nur unvollständig. Die Seele oder das Ich wandern hinein in eines der Organe oder in ein Organsystem und können nicht hindurchdringen bis in die Welt hinein. Ein wenig kennt das jeder, der einmal schlecht aufwachte und Unwohlsein verspürte. Wenn dies gesteigert wird, wenn die Seele oder das Ich des Menschen gewaltsam den Weg suchen, treten die Erscheinungen des Anfalls auf.

Der heilpädagogische Arzt sucht den Zusammenhang zu erfassen zwischen den Hüllen, sucht den Stau einem Organ zuzuordnen und nun kann er helfen: Über die Wesensglieder und über das blockierende Organ. Der Heilpädagoge hat eigene Möglichkeiten des Helfens, die im Kurs angegeben werden. Der Sozialtherapeut wirkt mit denselben oder ganz naheliegenden Möglichkeiten, denn das praktische Leben lehrt ihn, mit Dingen so umzugehen, die der Krampfneigung des Epileptikers helfend beispringen.

In Lautenbach hat ein Mann, der an Epilepsie litt, viel Jahre lang bei Straßenarbeiten und in Grünanlagen gearbeitet. Seine Aufgabe war – er hat sie gesucht –, Löcher zu graben für Bäume, die gepflanzt wurden oder Straßenschächte zu reinigen. Er hob die Deckel auf von Wasserschächten, Straßenabläufen, reinigte sie, verschloss sie wieder. Das Enge eines Lochs in der Erde faszinierte ihn. Er grub und hob Erde. Er arbeitete mit Hacke, Spaten und Schaufel. Schließlich war er Experte in dieser Tätigkeit. Die Arbeit wirkte therapeutisch auf ihn, sie tat ihm gut, aber vor allem war er glücklich dabei.

Der Epileptiker erlebt sich selbst in einer Enge, aus der er den Weg sucht ins Freie. Der Anfall zeigt diesen Prozess. Das Ganze erinnert an den Geburtsvorgang. Wer eine Grube aushebt in der Erde, wer hineinsteigt und dort gräbt und Erde herauswirft, der erlebt die Enge, das Bedrängende. Er steht darin, klettert heraus. Er hebt Erde, wirft sie hinaus. Die Arbeit löst, erlöst was in die Krankheit hineinführt.

Jemand anderer war Kupferschmied. Bei solcher Arbeit ist es erforderlich, immer punktgenau zu treffen. Der Hammerschlag muss senkrecht auftreffen auf das Kupfer und zugleich auf den darunterstehenden Amboss. Die Kupferschmiede nennen ihn die Faust. Das Treffen eines Punkts ist entscheidend. Das Gehör spielt eine wesentliche Rolle bei der Arbeit. Man sieht nicht die Senkrechte, auf die der Hammer treffen muss. Man sieht nicht die Faust, auf die man auch im genauen Punkt treffen muss. Man hört den Schlag, man hört ohne Zweifel, ob der Hammer richtig trifft oder ein wenig daneben. Danach richtet man den nächsten Schlag aus.

Solche Arbeiten können beitragen zum rechten Zusammenwirken der verschiedenen Wesensglieder. Die Aufmerksamkeit ist genau ausgerichtet und damit die Ichwirkung. Das Gefühl begleitet das Tun, denn ohne Gefühl für den Vorgang trifft man den Punkt nicht. Alles Arbeiten folgt einer sorgfältig angeordneten Folge, die in der Gesetzmäßigkeit den Strukturen des Lebens entspricht. Wer beobachten kann, wie solche Regeln wirken, findet die Feststellung berechtigt. Das wird vor allem an Fehlern bemerkt. Durch eine falsche Arbeitsbewegung fühlt sich der Meister im eigenen Lebensbereich gestört und daraus erfolgen Tadel und Hinweis.

Die epileptische Konstitution wendet sich nach innen im Anfall, nach außen in die soziale Umgebung. So entstehen Auseinandersetzung und Streit. Um einen solchen Menschen gibt es dauernd Konflikte. Er selber trägt sie als Vorwurf, als Dauerklage vor sich her. Sein Wesen löst das bei anderen aus. Es hat wenig Sinn, eine begonnene Klage auf ihre Ursprünge zurückzuverfolgen. Es ist besser, die Streitenden auf eine Aufgabe hinzuweisen, auf die Not eines anderen, der Hilfe braucht. Noch besser ist es, wenn man die Krampfneigung schon im ersten Entstehen erkennt und darauf einwirkt. Das geschieht bei erfahrenen Sozialtherapeuten dauernd. Es gehört zum Beruf. Es gelingt, wenn man der beginnenden Spannung vorbeugt und sie in eine freimachende Richtung lenkt. Die Wege dorthin sind individuell verschieden.

Man muss sie entdecken und ausbauen. Es ist hilfreich, wenn der Epileptiker auf seine Arbeitserfolge stolz sein kann, wenn er eine schwierige Aufgabe erhält, die er gut bewältigen kann. Es ist gut, die Gedanken auf solche Ziele zu richten. Das alles kann Anfälle nicht hinwegzaubern, aber es kann soziale Spannungen abbauen. Die Menschen in der Familie können frei atmen.

Hysterie

Der Hysteriker hat anders geartete Probleme. Der Epileptiker neigt zu Enge. Der Hysteriker neigt zum Gegenteil. Er fließt aus ins Weite, vor allem im Seelischen. Das Ich, das durch die Organe in die Welt eindringt, kann den Vorgang nicht in Form fassen. Es zerfließt in die Umgebung und verliert sich selbst dabei. Epileptiker haben eine dicke Haut. Hysteriker eine zu dünne. Die ersteren haben den Geburtsvorgang nicht ganz hinter sich gelassen, die anderen nähern sich in der Tendenz einem Sterbevorgang.

Hysteriker können ausgeglichen leben, wenn der Zusammenhang der Menschen sauber geordnet ist, wenn um die Familie eine helfende Hülle gebildet wird. Das Verhältnis von außen – innen muss klar erkennbar sein. Es darf keine Schlupfwinkel geben, durch die die Seele ins Unbekannte verschwinden kann.

Hysteriker brauchen mehr als andere eine durchgestaltete Seelenform. Das einhüllende Wesen wird von mehreren Komponenten gebildet. Das sind die überschaubare Haus- und Familienordnung. Es ist sehr gut, wenn die behinderten Menschen am Erörtern der Richtlinien, nach denen man leben will, beteiligt werden. In der Regel geschieht das in Haus- oder Familienkonferenzen. Ferner ist wichtig, dass jeder seinen Ort hat, ihn kennt und annimmt. Die Pflege des gemeinsamen Lebens spielt eine Rolle. Wie werden Tisch und Raum geschmückt zu einem festlichen Mahl? Wie beginnt ein Mahl? Wie beteiligt sich ein jeder an den Gesprächen? Achtet jeder auf den anderen? Fällt jemand ins Wort eines anderen? Wie ist die Stimmung des Gesprächs? Und wie werden die Stimme und die Geste geführt, mit der einer dem anderen begegnet?

Rudolf Steiner rät den Heilpädagogen zu zwei methodischen Regeln. Die erste sagt, dass der Lehrer das Tempo wechseln solle. Das Kind kennt ganz genau – das hysterische Kind noch genauer als andere – die Art, wie ein Lehrer spricht, wie er seine Worte betont, wie er Pausen in sein Sprechen einfügt. Vor allem beim Sprechen von Gedichten oder dem Morgenspruch spürt es ganz genau, was gleich kommen wird. Es fällt sozusagen ins Erwartete hinein.

Dies soll der Lehrer behutsam ändern. Er soll ein Wort, einen Satz, einen Gedanken des Spruchs nicht sagen wie gewohnt, sondern variiert, rascher oder langsamer, mehr oder weniger betont. Das Kind hört zu, eilt im Zuhören voraus und der Lehrer schlägt einen anderen, unerwarteten Kurs ein. Das ist schlimm für das Kind. Aber gleich darauf spricht er weiter wie immer und das gewohnte Bild stellt sich ein. Das Kind gerät in Unruhe, ja Bestürzung, und gleich darauf ist die Welt wieder in Ordnung. Der Lehrer, einen kleinen Augenblick als Bild unbekannt, wird wieder zur vertrauten Erscheinung. Das Leben geht für das Kind gesichert weiter. Rudolf Steiner nennt dieses Vorgehen einen kleinen, bewusst geführten «Schock», den der Erzieher dem Kind versetzt. Das Heilsame ist, dass nach dem Schock die gewohnte, sichere Lebensführung einsetzt.

Der andere Rat betrifft ein Gesetz des Ätherischen. Drei Tage lang dauert es, bis ein Ereignis in diesem Bereich vom Anstoß bis zur Reifung braucht. Der Lehrer soll sich dies zunutze machen und an einem Tage ein Ereignis ankündigen, das in drei Tagen stattfinden wird. Das kann ein wichtiges Geschehen sein, es darf auch ganz unscheinbar bleiben. Man kündigt an, dass in drei Tagen ein neuer Stoff im Unterricht gezeigt wird. Das kann eine gemeinsame Freude sein, aber auch etwas, das auch ohne Ankündigung geschehen würde. Das kann ein Spaziergang sein, ein Einkauf oder anderes, das im Leben vorkommt. Zwischen der Ankündigung und der Ausführung sollte möglichst nicht gesprochen werden über das, was kommen wird.

Aber dann, nach drei Tagen, geschieht, was angesagt worden war. Die beiden Unterrichtsmethoden sollen die Seelenhaut festigen und sichern.

Beide können in die Sozialtherapie übernommen werden. Man kann sie nahe an den Hinweisen im *Heilpädagogischen Kurs* verwenden. Man kann sie auch auf andere Gebiete übertragen. Die Phantasie hat weiten Spielraum.

Der Mensch ist ein Gewohnheitswesen und behinderte Menschen mehr als andere. Man gewöhnt sich an die Abläufe des Zubettgehens und führt sie getreu jeden Abend aus. Nun kann der Begleiter darum bitten, die Kleider in anderer Reihenfolge abzulegen und auf dem Stuhl zu ordnen als man das sonst gewohnt ist. Das ruft Protest hervor! Nun sollte man darauf nicht mit gedanklichen Gründen antworten, sondern nur so, dass man darum bittet. Wenn das nicht ausreicht, dann bittet man darum, es einem zuliebe zu tun. Sachliche Gründe lassen sich so leicht widerlegen und zu Diskussionen verwenden. Darin ist man heute Meister.

Man kann auch anregen, beim abendlichen Waschen die Reihenfolge zu ändern. Das Zähneputzen nicht am Ende, sondern zu Beginn – wenn das die bisherige Ordnung war. Oder man verfährt bei anderen täglichen Verrichtungen entsprechend.

Das Drei-Tage-Gesetz kann leicht im Rahmen der Familie angewendet werden. Man nimmt ein Ereignis, das in drei Tagen stattfinden kann und spricht vorher davon. Dann ist Gesprächspause bis zum dritten Tag und nun geschieht, was angekündigt war. Das tut allen gut, auch eigenen Kindern und sogar dem Ehemann. Es ist immer gut, solche Lebensgesetze zu kennen und anzuwenden. Aber den hysterischen Familienmitgliedern ist es Balsam und Therapie. Sie fühlen sich seelisch geborgen.

Die Seelenhaut kann auch gepflegt werden über andere Elemente. Die körperliche Haut hat eine deutliche Nähe zur Seelenoberfläche. Man sollte die Hautpflege beachten, sollte sie fördern. Frauen reagieren besonders deutlich auf diese Zuwendung.

Es gibt das Duftbad. Es gibt gute Pflegemittel. Darauf kann man achten. Es ist allerdings wichtig, für wirklich gute Mittel zu sorgen. Künstlicher Duft, vor allem überstarker, wie oft heute üblich, wirkt gegenteilig. Man muss den Sinn entwickeln für das Gute und Pflegende. Darauf kann man Mühe verwenden. Es wird sich vielfach lohnen.

Ähnlich verhält es sich mit der Pflege der Haare. Auch hier sind Frauen empfänglich – Männer sind es sehr viel weniger. Eine ansehnliche, eine kostspielige Frisur hebt das Selbstgefühl der Trägerin. Sie achtet auf die Frisur und eben dies ist hilfreich. Das Gegenteil – eine schlampige Frisur – stört die Seelenhaut.

Dies lässt sich fortsetzen in der Kleidung und Umgebung im Zimmer. Ein noch weiterer Schritt ist es, einer dünnhäutigen Frau die Pflege des Tischschmucks anzuvertrauen. All dies ist hilfreich, verlangt aber nach Beachtung, denn wehe, wenn der frische Blumenstrauß nicht bemerkt wird!

Menschen dieser Art brauchen häufig Trost bei Unstimmigkeiten des Alltags. Ein ungeschicktes Wort, eine Nebensache werden zum Drama. Der Begleiter kennt die Vorgänge und versteht es, mit der Stimme und der Geste den Betrübten über das Hindernis zu geleiten.

Hysteriker können zu besonders zuverlässigen Mitarbeitern werden, die dem Werkmeister eine unschätzbare Hilfe sind. Sie müssen aber ihres Ortes in der Werkstatt sicher sein.

Epileptiker werden ausgezeichnete Handwerker, so weit die Behinderung es zulässt. Alle aufgewendete Mühe trägt Frucht.

Sie wirkt nach zwei Seiten: Dem Einzelnen wird geholfen, aber sie wirkt auch in die Gemeinschaft gestaltend und ordnend. Sie wirkt auch auf den Begleiter, denn das Ordnende und Formende beginnt bei ihm und gestaltet zunächst ihn selbst. Sozialtherapeutisches Tun führt zu und entsteht aus Selbstschulung.

Unbeweglichkeit

Im Bereich der Gliedmaßen sind aufgezeichnet links Unbeweglichkeit und Sinnesschwäche, rechts Überbeweglichkeit der Glieder, aber auch im Wahrnehmen und Sprechen und im Verhalten. (Siehe Schema Seite 111.)

Die Erscheinung sagt nicht, dass der Mensch Sinneseindrücke nicht wahrnähme oder nicht annehmen könnte. Es heißt vielmehr, dass die Eindrücke zu tief hinunterdringen und den Weg nach oben, ins Bewusstsein nicht finden. Der Gesichtsausdruck ist leer. Deshalb schließt man daraus zu Unrecht, dass der Mensch auch innerlich leer sei. So ist es nicht: Er erlebt so tief, dass alle Wahrnehmungen ins Unbewusste des Menschen verschwinden. Man kann manche der Eindrücke wecken und sie ins Bewusstsein des Menschen heben.

Der heilpädagogische Lehrer wiederholt für das Kind einige klare Worte oder Sätze so lange, bis sie wieder auftauchen und nun rekapituliert werden können. In der Sozialtherapie tut dasselbe zuverlässig die gute Gewohnheit und die bekannte Arbeit, die immer wieder geschieht. Ein Beispiel ist das immer wiederkehrende Ausmisten im Kuhstall. Solche Tätigkeiten werden zwar langsam ausgeführt, dringen aber tief ins Erleben hinein. Sie gesellen sich zu den bewusst werdenden Lebensereignissen, die die Biografie begleiten und ausmachen.

Die Gedanken dieser Menschen sind langsam. Sie kreisen stets um dieselben Bilder. Das wird immerzu wiederholt. Ein neuer Gedanke oder eine bisher unbekannte Arbeit müssen lange vorher angekündigt werden. Sie müssen täglich neu dargestellt werden. Wenn sie schließlich auszuführen sind, müssen die Handgriffe vorgemacht, wiederholt und geübt werden, bis das Neue endlich bekannt ist. Nun kann man daran gehen, die Arbeit sauber zu erledigen. Aber noch lange kreisen die Gespräche um den unerhörten Vorgang, etwas Unbekanntes tun zu müssen.

Überbeweglichkeit

Die Überbeweglichen sind oft liebenswerte Menschen, die bei gut geführter Kindheit und Schulzeit ein gewinnendes kindliches Wesen behalten. Das sieht anders aus, wenn ein solches Kind zurückgewiesen und gestraft wurde, weil es lästig fiel. Dann treten zur Behinderung seelische Schäden, die das Problem verstärken.

Solche Menschen springen von Eindruck zu Eindruck. Eine Wahrnehmung lässt sie nicht in Ruhe. Sie müssen springen und rufen, so aufregend ist alles, was sie erleben. Wer sie beobachtet und zugleich sich selbst schulen möchte, erkennt begeistert, dass sie Recht haben. Eine Sinneswahrnehmung zutreffend wahrzunehmen, ist in der Tat eine aufregende Sache.

Der Begleiter erlebt mit dem zappeligen Menschen das Erstaunliche einer Situation, die anderen ganz alltäglich vorkommt. Dann beginnt er, das Geschehen so zu lenken, dass der überbewegliche Mensch einen sicheren Schritt tun kann.

Es ist nicht ratsam, den Zappelphilipp – es gibt ihn auch in weiblicher Form – an einen festen Arbeitsplatz zu nötigen. Das

Stillsitzen macht sie erst recht unruhig und unleidlich. Bevor sie aber ihre Unruhe auf andere übertragen, haben sie schon viel gelitten. Sie versuchen ihr Bestes, um den Wünschen des Begleiters zu folgen. Aber es geht einfach nicht. Wenn man sich in sie hineinversetzen lernt, beginnt man ein Bedauern zu entwickeln über die Not des jungen Menschen. Das empfindet er sofort und fühlt sich verstanden und angenommen. Es ist weit weniger hilfreich, sich gestört zu fühlen.

Überbewegliche Menschen sollten sich bewegen können. Man schickt sie auf Botengänge. Man bittet sie, ein Werkzeug zu holen, anzureichen. Man bittet sie, einem anderen zu helfen. Aber man verlangt nicht, dass sie still sitzen an einem Ort.

Menschen mit starkem Bewegungsdrang lernen nicht so leicht wie andere. Sie müssen neue Anforderungen erst als Ankündigung erfahren, dann sollten sie erklärt werden. Den Vorgang soll man wiederholen: Erneut ankündigen und vielleicht sogar noch einmal und das alles mit zeitlichem Abstand. Dann erst wird das Neue vorgestellt und mit der Ausführung der Tätigkeit begonnen. Aber auch dann wird nur ein Teil verstanden. Man muss die Arbeitsschritte wieder und wieder vormachen, aufzählen, neu anschauen. Erst nach langer Zeit des Übens ist das Neue aufgenommen.

Es ist gut, solche Lernschritte gezielt aufzubauen, so dass sie in brauchbare Fähigkeiten münden. Diese werden zum Lebensgewinn. Sie sollten dem Menschen bewusst gemacht werden, so dass er erkennt, was er gelernt hat und nun beherrscht.

Es gibt auch Hinweise und Erfahrungen, dass eine bestimmte Diät hilfreich wirkt. Generell gesagt – es gibt Ausnahmen – gilt, dass dem Unbeweglichen das Duftende von Blüte und Frucht gegeben werden sollte. Dem Überbeweglichen tun gut die salzhaltigen Gemüse wie Sellerie, Möhre und andere Wurzelgemüse.

Vieles von dem hier Gesagten gilt ganz ähnlich für die Unbeweglichen auf der anderen Seite. Bei ihnen ist es aber so, dass ein Gedanke oder eine Wahrnehmung tief hinuntersinkt ins Unterbewusste und dort nicht mehr auffindbar ist. Die ständige Wiederholung einfacher Eindrücke hilft, die Erinnerung heraufzuholen und bewusst zu machen. Beim Beweglichen sinken die Eindrücke gar nicht hinunter. Sie hüpfen gleichsam wieder hervor wie ein Tischtennisball. Man muss sie festigen, auch durch Wiederholung und dadurch, dass sie bewusst werden.

Seitigkeit und Dominanz

Das ganz kleine Kind schaut, hört, nimmt wahr in der Welt: Bewegungen von Mutter, von Vater, von Menschen. Es vernimmt Sprache. Es erlebt Denkbewegungen.

Mutter kocht einen Brei für das Kind. Sie geht zum Schrank, holt die Schüssel, sie wendet sich zum Kühlschrank, holt Milch, eilt in die Kammer, holt Gries und Honig. Sie nimmt den Topf, gießt Milch hinein, rührt Gries in die Milch. Der Topf kommt auf das Feuer.

All das sind Vorgänge im täglichen Leben. Die Mutter begleitet alles Tun mit Gedanken. Sie bemerkt nicht, was das Kind sieht: Bewegungen der Mutter! Sind die Bewegungen nur zweckmäßig, sachlich? Sind sie hastig, geschehen sie wie nebenbei? Denkt die Mutter während des Hantierens daran, dass es der Kleinen gleich schmecken wird? Freut sie sich, das Kind gleich im Arm zu haben, wenn sie es füttert? Spricht sie gar während der Bewegungen mit dem Kind?

Das Kleine nimmt die Bewegungen der Mutter ganz tief in sich hinein. Das Schauen ist reine Hingabe. Was geschieht im

Kinde? Es erlebt im Medium: Individuelle Bewegung ist etwas Ur-Menschliches. Das baut am Werden des Kindes.

Es vernimmt Sprache. Der Vater kommt nach Hause. Er erzählt der Mutter von Erlebnissen. Mutter hört zu, nimmt Anteil. Sie hat auch manches zu berichten. Es versteht nichts von den Informationen, die im Sprechen mitgeteilt werden. Es vernimmt aber anderes sehr genau: die Sprechgeste. Die seelische Stimmung, die durch das Sprechen hindurchklingt. Worte prägen sich ein, nicht nach der Bedeutung, sondern nach dem Wortklang. Ist Vater gar ärgerlich, verbinden sich Wortklänge mit Emotion, mit Ärger. Emotion wird nicht beurteilt, aber stark erlebt. Hochsprache oder Dialekt sind gleichwertig. Aber schlampiges Sprechen wirkt destruktiv bis in das Leibgefüge hinein.

Vom Denken der Erwachsenen wird auch etwas wahrgenommen. Wir nennen es die Denkgeste. Jeder Mensch hat eine eigene Art, Gedanken zu fassen, zu formulieren, sie in Worte der Sprache zu übertragen. Diese eigene Art nennen wir die Denkgeste. Diese Geste wird vom Kleinkind wahrgenommen ebenso wie die Sprache und Bewegung.

Im Köpfchen des Kindchens ist das Gehirn wie ein Keim angelegt. Der Keim entfaltet sich. An dieser Entwicklung, die beinahe wie aus dem Nichts geschieht, sind die beschriebenen Wahrnehmungen beteiligt.

In den ersten Jahren sucht das Sprachzentrum im Köpfchen einen Ort. Der Vorgang dauert mehrere Jahre bis etwa zum 6. Lebensjahr. In der Regel ordnet es sich ein auf die linke Seite des werdenden Gehirns.

Die beiden Hirnhälften sind zunächst verbunden, sie trennen sich im Laufe der Entwicklung und nehmen unterschiedliche Aufgaben an. Die linke Seite nimmt Einzelheiten auf, es wendet sich dem Gedanklichen zu, insofern es Tatsachen vermittelt. Die rechte dagegen ist die musische, die die Stimmung, die Farbigkeit alles Wahrgenommenen ausmalt. Hier liegen die Empfindungen, die Gedanken begleiten. Hier liest man im Gesichtsausdruck, in der Körpersprache eines Sprechenden.

Das Sprachzentrum, so wurde früher gelehrt, sollte sich links einordnen. Inzwischen hat man erforscht – die Hirnforschung entdeckt immer neue Einsichten –, dass der Vorgang so einfach nicht ist. Es gibt so viele Abweichungen von der Regel, dass die Ausnahme Regel wird.

Entscheidend bleibt aber, dass parallel mit dem Einordnen des Sprachzentrums, die Dominanz der Seitigkeit angelegt wird.

Dieses Wort kennzeichnet die Tatsache, dass eine der beiden Körperseiten des Menschen einen Vorrang einnimmt gegenüber der anderen. Man kann wahrnehmen, dass die rechte Seite des Menschen mehr dem Willen zugeordnet werden kann, die linke mehr dem Empfinden.

Den Hammer hält man in der rechten Hand, den Meißel in der linken. Die Rechte schlägt zu, die Linke führt den Meißel behutsam.

Die Dominanz betrifft nicht nur die Hand, sondern auch andere Teile des Körpers. Davon lassen sich leicht messen: Das Auge, das Ohr, die Hand und der Fuß. Wenn alle diese Körperteile rechts dominant orientiert sind, spricht man vom Rechtshänder, herrscht dagegen die linke Seite vor, nennt man den Menschen einen Linkshänder.

Es gibt neben Linkshändigkeit weitere Formen von Seitigkeits-Dominanz, wobei die letztere ein Kind ernstlich belastet. Sie zeigt sich in folgendem Phänomen: Man prüft Ohr – Auge – Hand und Fuß des Kindes und stellt fest: Die Dominanz springt hin und her. Sie ist nicht klar links oder rechts orientiert, sondern sie wechselt die Seiten.

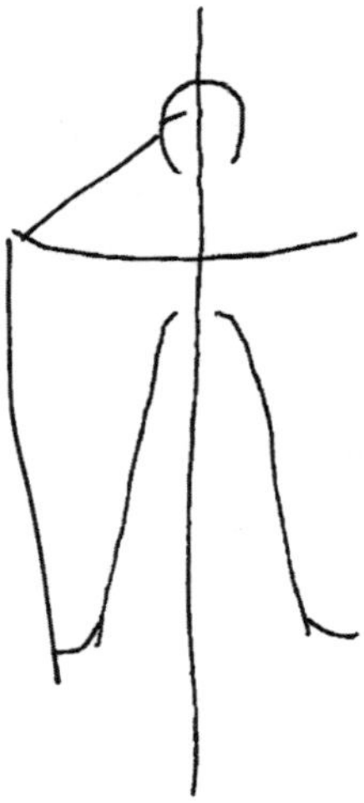
Klare Dominanz rechts

Wechsel-Dominanz

Kehren wir zurück zur Festlegung des Sprachzentrums beim Kind. In der Nähe dieses Vorganges entscheidet sich die Dominanz der Seitigkeit. Bei dieser wurde die Linkshändigkeit lange Zeit als Fehlerhaftigkeit betrachtet. Heute sieht man das anders. Man lässt das linkshändige Kind gewähren in der Meinung, es sei gleichgültig, welche Körperseite vorherrscht.

Man kann es auch so betrachten, dass eine Störung der Seitigkeit und auch Linkshändigkeit für den betroffenen Menschen nachteilige Folgen haben kann. Ein solcher hat Schwierigkeiten damit, sich in allgemein geltende Bewertungen einzuordnen. Das geht so weit, dass er nicht erkennen kann, was allgemein als moralisch gut oder böse gesehen wird. Es ist klar, dass eine solche Situation das Kind und den Menschen belasten würden.

Wir denken weiter und assoziieren einen Zusammenhang zwischen Wechseldominanz und Kleptomanie und mit Legasthenie.

Kleptomanie erweist sich ebenfalls als Blindheit gegenüber moralischen Werten. Der Legastheniker dagegen nimmt die Anordnung und den Zusammenhang von Schriftzeichen nicht wahr. In beiden Fällen sind nicht Unmoral oder Bosheit die Ursache der Erscheinung, sondern Blindheit gegenüber Ordnung und Bewertung.

Wir haben erlebt, dass einer unserer Gärtner mit einem kleptomanen jungen Mann, einen wesentlichen therapeutischen Erfolg hatte. Der junge Mann besaß ein Fahrrad mit Anhänger. Er fuhr das Rad in eleganten Kurven. Der Anhänger kurvte elegant mit. Er fuhr nur selten geradeaus. Meistens beschrieben Rad und Anhängerwagen die genannten Kurven. Sie entsprachen ganz den frohen Bewegungen, die viele Kleptomanen haben. Der Gärtner nutzte den Sammeleifer des Kleptomanen aus und stellte ihm die Aufgabe, Kräuterbündchen zusammenzustellen.

Die Lehrer und vor allem heilpädagogische Lehrer geben sich beträchtliche Mühe, Wechseldominanz zu bessern. Die Erziehung in der Schule hat damit nur begrenzten Erfolg. Das Handwerk jedoch ordnet diese Einseitigkeit mit so großem Erfolg, dass anzuraten ist, schon kleine Kinder in die Gesetze des Handwerks einzuführen, wenn eine Störung der Dominanz vorliegt. Allerdings verlangt dies einen erfahrenen Werklehrer mit heilpädagogischer Kompetenz.

Wir haben früher darauf hingewiesen, dass die Wesensglieder des Menschen jeweils eine eigene Geburt haben, durch die sie Teil des heranwachsenden Menschen werden. Eine solche Geburt im zweiten Jahrsiebt kann unvollständig sein. Man kann, wenn man das Begreifen der Unvollständigkeit der Geburt ein Stück weit dehnt, die Störungen der Dominanz solcher Fehlerhaftigkeit zuordnen (siehe auch das Kapitel «Die unvollständige Geburt der Wesensglieder»).

Damit ist dem Handwerk, dem Arbeiten mit den Händen, ein wesentliches Feld des helfenden und heilenden Tuns geöffnet. Wie bereits gesagt, orientiert Handwerk im Zusammenwirken der beiden Hände die Seitigkeit. Die Dominanz wird geordnet.

Damit wird zugleich das Leiberleben geordnet. Der Mensch fühlt sich in seinem Körper zu Hause. Er ist angekommen.

Die Leiter unserer Werkstätten lassen sich durch die Menschen mit Behinderung von deren Problemen belehren. Sie führen sie Schritt um Schritt in gutes Tun hinein. Das ist neben beginnender Produktion vor allem heilpädagogische Therapie.

Der Autismus

Wir haben acht Behinderungsarten angeordnet um das Bild eines Menschen. Das Schema (Seite 111) als solches ist aber nur eine Erkenntnishilfe, nicht eine Charakterisierung der Behinderungen. Die Gegenüberstellung erleichtert das Wahrnehmen der beiden Pole. Wer Hysterie so verstehen möchte, wie der hysterische Mensch sich selbst erlebt, der erfasst diese Situation gerade am Gegenpol. Das Entsprechende gilt für die anderen Gegenüberstellungen.

Die Lebensrealität richtet sich nicht nach solchen Denkordnungen. Es kommt vor, dass ein Hysteriker zur Krampfhaltung findet, wenn er oder sie einen Anfall erlebt hat, und Epileptiker haben oft starke hysterische Züge. Das Schema der Behinderungs-Gegensätze ist ein Hilfsmittel der Erkenntnis, nicht mehr. Es gibt aber mehr Behinderungsarten und manche von ihnen kann man einem der Orte in dem gegebenen Schema zuordnen. Bei anderen gelingt das nicht. Sie zeichnen ein ganz eigenes Bild zum Menschenwesen hin. Der Autismus ist ein solches Bild. Der Autist ist, trotz der übergreifenden Bezeichnung, ganz und gar Individuum. Der Epileptiker ist, wenn man nur auf die Behinderung blickt, jemand aus einer Gruppe. Das gilt auch für den Spastiker oder den Großkopf-Menschen.

Man sollte bei solchen Zuordnungen nicht stehenbleiben. Es handelt sich immer um Individualitäten mit einem eigenen Schicksalsweg. Ein Autist geht aber von vornherein solch einen individuellen Weg. Er ist nie ein Typ. Er ist immer ein Mensch auf einem eigenen, ihm angehörenden Weg. Deshalb kann man auch keine Regel finden, nach der Autisten zu behandeln sind. Jeder Begleiter muss einen eigenen Zugang zu einem Menschen finden, von dem gesagt wird, er sei Autist. Trifft ein erfahrener Begleiter auf einen unbekannten Autisten, wird er wieder einen eigenen Weg finden und ausbauen. Dabei ist wichtig zu wissen, dass der sogenannte Autist seinerseits den Weg eines Miteinanders wollen, ihn ausbauen und gehen muss. Die Anstrengung ist auf beiden Seiten zu leisten, und es ist nicht ausgemacht, auf welcher Seite sie größer ist. Will man versuchen, den Autismus in eine Zeichnung bringen, so wie das an anderer Stelle versucht wurde, so kann dies nicht gelingen, da sich jeder ein eigenes Bild vom Autismus zeichnen würde.

Dem entsprechen die Sorgen und die Mühe beim Erarbeiten eines Ortes des Lebens. Die Menschen mit Autismus haben es schwer, sich einer vorgegebenen Form einzuordnen. Sie nehmen sie nicht wahr oder sie nehmen sie als nicht angemessen wahr. Sie haben einen weiten Weg zu gehen, um die einfachsten Dinge anzuschauen und hinzunehmen.

Man lernt als Begleiter zu erkennen, dass wir alle in vielen Gewohnheiten und in festen Bildern leben, wie Dinge aussehen und wie sie zu handhaben sind. Kinder stellen sich ein auf die Gewohnheitsbilder der Eltern und leisten damit beträchtliche Arbeit. Kinder mit Autismus vermögen das nicht. Die Dinge und der Umgang mit ihnen bleiben ihnen fremd. Man wird für sie eine eigene Beziehungswelt aufrichten und dann kann man hoffen, dass sie sich zurechtfinden. Man sollte die Mühe und die Schwierigkeit würdigen, mit denen sie fertig werden müssen.

Das Gesagte gilt auch, wenn ein erwachsener Mensch mit Autismus einen Arbeitsplatz ausfüllen soll. Unsere Erwartungshaltung sagt: Das musst du lernen! Aber eben diese Haltung ist in sich das Hindernis.

Der Mensch wird selbst einen Weg dorthin finden, annehmen und gehen. Dabei darf man bei fast allen Autisten eine hohe Intelligenz annehmen. Es ist nicht Dummheit, die das Leben schwer macht. Es ist Fremdheit, nicht fassbares Unbekanntsein, das oft drohend und angsterregend daherkommt. Wir wiederholen: Autisten leisten ungeheuer viel, um mit uns anderen Menschen zurechtzukommen.

Das Down-Syndrom

Erst 1866 wurde das Phänomen dieser Behinderung erkannt und beschrieben. Dr. Langdon-Down (Neurologe und Apotheker) stellte es fest. Sein Name ist verbunden mit dieser Behinderungs-Form. Wir dürfen annehmen, dass diese Art der Behinderung damals ganz neu war. Dr. Langdon-Down war der aufmerksame Arzt, der sie als eigene Form erkannte und beschrieb.

Es gibt uralte Behinderungsarten wie die Epilepsie. Es gibt junge Formen wie das Down-Syndrom und sehr junge, wie den Autismus, der 1942 erstmalig von zwei unabhängig voneinander praktizierenden Ärzten beschrieben wurde.

Andere Formen sind verschwunden. Es ist anzunehmen, dass in der Zukunft noch andere, heute unbekannte Formen, auftreten werden.

Menschen unter diesem Zeichen gehen auch einen eigenen Weg. Dieser ist allerdings nicht so schwer zu finden und zu verstehen, wie der eines Autisten. Sie sind von vornherein lie-

benswürdig und unwiderstehlich freundlich. Ältere Damen fallen auf einen solchen Charmeur herein, lauschen aufmerksam seinen Worten und finden ihn ganz reizend. Wer diesen aber nahe kennt, weiß recht gut, wie dieser sich selbst sieht.

Menschen mit Down-Syndrom sind Schauspieler, aber derart, dass sie der eigenen Wirkung auf andere zuschauen und von dort her beurteilen. Sie sind nicht im üblichen Sinne ehrlich. Sie sind es nur als Zuschauer ihrer selbst und der erzielten Wirkung. Sie wünschen sich etwas und erreichen sie das Erhoffte, dann nennen sie dies ehrlich. Andere sehen das nicht so, aber solche Sichtweise bleibt ihnen fremd.

Ein Mitarbeiter mit Down-Syndrom sitzt neben mir im Auto. Ich fahre eine Linkskurve und frage ihn: «Kommt dort ein Auto?» «Nein», antwortet er sofort. Es kommt aber doch eines und der Fahrer hupt ärgerlich. Aber er hat nicht mit meinem Beifahrer gerechnet. Dieser lehnt sich aus dem Fenster und schimpft gröblich: «Was fällt dir ein, uns zu belästigen!»

Menschen mit diesem Syndrom haben schon von Geburt

an – nein von der Konzeption an – eine eigene Anordnung der Chromosome in den Zellen. Es gibt derer 46, die sich nach der Zellteilung in 23 Paaren gegenüberstehen. Das 21. Chromosom teilt sich bei unseren Menschen nicht in zwei gegenüberstehende Chromosomen-Fäden, sondern in drei. Die Unregelmäßigkeit tritt schon in der Embryonalzeit auf und kennzeichnet den Menschen sein Leben lang. Mancher nimmt an, die Unregelmäßigkeit sei Zufall und verantwortlich für die Erscheinung des Down-Syndroms. Wir fragen anders: Welcher besondere Mensch sucht sich diesen Weg aus? Wie ist sein Wesen? Wie zeigt sich der hinter dem Äußeren liegende eigentliche Mensch?

In religiösen Gesprächen und in menschlich anrührenden Unterhaltungen gibt es von Menschen des Down-Syndroms manchmal überaus kostbare Mitteilungen. Manche der Äußerungen treffen mit erstaunlicher Sicherheit weit neben das Ziel. Aber manche schöpfen aus der Tiefe des Menschseins. Das sind Extreme, die Gespräche zum Abenteuer werden lassen. Es ist aber unbedingt nötig, einem solchen Menschen Tiefgang zuzutrauen. Man stört sein Eigenerfassen, wenn man in allen Äußerungen das Clowneske vermutet. Nur wer auf den Menschen achtet, der sich aussprechen möchte, lockt das Besondere hervor.

Dieses Besondere ist oft eingebettet in Originalität. Menschen mit Down-Syndrom sind fast immer für Überraschungen gut. Die meisten Zeitgenossen lieben das Gewohnte, pflegen es und haben gute Gründe dafür. Unsere Down-Freunde durchbrechen das Gewohnte und führen uns in unbekanntes Land. Macht man Vorhaltungen, dann zeigen sie sich wenig beeindruckt, denn auch in dieser Situation sehen sie beide – Begleiter und sich selbst – als Schauspieler auf der Bühne. Das Bild zeigt aber klar: Sie sind die besseren! Man sollte Sinn dafür entwickeln, dass man als Tadelnder nur reagiert und selber ein komisches Bild zeigt.

Vor mehr als dreißig Jahren galt als gewiss, dass solche Menschen früh sterben. Sie wurden selten dreißig Jahre alt und ganz selten vierzig Jahre. Das hat sich geändert. Heute werden sie fast ebenso alt wie andere Menschen.

Die Wesensglieder

Die Seele ist dem heute Lebenden wohl bekannt. Sie zeigt sich in ihrer Vielfalt, in der Wahrnehmung der Welt, im Erfassen des anderen Menschen und dem Suchen nach dem eigenen Inneren. Tausend Jahre lang hat die christliche Erziehung die Felder der Seele, ihre Tiefen und Höhen bewusst gemacht. Kein anderes Wesensglied ist so geschult zum bewussten Erfassen seines Wesens. Zugleich gab es Selbsterziehung im Bereich der Seele. Heute sind die Ergebnisse dieser Bemühung frei verfügbar.

Man schreibt gerne die erfreulichen Seiten der Seele dem eigenen Verdienst zu, für die wenig angenehmen macht man andere verantwortlich. Man hat darin eine beachtliche Technik erworben. Man verdrängt die Tatsache, dass sowohl die helle Seite zur Seele gehört wie auch die dunkle. Keine der beiden Seiten tritt alleine auf. Bemerkt man die eine, ist die andere zwar verborgen, aber ganz in der Nähe. Das geht so weit, dass, wer den Engel erreicht im Beten oder der Meditation, sogleich auch vom Gegenbild besucht wird. Das Tor zur anderen Welt öffnet sich nach beiden Seiten.

Rudolf Steiner macht 1918 aufmerksam auf ganz neue Seelenbilder, die hohe Geistwesen in den Seelenraum der Menschen einsenken. Das Studium dieser Betrachtungen lässt erkennen, welch bedeutende Rolle Bilder in der Seele seit jeher einnehmen.

Im Mittelalter hat man großen Wert auf solche inneren Bilder gelegt: Glaube, Liebe, Hoffnung gehören dazu und auch Gehorsam, Keuschheit und Demut. Bei Rittern galten Tapferkeit, Treue und Eintracht als Bilder, denen man nachstrebte.

Rudolf Steiner weist auf Seelenbilder hin, die die Engel in den Astralleib der Menschen geben. Das geschieht im Schlaf. Der erwachende Mensch findet diese Bilder in der Seele vor. Man kann diese Geschenke als eigene Leistung ansehen. Man kann sich bewusst werden, dass sie Geistgeschenke sind. Diese beiden Haltungen haben weitreichende Folgen. Nimmt man wahr, dass es sich um Gaben handelt, die man aus dem Schlaf mitbringt, dann erfährt man aus dieser Einsicht, dass man sie auf besondere Weise behandeln muss. Man sieht aus ihrem Wesen, dass man sie aus dem gewöhnlichen Seelenleben heben muss in einen höheren Raum. Das ist das Geistselbst, die verwandelte Seele.

Bemerkt man nicht, woher die Gaben stammen, dann sinken sie ins Unbewusste, in den Raum der Ätherkräfte. Sie wandeln dabei ihr Wesen, sie werden böse.

Mancher junge Mensch unserer Zeit, der sich auf dunkle Wege begab, mag an einer Enttäuschung leiden im Feld der Seelengeschenke. Wurde er selber dort enttäuscht und findet nicht den Weg aus dieser Enttäuschung in einen hellen Raum? Wir Schüler Rudolf Steiners können das einordnen. Haben wir darin eine Aufgabe?

Moderne Kinder bringen einen erstaunlich sicheren Sinn mit für Gerechtigkeit. Der Lehrer, der gegen diesen Sinn handelt, verliert das Vertrauen der Kinder. Ein Lehrer hat neben der Übermittlung von abfragbarem Wissen die Aufgabe, markante und tief greifende Seelenbilder in die Herzen der Schüler zu senken. Kinder brauchen Seelenorientierung. Das gilt auch für den Sozialtherapeuten und die von ihm begleiteten Menschen.

Grundwert-Bilder setzen gewissermaßen trigonometrische Maßpunkte in den Seelenraum. Nach diesen ortet man neue, auch überraschend neue Bilder, in die eigene Seele ein. Es ist wesentlich, die Seelenbilder-Landschaft zu pflegen, zu erweitern, zu vertiefen. Die Pflege des Miteinanders der Menschen und des religiösen Lebens sind Mittel, die dorthin führen.

Man kann sich leicht genaue Kenntnis erwerben vom Wesen der Seele in Rudolf Steiners Werk. Hier ist darauf hingewiesen, so weit es die Aufgabe des Sozialtherapeuten betrifft.

Man glaubt heute, den physischen Leib recht gut zu kennen. Wer aber genau beobachtet, bemerkt schnell, dass allen Körpererlebnissen und Phänomenen des Lebens seelische Komponenten beigemischt sind. Das Auseinanderlegen der einzelnen Wesensglieder gelingt nur im Denken. Das Erleben zeigt immer ein Ineinanderwirken. Wir Sozialtherapeuten haben meist mit dem Letzteren zu tun.

Wer einem Menschen die Hand reicht zum Gruß, erfährt nur wenig Physisches. Der Druck der Hand hat eine körperliche Seite, aber gerade der Druck hängt mit dem Willen zusammen und dieser ist seelisch gestimmt. Man erlebt im Handgeben die Leichte des anderen, der das Gewicht der eigenen Hand aufhebt. Die Leichte ist unmittelbarer Ausdruck der Lebenskraft. Die Wärme der Hand hängt zusammen mit der Seele und unmittelbar mit dem Geistigen. Die Intention des Grüßenden kommt aus der Wesensmitte des Menschen. Der physische Leib hat den geringsten Anteil an dem Vorgang.

Man sieht mit den Augen nur einen ganz kleinen Teil des eigenen Körpers. Der Spiegel ist ein hinderliches Wahrnehmungsmittel, weil er die Seiten verkehrt. Den Rücken, die Seiten, den unteren Teil des Körpers sehen wir nicht. Nur die Arme und die Hände kennen wir, aber auch diese nur von oben.

Fragt man genau nach, dann erkennt man, dass es das Denken ist, das annimmt, Kenntnis des Körpers zu vermitteln. Aber das Denken ist in sich selber ein seelisches Element, und man schaut den Menschen mit diesem nur von der Außenseite an.

Das Innenerleben des Leibes spricht eine andere Sprache. Dieses ist zwar auch seelisch geortet, aber es sagt uns genau, wo und wie sich der Arm, das Bein befinden. Man kann einen anderen Menschen von dessen Außenseite anschauen. Er selber hat aber Innensicht vom eigenen Körper. Zwischen den beiden Sichtweisen gibt es keine Verständigung. Wer sich einem Mitmenschen nähert, tut gut daran, das eigene Außen-Anschauen zurückzustellen, weil es mit Sicherheit den Kontakt erschwert, wenn nicht sogar verzeichnet.

Der Blick in die Augen eines anderen zeigt das Beschriebene klar: Man sieht oft in Augen. Man sieht aber, wenn man dem Menschen tatsächlich begegnet, weder die Farbe, noch die Form dieser Augen. Man sieht nicht einmal das Weiße des Augapfels. Was sieht man eigentlich, wenn man in Augen blickt? Man sieht unmittelbar in die Seele des anderen hinein. Die eine Seele begegnet der anderen Seele.

Blicke können sehr verschieden sein. Ein Blick kann scharf sein, stechend, verletzend. Er kann Abstand schaffen, kann aber auch Bewusstsein hervorrufen. Ein anderer Blick ist forschend-sachlich, wieder ein anderer kann liebevoll-umfassend sein.

Viele Menschen suchen Augenkontakt. Sie hungern danach, wahrgenommen zu werden. Manche Zeitgenossen haben es sich angewöhnt, bei der Begegnung dem Gegenüber unter das Auge auf die Wange zu blicken, Das wird als unangenehm empfunden, ist aber mehr als das: es wächst sich zu einer Sozialkrankheit aus.

Wir stellen fest, dass der eigene physische Leib wenig oder gar nicht bekannt ist. Das wird direkt erfahren, wenn jemand das Unglück hat, einen Teil des Körpers zu verlieren, wenn zum Beispiel bei einem Unfall ein Finger verloren geht. Der dort liegende Körperteil wird nicht mehr als eigener erlebt, nicht mehr zum Körper gehörend. Manche ekeln sich sogar vor dem Anblick.

Der Ursprung des Menschenleibes liegt in den Tiefen der Geistwelt. Er umfasst das Ganze der Fixsternwelt, ist deren Kraft- und Formwesen. Wer den physischen Leib herabsetzend oder gar abwertend bedenkt, und auch, wer ihn als mechanistisch funktionierend denkt, verletzt zugleich die Tiefen dieses Ursprungs.

Man macht sich kaum jemals klar, was vom Lehrer zum Schüler wirkt, wenn man sich dieses Ursprungs nicht bewusst wird. Mutter, Vater, Lehrer haben stets Gedanken bereit, sich dem Kind zuzuwenden, sich ihm zu nähern, auf es einzuwirken.

Aber die Gedanken sind eine schwache Kraft gegenüber der Würde und Bedeutung des Auftretens. Damit ist die Gesamterscheinung des Erwachsenen angesprochen, einem Phänomen, das dem Menschen selber nicht bewusst sein kann, das aber auf ein Kind den tiefsten Eindruck macht. Das trifft auch auf den Sozialtherapeuten zu und auf seine begleiteten Menschen. Diese schauen so intensiv auf ihn oder auf sie, dass sie seine oder ihre Körpererscheinung als die eigene anschauen.

Helga liebte mich sehr. Sie kam mir immer zu nahe, viel zu nahe. Helga hatte bei ihrer Inkarnation die beiden Seiten des Körpers nicht zusammenbringen können. Das Links und das Rechts passten nicht zusammen. Es drückte sich deutlich aus im Gesicht. Es gab eine tiefe Rachenspalte, die Wangen liefen nach innen zusammen, wodurch eine Vertiefung in der Mitte des Gesichts entstand. Die Nase war nur eine klitzekleine Kugel in der Mitte der Vertiefung.

Helga kam mir wieder zu nahe und ich machte einen schrecklichen Fehler: Ich spielte das Kinderspiel, ich klaute ihr die Nase. Mein Daumen drückte auf ihre Nase, dann verschwand der Daumen in meiner Hand. Die Nase war geklaut und verborgen. Sofort fiel mir siedendheiß ein: Das darfst Du doch nicht mit Helga machen, die hat doch keine Nase!

Aber Helga ging fröhlich auf das Spiel ein. Sie hielt die Hände vor das Gesicht, schrie: Nein, nein. Ich sah jedoch die Stellung der Hände: Sie waren nicht in der Nähe der Nase, nicht in der Vertiefung. Sie hielt sie weit nach vorn, wo eine richtige Nase gewesen wäre und ich erkannte in ihren Augen: Sie hat in ihrem Bewusstsein *meine* Nase!

Der Erwachsene kann das Bild des Menschseins verletzen, kann es sogar empfindlich stören. Kinder reagieren verstört, mit Entsetzen darauf. Der unkontrollierte Wutausbruch des Erwachsenen gehört dazu. Ebenso verwundend wirkt es, wenn ein Erwachsener die Unwahrheit sagt, wenn er lügt. Dabei ist es weniger der Inhalt der Lüge, als die Körpersprache des Erwachsenen, die in der Lüge ganz bestimmte Merkmale zeigt.

Für autistische Menschen ist das stets gleichbleibende Erscheinungsbild des Begleiters von entscheidender Bedeutung. Es kann sein, dass ein Begleiter diese Tatsache nie bemerkt, dass sie aber dramatisch auftritt, wenn das Bild einmal gestört wird.

Die Überlegungen berühren an manchen Stellen das Feld der Lebenskräfte. Diese bilden einen eigenen Organismus, den Rudolf Steiner den Lebensleib oder auch den Ätherleib nennt. Kräfte des Lebensleibes wirken in allen Organen des Körpers, bewirken deren Leben und Tun. Nach dem ersten Jahrsiebt werden die Lebenskräfte frei, die die Organe des Körpers entwickelten. Diese Kräfte sind es, die der Lehrer zum Lernen einsetzt. Diese Kräfte sind es auch, wenn das Denken erfahren wird. Und sie sind es, wenn der Lehrling einen Beruf erlernt.

Aus dieser Überlegung strahlt uns die Einsicht entgegen, dass solches Lernen den Lebensleib formt, was bei dem Menschen mit Behinderung besonders einschneidende Bedeutung hat. Behinderung liegt gerade als Mangel im Feld des Ätherischen. Wenn nun der Ätherleib geformt wird, wird im Prinzip Behinderung überwunden.

Ein weiteres Merkmal des Leben-Bildens ist der Rhythmus. Ein Rhythmus ist nicht Takt, er schafft im ständigen Wiederkehren eines Werde-Vorganges ein lebendiges Pulsieren. Es wirkt im Körper des Menschen in der Herz-Lungen-Tätigkeit, es wirkt auch in den Nieren. Die Rhythmen schlagen hinauf in den Kopf, pulsieren hinunter in die Verdauungsorgane. Das Phänomen entsteht auch zwischen Menschen und menschlichen Vorgängen und es durchzieht die Kunst, vor allem die Sprache und die Musik.

Das Ich ist die Wesensmitte des Menschen. Es vermittelt dem Menschen seine Eigenheit, das in sich selbst ruhende Wesen. Im Ich entsteht das Bewusstsein des Menschen.

Das Ich ist der große Wandler. Es nimmt das werdende Dasein des Menschen wahr, das stetig in Entwicklung ist. Auf dem Wege der Entwicklung bildet es den Ruhepunkt, der die Daseinssituationen wahrnimmt, sie aus dem ersten Schritt des Daseins in neue Stufen verwandelt.

Das Ich kann alle Möglichkeiten des Lebens für sich in Anspruch nehmen – es kann sie auch herschenken als Opfer für andere oder für Lebenssituationen.

Damit ist ein Sachverhalt angesprochen, der alle Wesensglieder betrifft: Wesensglieder können sinken um eine oder mehrere Stufen oder der Mensch kann sie heben. Rudolf Steiner spricht diese Tatsache an im Vortrag: «Was tut der Engel in unserem Astralleib?».[14]

Er führt aus: Engel tragen in Menschenseelen hohe Seelenbilder. Diese Bilder begleiten den Menschen auf seinem Wege. Sie bestimmen sein Urteil in Bezug auf seelisches Verhalten. Sie geben Maß und Orientierung.

Diese Bilder können sinken in den Ätherbereich des Menschen, wenn man sie nicht in ihrem Ursprung und der Bedeutung erkennt. Wenn sie sinken, werden sie im neuen Bereich des Ätherischen zu Quellen des Bösen.

Die Arten solchen Denkens werden benannt. Aber nicht, was sich ergibt, wenn man die Bilder an ihrem Ort erkennt und halten möchte. Unsere Beobachtung sagt: Man kann sie im Verlauf des Lebens, vor allem in Lebensstürmen nicht in der Situation halten, in der sie geschenkt wurden. Man muss sie verwandeln in Höheres, oder sie sinken.

Im vierten Vortrag von *Karma des Berufs*[15] spricht Rudolf Steiner davon, dass durch das Tun des Menschen stets Elementargeister entstehen.

Die weitere Beobachtung sagt: Diese Angabe betrifft nicht nur den Bereich der Seele und ihre Bilder. Es betrifft an ihrem Ort die anderen, die unteren Wesensglieder ebenfalls.

Das Ich des Menschen kann Verzicht leisten, oder es kann fordernd auftreten, es kann beanspruchen, was ihm wichtig erscheint. Im zweiten Falle erkennen wir das niedere Ich, das Seelen-Ich, im ersten Falle nähert es sich dem hohen Ich des Menschen oder der Entelechie, wie Goethe sie nennt.

Die Seele haben wir besprochen. Ihre Bilder können sinken und verschiedene Negativ-Erscheinungen verursachen, oder man kann sie heben durch Tätigkeit des Ich und sie der Ebene des Geistselbst annähern.

Im Feld der Lebenskräfte kann das Ich des Menschen segensreich wirken, indem es Lebenskraft pflegt, sie stärkt und damit für andere Menschen verfügbar macht. Vom Ichmenschen kann Ruhe ausgehen, kann Lebensordnung entstehen. Das Miteinander der Menschen kann ins Lebendige gehoben werden. Das geht einher mit Verzicht auf Eigensein. Die Lebenskräfte können ebenfalls sinken, sie können verhärten. Statt Opfer und Verzicht tritt Macht auf, Grausamkeit.

Auch der physische Leib des Menschen kann durch unangemessenes Denken auf einen dunklen Weg gebracht werden. Dieser Leib ist nicht eine Zusammenstellung von Funktionen, er entsteht nicht in seiner Eigenart durch Gene, nicht ist es die Nahrung, die eine Art Verbrennung bewirkt, die nun ihrerseits den Motor Leib antreibt.

Der Menschenleib ist das Bild höchster Göttlichkeit. Das Urwesen Mensch steht hinter allen Erscheinungen des Leibes. Der eigentliche Mensch wohnt in diesem. Wie der Leib sich ihm zur Verfügung stellt, so würdigt er, der Bewohner, diese Gottesgabe.

Geschieht das nicht, glaubt der Mensch, er überschaue und bewirke, was doch Gabe der Götter ist, dann hat das tief greifende, negative Folgen.

Der physische Leib

Das pädagogische Gesetz sagt nicht aus, wie der physische Körper des Erwachsenen auf das Kind wirkt. Erst der Lebensleib und seine Führung werden angesprochen. Trotzdem erahnen wir, dass man die Physis falsch denken kann und damit ein Kind benachteiligt.

Ein Beispiel ist das abstrakte, kausale und materialistische Denken über den physischen Körper. Er wird als Funktions-Leib gedacht. Man bemerkt nicht, dass die Funktionen des Leiblichen ein Denkprodukt sind. Das Denken schafft diese Betrachtungsart. In Wirklichkeit sind alle leiblichen Geschehnisse ein Strömen und Ineinanderwirken von Kräften. Das Ergebnis solchen Fließens – der Leib – zeigt die Außenseite. Die Innenwirkung ist aber dasjenige, was ihn als Ergebnis hervorbringt

Als Beispiel kann angeführt werden, dass man das Vaterunser sowohl beten wie auch meditieren kann. Das Letztere zeigt eine Tiefe, die ins Weiteste im Weltall, das heißt in die Welt des Vaters führt.

Die ersten drei Bitten sprechen an den Namen, das Reich und den Willen des Vaters. Der Name des Gotteswesens war in der jüdische Sprache JEOUA. Dieser Name wurde nie ausgesprochen oder geschrieben. Auch die einzelnen Laute dieses Namens wurden als so heilig empfunden, dass die alte Schreibweise des Jüdischen ohne Vokale auskommen musste. Aber alle Dinge der Erde enthalten Laute dieses Namens.

Der Vatergott erteilte dem ersten Menschen den Auftrag, allen Dingen der Welt Namen zu geben. Er selber konnte das nicht, da die Welt Substanz seines Gotteswesens ist. Aber der Mensch konnte den inneren Abstand nehmen, der zur Namensfindung erforderlich ist.

Das Vaterunser

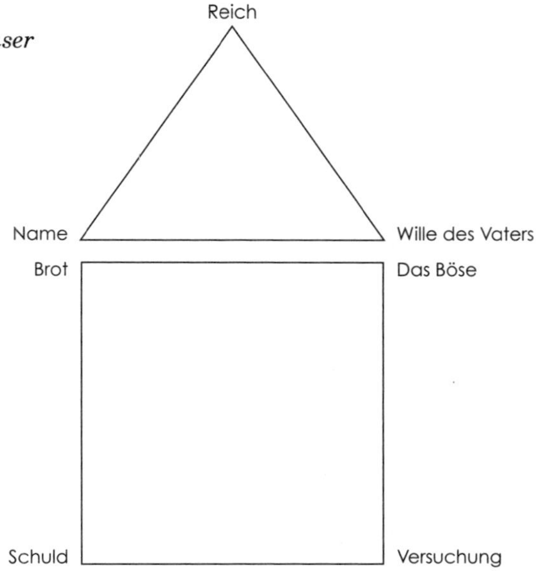

Er erkannte Namen, die ein jeder eines der Urlaute des Vater-Namens in sich tragen. So entstanden die Worte V O gel – W A gen – W I nd – R E h und die anderen Namen – Worte.

Das Vaterunser zeigt im ersten Teil die Bedeutung von Namen – Reich und Wille – des Vaters. Der Urmensch erkannte die Dinge und Erscheinungen als Wesensäußerungen des Vatergottes und erkannte ihnen im Wort des NAMENS diese Wertung zu.

Das REICH des Vaters spricht an, woraus die Erde und ihre Bestandteile geschaffen wurden. Der Kosmos – die Welt des Vaters – wirbelte in gewaltigen lemniskatischen Bewegungen das Ganze des Kosmos in ein Innenwesen, die Erde. So wurde Umkreis zum Punkt. So wortete das Vaterwesen den Kosmos in das Gebilde Erde hinein.

Der WILLE des Vaters ist schließlich dasjenige Kraftwirken, das Umkreis und Erde wieder zu einem neuen Evolutionsschritt führt. Dieser geschehe und nicht der der dunklen, widerstrebenden Kräfte.

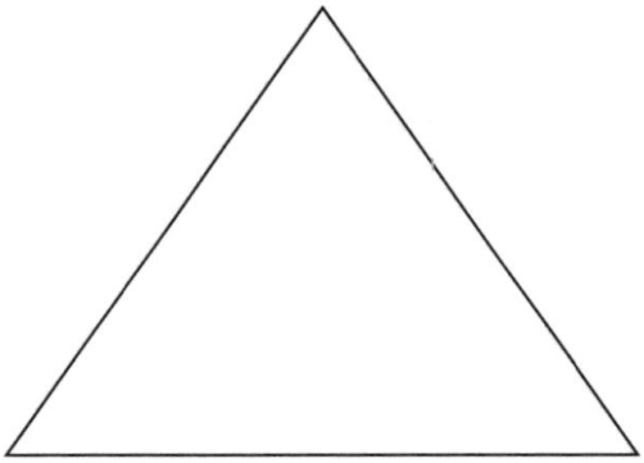

Die Gruppe der ersten drei Bitten wurde in alter Zeit stets als geometrisches Gebilde gesehen. Sie wurden als Ursprung der Dreiheit und des Dreiecks betrachtet. Überall, wo man in alten christlichen Kirchen ein Dreieck wahrnimmt, ist diese Dreiheit dargestellt. Das trifft auch auf frühere Gebilde zu. Die Drei-Form der Pyramide geht auf dasselbe Erleben zurück.

Die Pyramide steht auf einem Quadrat und diese geometrische Form wurde als Wesenszeichen der Erde angesehen. Die vier folgenden Bitten im Vaterunser stehen eine jede als einer der Eckpunkte an seinem Ort. Sie sind die Bitten an den Vater, das Erdenleben würdig zu gestalten.

Das tägliche BROT betrifft den physischen Leib. Die SCHULD, die ein Erdenmensch nie ganz vermeiden kann, betrifft den Lebens-Kräfte-Leib. Die VERSUCHUNG vollzieht sich im Astralleib des Menschen und das wirklich BÖSE, das den Menschen treffen kann, erreicht die Ebene des Ich, die Wesensmitte des Individuums.

Die zweite der vier Bitten sagt uns besonders viel. Sie spricht von der Schuld des Erdenmenschen, der einem Mitmenschen gegenüber einen Fehler machte. Diesen Fehler soll er erst erkennen und dann – nicht den Verletzten –, sondern den Vater um Vergebung bitten. Er soll darum bitten im Bewusstsein, dass der Vater ihm verzeihen kann, insofern er seinerseits dem

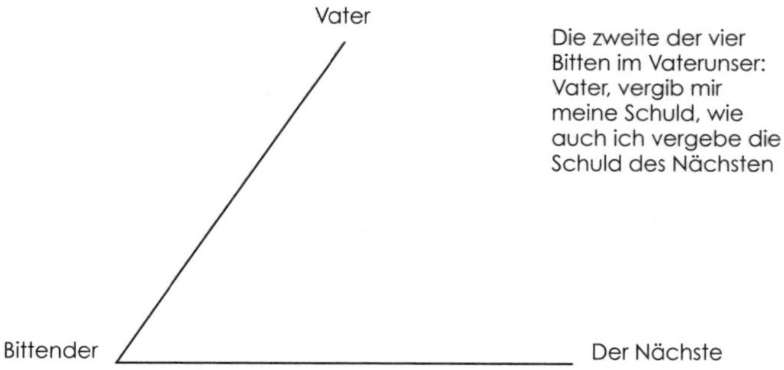

Gegenüber dessen Fehler vergeben kann. Den Vorgang kann man wieder geometrisch sehen und ein Dreieck zeichnen. Der, der den Fehler machte, bittet den Vater um Vergebung. Dieser weist hin auf den Mitmenschen. Der andere jedoch wird in derselben Lage sein. Er kann den Vater um Vergebung bitten, insofern er seinem Menschenbruder verzeihen wird.

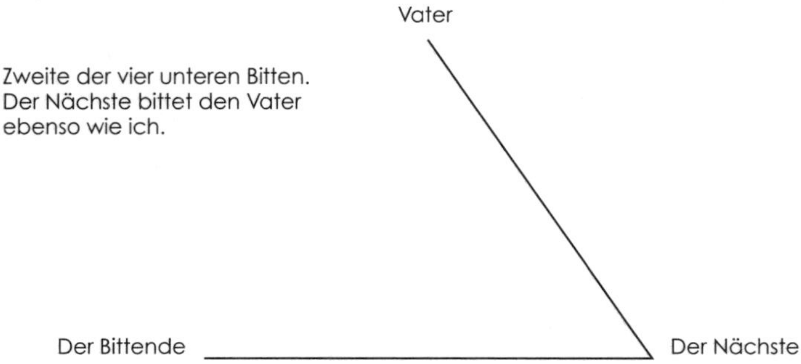

Den Vorgang muss man intensiv durchdenken – meditieren –, um ihn ganz zu erfassen. Nun vollende man das geometrische Bild des Vaterunsers: Dreieck oben, Viereck darunter und man gewinnt ein Gebilde, das man ein Geisteshaus nennen darf.

Diese Betrachtung haben wir bedacht mit der Frage, ob das Wesen des physischen Leibes auch eine Rolle spielen kann im pädagogischen Gesetz. Sie, die Betrachtung, zeigt, dass die Art des Denkens eine Ebene erreichen kann, die auf ein Kind heilsam oder eben störend wirkt. Damit ist nicht die Physis selbst angesprochen, aber das Denken darüber. Dies wollen wir der Betrachtung des physischen Leibes zuordnen.

Es mag überraschen, dass nach der tief gründenden Betrachtung zum Vaterunser ein Spielzeug für Kleinkinder angeschaut wird. Die Kindergärtnerin wundert es gar nicht, denn für sie lebt im kleinsten Menschen das ganz Große. Folgen wir ihrem empfindenden Denken.

Ein wunderbares Spielzeug ist die Puppe, aber die nicht fertig ausgeformte Puppe. Das Grundkonzept des menschlichen Körpers sollte erkennbar sein, aber von den Einzelheiten des Körpers sollte so viel wie möglich nur angedeutet werden.

Das Kind, auch das ganz kleine, schaut sie an, gewinnt sie lieb und sieht ahnend an dem Fehlenden all das, was ergänzt, was vollständig werden sollte. Das Schauen des Kindes wird schöpferisch verstanden. Es schaut und bildet dabei – gerade an dem Unvollkommenen – die Kraft aus, den eigenen Leib tüchtig zu ergreifen und daran zu arbeiten. Das Außenerleben Puppe wird zur Innenerfahrung des Menschenbildes. Im Kinde lebt ein Gesamtkonzept als Urbild des Menschseins. Es erlebt draußen – am Spielzeug – was es innen schaffen wird.

Der Erwachsene erahnt am menschlichen Leib die Größe des Gottes, der hinter allem Geschaffenen steht. Der Vater schuf den Menschen nach seinem Bilde, nach dem Bilde des Kosmos. Wer das Vaterunser so beten kann, dass er meditiert, was die Worte sagen, der wirkt aufbauend-heilend auf das kleine Kind.

Der Ätherleib

Der Ätherleib, auch Lebensbildekräfte-Leib genannt, hat manche Eigenschaft, von denen einige angesprochen werden sollen. Zum Ersten gibt es die Leichte, mit der der Mensch den eigenen Körper – subjektiv empfindend – erlebt. Die Waage zeigt ein bestimmtes Gewicht an. Das Erleben spricht anders. Man kann einen Versuch machen, um das herauszufinden.

Man stelle sich aufrecht hin und konzentriere sich auf die Füße. Man erlebe das Gewicht, das auf den Fußsohlen ruht. Man erinnere nicht das Gewicht, von dem die Waage spricht. Man erlebe nur das Gefühl für das Gewicht, das auf den Fußsohlen lastet. Dann strecke man die Hände aus, sodass die Handflächen nach oben zeigen. Ein Freund lege nun leichte Gewichte auf die Handflächen. Am besten eignen sich flache Scheiben, nicht Punkt-Gewichte. Der Stehende soll nun die Gewichte vergleichen. Wann stimmen sie überein, die, die auf den Füßen lasten, mit denjenigen, die auf den Händen liegen?

Noch einmal: Der Unterschied soll subjektiv-empfindend herausgefunden werden. Man stellt überrascht fest, dass das erlebte Gewicht auf den Händen schon bald übereinstimmt mit dem Erleben des Gewichts auf den Fußsohlen. Es ist sogar erstaunlich gering. Im echten Blindversuch – junge Menschen mit verbundenen Augen – stellt sich die Übereinstimmung bei etwa 70 bis 80 Gramm ein.

Wir leben mit und durch das Erleben des Leichten. Der eigene Körper wird als erstaunlich leicht empfunden. Dazu stelle man eine ergänzende Überlegung an: Es gibt rundliche Menschen, es gibt trockene Menschen. Wie erleben sie sich selber? Die rundlichen bringen mehr an Gewicht auf die Waage als die trockenen. Erleben sie sich auch schwerer als diese? Prüfen Sie das und Sie werden überrascht sehen, dass das Gegenteil richtig ist. Der rundliche Mensch erlebt sich, wenn er gesund ist, leichter als der ganz schlanke.

Das Leichte-Erleben führt uns dazu, froh zu sein, uns zu bewegen, sogar zu tanzen. Kinder hüpfen und rennen und freuen sich. Das Leichte-Gefühl ruft das alles hervor. Es ist der Ätherleib, der uns die Leichte vermittelt und nicht nur uns Menschen, auch den Tieren und Pflanzen. Überall, wo Leben auftritt, erscheint auch das Erleben des Leichtseins.

Damit ist unmittelbar verbunden, dass das Wasser in allem Lebendigen von unten nach oben strebt. Das trifft zu auf den Saft in Pflanzen, der aus den Wurzeln in den Stamm und von dort in die Blätter strömt. In Tier und Mensch ist das auch der Fall. Die Körperflüssigkeit, das Zellwasser ist auch in Bewegung von unten nach oben. Wenn das nicht der Fall ist, ist der betreffende Mensch krank.

Ein Weiteres ist das Wesen des Prozesses, der uns in die Wahrnehmung des Lebens führt.

Man kann sagen, das Kind wünscht sich einen Kuchen. Der Kuchen ist braun, riecht gut, sieht lecker aus. Die Mutter spricht anders. Sie sagt, der Kuchen war zuerst ein Plan. Dann kamen die Zutaten, die ausgewogen wurden. Dann wurden die Bestandteile gemischt in der rechten Art. Danach musste der Kuchenteig gehen. Jetzt erst wurde er gebacken. Und danach erst war er fertig. Aber alle Vorgänge gehören dazu. Der Kuchen musste werden, bevor er da sein konnte.

Die erste Feststellung wird vom gewöhnlichen Denken getroffen, die zweite vom lebendigen Denken, denn dieses denkt in Prozessen. Der Laie nennt das große braune Organ im Leib die Leber. Der Arzt spricht aber von vielen, ganz vielen Vorgängen, die diesen braunen Gegenstand als Unterlage benutzen, wie der Maler die Leinwand braucht. Die Leinwand trägt das Bild. Ohne sie gäbe es keine Malerei. So verhält sich das Organ zu den Vorgängen, die um es entstehen. Die Vorgänge kann man aber nur prozesshaft denkend finden.

Ein weiteres Element des Ätherischen sind alle Rhythmen, die den Leib lebendig sein lassen. Es gibt den Schlaf- und Wachrhythmus. Der Atem-Puls-Rhythmus ist bekannt. Aber auch die Nieren schaffen rhythmisch und sogar unsere Sinneseindrücke und das damit einhergehende Denken unterliegen einem solchen Rhythmus.

Prozesse und Rhythmen sind Ereignisse der Zeit. Die Zeit ist ganz ohne ein Geschehen kaum zu denken. Sie füllt sich mit Ereignissen. Sie misst sich in festen Abläufen. Der Kalender und die Uhr gaukeln uns vor, die Zeit kenne genaue Gradeinteilungen wie Minute, Stunde, Tag. Im Kalender sind es gleich große Abstände, die einen Tag markieren. Man erlebt die Zeit aber nie in solchen Maßen.

Man misst sie nach Erlebnissen und deren Bedeutung. Auch die Rhythmen sind Zeit-Wesen. Sie sind nicht wie ein mechanischer Takt. Sie variieren. Sie beschleunigen in der Anstrengung. Sie verlangsamen im Schlaf. Sie bleiben ein lebendiges Geschehen und sind doch in einem festen Verhältnis komponiert. Das Ätherische – oder das Leben-tragende – gehört der Zeit an, nicht dem Raum. Deshalb wird der Ätherleib auch der «Zeit-Leib» genannt.

Jedes Organ im Leibe hat eine ihm zuströmende Ätherform. Das Ganze des Körpers entspricht wiederum einer Äthergestalt. Im Ätherleibe leben unbewusste Kräfte, die bestimmend ins Leben hinaufspielen können. Wer lernt, die Glieder so zu brauchen, dass ein gewünschtes Ziel erreicht werden kann, der erlangt nach einiger Übung eine Fähigkeit. Die Bewegung wird «im Schlaf» gekonnt. Damit ist sie ein Organ geworden im Ätherleib. Wir nennen ihn deshalb auch den «Fähigkeitsleib».

Wer hier den Weg ins Heilend-Helfende suchen will, sollte zunächst die Denkbewegungen vollziehen, von denen eben die Rede war. Als Stimmung, die das Leben trägt, wird alles religiöse Erleben, insbesondere Andacht und Frömmigkeit genannt. Man muss sich allerdings klar sein darüber, dass die beiden genannten Stimmungen zunächst im Seelenbereich zu Hause sind. Aber sie reichen bis ins Lebendige hinein und durchwärmen es. Hier wird ein Phänomen erkennbar, das uns bei den Erwägungen oft begleiten wird. Wir benennen eine Eigenschaft an einem Orte und wissen doch, dass sie auch in andere Wesenshüllen spielt.

Die genannten Eigenschaften Frömmigkeit und Andacht entstehen im Ich des Menschen. Von dort finden sie Heimat in der Seele, aber das Zuhause im Ätherleib.

Der Ätherleib ist bis heute weitgehend unbekannt geblieben, er ist dem Menschen unbewusst, und: er wurde von hohen Wesen verwaltet, die ihn leiteten. Die bisherige weisheitsvolle Führung hat sich aber zurückgezogen und die Aufgabe uns Menschen in die Hand gegeben. Wache Menschen unserer Zeit arbeiten bereits daran.

Tugenden des Ätherischen sind Heiterkeit, Zugeneigtsein gegenüber dem Mitmenschen und der Welt. Aber auch Frömmigkeit –, Andacht –, Ehrfurcht sind tragende Äthertugenden.

Wer sein Leben bewusst führen möchte, muss auf seine Lebenskraft achten und sie sorgsam führen. Dazu gehören ein gleichmäßiger Lebensrhythmus und die Pflege des Schlafs, des eigenen und den des Kindes. Dazu gehört auch das Pflegen der Seelenbilder, der mitgebrachten und derer, die man neu hinzuträgt.

Zu einer guten, geordneten Lebensführung trägt bei, wenn man sich dazu erzieht, des Morgens und am Abend selbst gewählte Denkwege zu wandern. Damit beginnt der christliche

Schulungsweg, von dem schon die Rede war. Er hat direkte Wirkung auf den Lebenskräfte-Leib. Für den Lehrer ist eine wesentliche Hilfe, die Achtung vor dem Wesen des Kindes, das ihm anvertraut ist.

Der Astralleib

Der Astralleib ist dem heute Lebenden vertraut. In den vergangenen tausend Jahren gab es eine intensive Seelenerkundung und Seelenerziehung. Die Bereiche der Seele, ihre Differenzierung, ihre Dimensionen und die Tugenden sind bekannt.

Rudolf Steiner stellt dar, wie die Seele sich im Laufe der Zeit entwickelte. Vor langer Zeit erfuhren Menschen ihre Seele in starker Empfindung, die sich im religiösen Feld zur Inbrunst steigern konnte. Im Leben trat sie auf als Emotion, die den Menschen bestimmte.

Der nächste Entwicklungsschritt wurde zur Verstandesseele, zur Gemütsseele. Klares Denken lenkte den Menschen. Die Verstandesseele schenkte den Menschen die Ordnung der Jurisprudenz, der Verwaltung und der Finanzgebarung. Die Politik ist Kind der Verstandesseele, aber auch jede Hausordnung und Richtlinie.

Im fünfzehnten Jahrhundert begann eine neue Seelenerfahrung, die Rudolf Steiner die Bewusstseinsseele nennt. Der Zeitgenosse erlebt sich selbst als den Tätigen, als den Denkenden. Er erlebt sich als Mittelpunkt seiner Welt. Er kann zur inneren Freiheit finden, erarbeitet sich das aber mit dem Gefühl der eigenen Unzulänglichkeit. Er beginnt, sich selbst zu hinterfragen, und auch den Mitmenschen, der ihm nur eine Seite seines Wesens zeigen kann.

Der Heilpädagoge und der Sozialtherapeut sind moderne Menschen mit all den Errungenschaften der Zeit. Sie sind sich der eigenen Möglichkeiten bewusst, aber zugleich erkennen sie als Aufgabe, die eigene Seele immer reicher auszugestalten und die Empfindungsfähigkeit zu steigern. Diese kann nämlich den anderen Menschen, den, der mit Behinderung lebt, mitnehmen. Die Empfindungsseele kann reich ausgestaltet sein – sie sollte heute bewusst geführt werden. Seelenpflege kann leben durch bewusste Seelenführung.

Es gibt drei Seelenfelder:
das Denken, das Fühlen und das Wollen.
Es gibt zwei Seelenkräfte:
die Sympathie und die Antipathie.
Es gibt drei Stufen der Seele:
die Empfindungsseele, die Verstandes- und Gemütsseele und die Bewusstseinsseele.

Und es gibt mannigfache Seelenbilder, die den menschlichen Seelenreichtum ausmachen.

Die meisten Menschen denken das Gute und das Böse als polare Erscheinungen. Auf der einen Seite steht das Helle, das ein jeder sich wünscht. Auf der anderen das Dunkle, das man vermeiden möchte. Dieses Denkschema macht den Menschen unfrei. Das Lichte ist unerreichbar. Das Dunkle ist allgegenwärtig. Der Strebende ist abhängig von der Gnade eines göttlichen Wesens, um den Weg ins Helle zu finden. Aus eigener Kraft kann er den Weg zum Lichte nicht finden. Dieses Denk-Bild ist ein Beispiel dafür, welche Bedeutung Denkbilder und Denkgewohnheiten haben für das Erkenntnisleben des Menschen.

Rudolf Steiner entwickelte ein anderes Bild des Guten und des Bösen. Er griff eine Darstellung auf, die schon Aristoteles lehrte. Das Böse hat zwiefachen Aspekt. Es gibt eine dunkle Seite des Bösen und eine überhelle. Die eine führt den Menschen ins Enge, Harte. Die andere verführt ihn ins Licht, aber nicht so, dass die Erde weiter Grundlage des Lebens bleibt. Der Verführte löst sich von der Realität und begibt sich ins Schwärmerische. Die erste Seite, die dunkle, ist die des Ahriman, die andere die des Luzifer, des Lichtträgers. Einige Beispiele sollen den Gedanken wahrnehmbar machen:

Luzifer		**Ahriman**
Verschwendung	Freigiebigkeit	Geiz
Tollkühnheit	Mut	Feigheit
Putzwut	Sauberkeit	Schmuddeligkeit
Unordnung	Ordnung	Pedanterie
zu schnell fahren	angepasst fahren	zu langsam fahren
Kindern alles erlauben	klar führen	dauernd verbieten

Man sieht, dass das Böse zwei Seiten hat. Man kennt beide Seiten und verhält sich ganz verschieden. Man sieht sogar, wenn man sich beobachtet, dass man von der einen Seite zur anderen wechselt. Das eine Mal gibt man einem Bettler zu wenig, das andere Mal zu viel. Mal hat man keine Zeit für ein Kind, das nächste Mal ist man zu freundlich. Solche Wechsel sind die Regel. Man sieht, man steht immer auf beiden Seiten. Man lebt in Gegensätzen und lernt erst langsam, einen lebendigen Ausgleich zu finden. Nun kann man bemerken, dass man jedes Mal die Mitte überschreitet, wenn man von der einen Seite zur anderen wechselt.

Dieses Erlebnis wird mit der Zeit mehr und mehr bewusst und man erkennt das Wahre der Lehre des Arius (Seite 85 f., 316 f.): Das Heilige, das Wesen des Göttlichen lebt in jedem Menschen. Dieses Bild des Menschen zwischen zwei Seiten des Bösen lässt frei, es lässt Entwicklung zu.

Der Denker lernt es, dem Gedanken zu vertrauen. Moderne Kinder sprechen sehr an auf dieses zweite Bild des Bösen. Wir Älteren sind alle erzogen mit der Mahnung: Du hast einen Fehler gemacht, du warst böse. Nun bist du böse, schäme dich.

Versuche man ein heutiges Kind anders zu mahnen: Du hast einen Fehler gemacht – wie schade. Du hast das Bild deines Wesens verdunkelt. Kannst du es wieder hell machen? Dies alles wird in kindgerechte Worte und Bilder gekleidet.

Man erkennt auch hier, dass eine konsequente Befolgung dieses Weges zu einer Verwandlung führt. Der beobachtende Blick erfährt, dass die Ebene des Seelischen gehoben wird in die nächst höhere, in die des Geistselbst.

Es gibt mannigfache Seelenbilder, die gewissermaßen trigonometrische Orientierungspunkte im Seelenraum sind. Der Lehrer vermittelt den Schülern, den Lehrstoff begleitend, reiche Seelenbilder, die gewissermaßen Maßpunkte des Seelenlebens werden.

Es gibt aber auch solche Bilder oder Seelen-Orientierungen, die Kinder mitbringen, die schon in ihrer Seele leben. Manche davon steigen wie von selbst auf im Erleben der Kinder. Andere wollen geweckt werden.

Wieder andere zeigen sich, wenn Erwachsene etwas tun, was in die Nähe eines Unrechts kommt und ein Kind darauf aufmerksam wird. Am Erschrecken und Entsetzen des Kindes bemerkt man, dass man ein tief liegendes Wert-Bild im Kind verletzt hat. Wer jemals das Gerechtigkeits-Empfinden von Kindern missachtet hat, weiß, wie empfindlich die Kleinen darauf reagieren.

Aus dem Mittelalter sind bekannt die Seelenbilder der Ritter, denen Treue neben Tapferkeit und Gehorsam über alles ging. Mönche pflegten Armut – Keuschheit – Gehorsam. Das

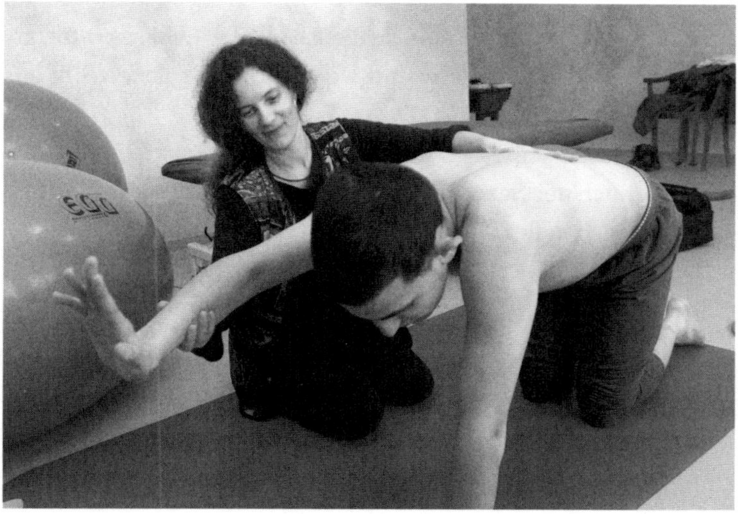

sind ebenfalls Seelenbilder und zwar von solcher Art, dass man sie gewandelt sehr wohl in unsere Zeit übertragen kann. Armut wird zu Offenheit gegenüber dem Geistigen. Keuschheit wird zu sauberer Gedankenführung und Gehorsam wandelt sich in die Übereinstimmung mit dem eigenen Schicksalsauftrag.

Rudolf Steiner gibt 1918 drei ganz neue solcher Seelenbilder bekannt. Die Engel schenken sie den schlafenden Menschen. Es sind sinngemäß:

– Die eigene Freiheit mit innerer Gewissheit erleben.
  Der Freiheit sicher sein.
– Achtung empfinden vor jedem Menschen.
– Das Leid anderer wie eigenes Leid empfinden.

Diese Seelenbilder leben im Menschen und er neigt dazu, sie als eigene Errungenschaft anzuschauen. Sie sind aber Geschenke hoher Wesen. Sie tauchen auf als Seelengeschehen, aber sie werden nicht zum echten Gewinn, wenn der Bild-Empfindende sie nicht bewusst erfassen lernt. Wenn sie ganz im Unbewussten verbleiben, dann sinken sie – in die Ebene der Lebenskräfte, sie werden dort aber böse. Erwähnt werden Bilder solchen Sinkens ins Unbewusste:

- Grausamkeit
- Missbrauch der Sexualität
- Durchbrechen der Geheimnisse von Geburt und Tod
- Instinktives Beherrschen von Rhythmen, die in der Technik wirken
- Maßstäbe verwirren sich: Schlechtes wird gut genannt, Hässliches wird schön empfunden.

Solche Hinweise erreichen mehrere Ebenen des Verstehens. Man sieht einmal die konkrete Angabe und findet sie an manchen Orten bestätigt. Der Hinweis spricht zugleich Gesetze an:

- Bilder der Seele können sinken, schwach werden, können sogar ins Böse umkehren.

Wir ergänzen:

- Bilder der Hüllen können auch gehoben werden, verwandelt ins Helle.
- Das Böse in unserer Zeit kann – zum Teil – erklärt werden durch das Sinken der hellen Seelenbilder. Es kann auch durch Enttäuschung entstehen, Enttäuschung über das Helle das nicht auf der hohen Ebene gehalten werden konnte.

Folgende Fragen schließen wir an: Kann man die eigenen Seelenbilder als solche erkennen? Hat man genug Abstand zu sich selbst, um sie zuverlässig wahrzunehmen? Oder ist das eine soziale Aufgabe, die einer für den anderen leisten muss? – Können wir Menschen helfen, die ins Böse gefallen sind, indem wir ihnen den Ursprung ihres Weges im hellen Seelenbild bewusst machen? Kann das Bewusstwerden geweckt werden, indem man ihre Hilfsbereitschaft Schwachen gegenüber anspricht?

Kinder und junge Menschen leben mit den erwähnten Seelenbildern. Die Älteren sollten dies erkennen, sollten die Seelenbilder-Sprache wahrnehmen. Dies fördert die Begegnung mit Jungen sehr. Gibt es schon weitere Seelenbilder, die seit 1918 neu hinzugetreten sind? Wir beobachten, dass unter jungen Menschen zwei innere Bilder leben, die entgegengesetzt wirken und doch einen Ausgleich suchen:

- Man erlebt das eigene Selbst besonders intensiv.
- Daneben gibt es ein starkes Streben nach Menschengemeinschaft.

Weitere neue Seelenbilder erleben wir in folgenden Gebieten:

- Die Kunst hat ihren Schutzherrn gewechselt. Früher war Luzifer der Helfer, heute ist es Ahriman.
- Seit mehr als vierzig Jahren gibt es eine Friedensforschung und Menschen, die sich aktiv für den Frieden einsetzen.

Die Ersteren erforschen mit moralischer Phantasie und Technik die Gesetze des Friedens unter Menschen. Sie erarbeiten Vorgehensweisen, die Verknotungen unter Menschen als solche erkennen lassen. Sie erdenken Friedenswege, die als eigene Richtigkeit aufscheinen. Wie ein Maler ein Gemälde aufbaut nach Ordnungen innerhalb der Farben und Flächen, so schaffen sie Frieden als neu entstehendes Ereignis.

Die Letzteren reisen in Kriegsgebiete und sprechen mit Menschen auf der Straße. Sie sprechen so, dass Erkennen einsetzt, ein Erkennen der Streit-Situation im Einzelnen selbst. Sie führen Gegner zusammen und erreichen, dass im Kleinen die Erkenntnis einsetzt: Der Krieg beginnt in mir und er sollte in mir erlöst werden.

Beide Bemühungen haben die Herzen vieler Menschen erreicht, auch derer, die äußerlich in scheinbar friedlichen Umständen leben. Das sind vor allem junge Menschen, die ein Herz haben für dieses Seelenbild.

Das Friedens-Denken hat auch unseren Beruf erreicht. Früher war das noch nicht der Fall, heute lebt es unter den Menschen. Wir meinen zu beobachten, dass das von jungen Mitarbeitern ausging.

Die innere Einstellung zur Moral hat sich gewandelt. Früher lebte sie von der Mahnung: *Du sollst!* Die Gebote, die Gesetze brauchen diese Sprache. *Du sollst* ist eine Seelengeste und eben dies wird heute abgelehnt, vor allem von jungen Menschen.

Ältere vermerken, die Jugend habe keine Moral mehr. Stimmt das? Wir beobachten, dass die Moral sich verlagert hat, hinweg vom Seelenfeld in das des Lebens. Es geht um Stimmung, Gesinnung, die im Feld des Lebens zu Hause ist. Es geht um das So-Sein. Der junge Mensch ist tief betroffen, wenn ihm gesagt wird, er habe jemanden übersehen, ihm gar unrecht getan.

Dieselben jungen Leute verurteilen den Verbrecher nicht. Sie möchten mit ihm ins Gespräch kommen, wollen ihn verstehen.

Wir halten es für möglich, in der Entwicklung eine Verlagerung zu sehen, von der herkömmlichen Seelenmoral in eine des Äthergebiets. Eine solche Entwicklung kann aber nur über Hilfen aus der geistigen Welt entstehen.

Wir sprachen von der Seele und ihren Möglichkeiten. Wir beobachten neue Seelenbilder und erfahren auf diesem Wege, dass es immer schon Seelenbilder gab.

Kleine Kinder haben ein starkes Gerechtigkeitsgefühl. Das lebt unabhängig von Hinweis und Unterrichtung durch Eltern und Lehrer. Nahe bei diesem Bild lebt das der Kameradschaft. Und es ist die Ehrlichkeit oder das Aufrechtstehen, das ein weiteres solches Bild ist. Die Menschen eines Orts verstehen sich, verständigen sich durch solche Seelenbilder. Und wenn zwei Menschen einander nahekommen, dann lernt einer am anderen dessen innere Bilder kennen. So erfährt einer Wichtiges vom anderen.

Wir leben in einer Seelenkultur, die der Entwicklung der Menschheit unendlich Schönes und Reiches geschenkt hat. Zu der hellen Seite dieser Errungenschaft gibt es mehrere dunkle Seiten. Sie drängen sich vor und verstellen den Blick auf das Gute. Wir wollen beide beachten.

Rudolf Steiner nennt eine solche dunkle Seite der Seele. Er spricht davon, dass eine schwer besiegbare Eitelkeit den Weg des Geistesschülers blockieren kann. Entsprechendes findet sich im *Heilpädagogischen Kurs*. Weshalb sagt er es den Heilpädagogen? Sind sie besonders anfällig für diese ungute Eigenschaft? Oder wirkt Eitelkeit besonders belastend für Menschen des Berufs? Wir hören die Mahnung und fragen, ob auch wir selber Anlass geben zu dem Hinweis?

Es gibt viele Seelenschichten, von ganz hellen bis zu dunklen hinunter. Es geschieht leicht, dass eine Seelenebene nicht gehalten wird und man unversehens in einer tiefen ankommt. Das Sinken der Seelenbilder; im angesprochenen Vortrag Rudolf Steiners «Was tut der Engel in unserem Astralleib?» wird davon gesprochen. Das Sinken entsteht durch nachlassendes Bewusstsein in den jeweiligen Hüllen-Situationen. Die Gewohnheit, die Routine und auch andere Seeleneigenschaften lassen grau werden, was eigentlich hell leuchten sollte. Das geschieht in mehreren Wesensgliedern. Der Ätherleib und vor allem die Seelengeschehnisse unterliegen so leicht dem Sinken. Die Selbsterziehung hebt die Wesensglieder.

Die Tugenden des Seelenbereichs sind uns wohl bekannt. Die Erziehung des heutigen Menschen ist bestimmt durch die Seelenkultur der Vergangenheit. Wir schauen von den bekannten Seelentugenden weiter zu solchen, die heilend auf das Kind wirken im Sinne des pädagogischen Gesetzes.

Die Überwindung von Sympathie und Antipathie, insofern sie die Seele bestimmen, wurde genannt. Das zu Überwindende dieses Ortes sind die Gegensätze des Luziferischen und des Ahrimanischen. Das Überwindende Element ist das Ich des Menschen.

Die Meditationen des *Heilpädagogischen Kurses* gehören auch an diesen Ort, weil sie vom Ich aus in die Seele einstrahlen und von dort in das Lebensgefüge des Menschen.

Nennen wir dieses Offensein der Seele für Ich-Wandel eine Tugend des Erziehers. Fügen wir zu dieser Offenheit eine weitere hinzu: Die zum Mitmenschen als freiem Wesen. – Eitelkeit verschließt die Offenheit. Bescheidenheit öffnet die Tür.

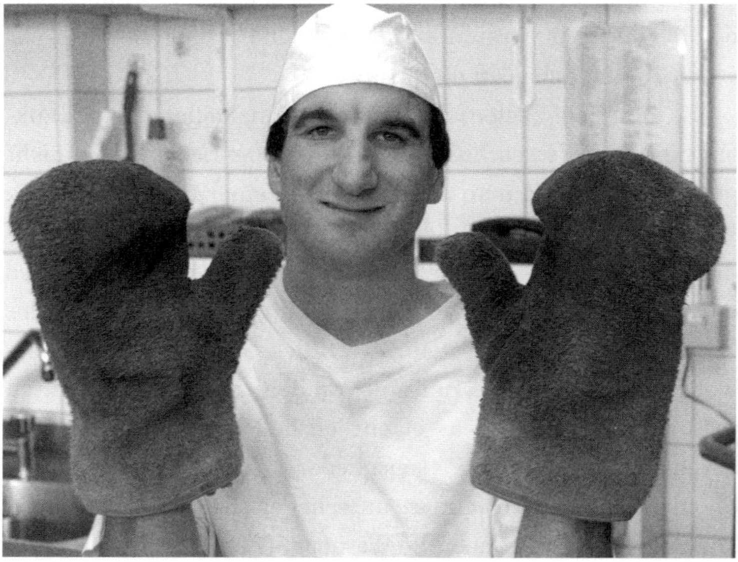

Das Ich ist die Wesensmitte

Mit diesem Gedanken befinden wir uns bereits in der nächst höheren Hülle, dem Ich oder der Wesensmitte des Menschen.

Das Ich ist der große Verwandler. Die Juden haben das Phänomen in eine sichtbare Form gebracht. Eines der heiligen Geräte im Tempel ist die Menorah, der siebengliedrige Kerzenleuchter.

Er ist so gestaltet, dass der erste und der letzte Kerzenhalter in einem schönen Bogen verbunden sind, ebenso der zweite und sechste und dann wieder der dritte und fünfte. Nur der mittlere steht allein und ragt ein wenig über die anderen hinaus. Dies ist den Wesensgliedern abgelauscht. Die drei auf der linken Seite stehenden Arme können so empfunden werden, dass sie den unteren Wesensgliedern entsprechen, dem physischen Leib, dem Lebensleib und der Seele. In der Mitte steht das Ich und auf der rechten schließen sich an das Geistselbst, der Lebensgeist und der Geistesmensch. Sie bilden Paare, von denen der linke Halter – oder das Wesensglied – zu einem auf der rechten Seite wird. Das heißt, dass die Seele verwandelt wird in das Geistselbst, der Ätherleib in den Lebensgeist und der physische Körper in den Geistesmenschen. Das Ich ist der Mittelpunkt, der die Wandlung herbeiführt.

So geschieht es in der Selbsterziehung des Geistesschülers. Die Juden wussten davon und bildeten den Leuchter entsprechend der Weisheitslehre.

Jeder strebende Mensch pflegt Selbsterziehung. Die Inhalte solcher Erziehung sind zum großen Teile solche der eigenen Seele, die man nicht belässt wie sie sich darbieten. Man erzieht sie aus einer niedrigen Ebene in eine höhere. Das Ich ist der Anstoß dazu und das Wesen, das den Weg führt. Das Ziel der

Entwicklung ist die allmähliche Ausbildung des Geistselbst, das langsam aus Anfängen zu einem immer vollständigeren Wesen wird.

Dasselbe geschieht auch schon in kleinen Schritten im Feld des Lebensleibes. Wer lernt, seine Gewohnheiten bewusst zu verwandeln, und wer es unternimmt, das eigene Temperament aus der Einseitigkeit zu führen, arbeitet am Lebensleib. Erfahrene Waldorflehrer zeigen in ihrem Habitus solche Erscheinungen.

Der physische Leib wird auch einmal umgewandelt werden, aber das ist noch in tiefe Geheimnisse gehüllt.

Die Selbsterziehung ist auf der einen Seite Sache des Menschen. Auf einer anderen werden aber solche Bemühungen von Geistwesen begleitet. Wer ein wenig auf den Schlaf achtet, wer beobachtet, wie das Aufwachen geschieht nach den am Abend vorausgegangenen Studien-Bemühungen, der bemerkt, dass diese Vorgänge im Schlaf weitergehen. Der Strebende ist nicht allein auf dem Weg. Hohe Wesen begleiten ihn, nehmen Anteil, wirken mit ihm.

Wie immer auf den Wegen der Menschen stellen sich Gegenbilder ein zu einem solchen Geschehen. Deren Zahl und Aussehen ist riesig groß und dem Strebenden wohl bekannt.

Auch sie begleiten ihn, stellen sich ein, sprechen eine eigene Sprache, führen den Menschen die ihnen eigenen Wege. Man erkennt sie daran, dass sie sich wie von selbst einstellen, dass sie scheinbar recht haben mit ihren Gedanken und Bildern, aber den Menschen nicht frei lassen. Wer ihnen folgt, gerät in Denkwege, die hinwegführen von der Mitte des Selbstseins. Sie saugen, sie lassen ins Dunkle gleiten, das sich wie von selbst einstellt.

Rudolf Steiner erwähnt im Rahmen unserer Fragen immer wiederholend, dass der Geistesschüler lernen müsse, sich selbst bewusst zu führen. Dabei wird er erfahren, dass er bestimmte

Seelenbilder in dem eigenen Seelenraum wecken und pflegen muss. Andere lernt er abzuweisen. Zu den selbst gewählten, hellen Bildern gehören:

- Bescheidenheit,
- Ehrfurcht gegenüber allem geistig Hohen,
- Ehrlichkeit gegenüber sich selber und den Motiven, die die Seele beherrschen.

Die Meditationshinweise im *Heilpädagogischen Kurs* sprechen diese Sprache.

Das Ich ist in sich selbst nicht leicht zu fassen. Der ungeschulte Zeitgenosse – gefragt nach der eigenen Freiheit und dem Wesen seines Ich – nennt fast immer Wünsche und Hoffnungen, er findet seine Freiheit eingeschränkt, wenn ein Wunsch nicht erfüllt wird. Er möchte tun dürfen, was er möchte. Sobald dies möglich wird, empfindet er sich im Einklang mit seinem Ich. Wer das denkt, bemerkt nicht, dass er keineswegs Freiheit erfährt auf dem Wege und er auch nicht im Feld des wahren Ich angekommen ist. Wer seinen Wünschen folgt, ist von diesen veranlasst und deshalb nicht frei. Nur wer sich Ziele setzt, die nicht durch etwas anderes als reine und selbstlose Ich-Qualität gebildet werden, kann Freiheit erleben und damit das reine Ich.

Das andere – das Wunsch-Ich – lebt nicht in der Wesensmitte des Menschen. Es gehört der Seele an und nicht einmal einer hohen Ebene dieses Wesensglieds. Bei diesen Gedanken stellt sich sogleich die Frage nach dem Wunschgebieter hinzu. Es ist Luzifer, der dieses Feld beherrscht und der seine Schüler führt.

Wenn man versucht, das Wesen des inneren Wandels aus sich selbst heraus zu erfassen, kommt man ihm nahe. Damit lebt man in dem angefragten Wesen. Ein anderes Beispiel nähert uns der Frage an:

Man nimmt sich vor, einen wichtigen Brief zu schreiben. Der Empfänger des Briefs soll erfahren, was im Inneren des Absenders lebt. Man ist allein mit der Aufgabe. Es fällt schwer, die richtigen Worte zu finden. Man schreibt ins Unreine, schreibt und verwirft den Entwurf.

Endlich setzt sich die Einsicht durch: Ich kann es nicht besser und man gibt den Brief zur Post. Sobald er im Kasten verschwunden ist, stellen sich Zweifel ein. Habe ich den Gedanken in angemessene Worte gefasst? Kann man verstehen, was ich sagen will? Am liebsten möchte man den Brief ganz neu schreiben.

Nun betrachten wir nicht die Zweifel, so berechtigt sie sein mögen. Wir betrachten den Schreibenden, der sich um die Worte bemüht. Er findet sie nicht gut genug. Wer das empfindet, soll nun den Blick wenden auf den Menschen, der einerseits unvollkommene Worte findet, andererseits aber bemerkt, dass sie nicht angemessen sind. Wer die Diskrepanz empfinden kann, spürt auf der einen Seite das Unvollkommene, auf der anderen hat er ein deutliches Empfinden von einem hohen Ziel, das eigentlich in den Worten erscheinen müsste. Das Bewusstsein dieses Hohen ist das höhere Ich, das eigentliche Ich.

Stellen wir eine Frage zu diesem Gedanken: Wir sind sicher, dass wir ein hohes Ich haben als innersten Teil unseres Seins. Ist dieses Wesen weiblich oder männlich? Wer eine Antwort weiß: Woher wissen Sie diese? Welche Instanz in Ihnen ist sich dessen gewiss? Falls Sie sicher sind: Sie haben soeben leibfrei gedacht, denn diesen Gedanken kann man mit dem Leib-Denken nicht erfassen.

Betrachten wir eine weitere Frage, die an die eben gestellte anschließt. Wir sind unseres Ich-Wesens gewiss. Wir haben aber auch einen Eindruck davon, was ein Engel ist, wie seine Ausstrahlung, sein Wirken empfunden werden können. Können wir unterscheiden zwischen dem eigenen höheren Ich und dem Engel? Können wir die beiden Wesen differenzieren? Falls die Unterscheidung schwierig ist: Was sagt uns das?

Ein anderes Beispiel kann genannt werden. Ein Mensch stellt sich eine Erdenaufgabe und geht darauf zu. Er empfindet sie stark in der Seele. Sie erfüllt sein Denken. Er spricht davon zu den Freunden. Er nennt dies seinen Beruf.

Nach langer Zeit hat er so viel an Fachkenntnis gewonnen, dass er aus dieser heraus an die Tätigkeit herangeht. Er bemerkt – meist ein wenig spät, dass sein Tun zur Routine geworden ist. Plötzlich steht ein Phänomen vor ihm, das ihn so ans Herz greift, dass Routine und alles bisher Erarbeitete unscheinbar werden. Er lernt, mit neuem Blick zu schauen, arbeitet sehr sorgfältig und nun gehen die Aufgaben ihm direkt ans ganze Wesen. Er lernt auf neuen Wegen. Diese Erscheinung nennt man mit einem griechischen Wort Empathie.

In der Empathie spricht sich das hohe Ich im Menschen aus, die jedoch die Seele umfasst und sie auf eine hohe Stufe hebt. Unseres Wissens hat Baruch Urieli zuerst darauf aufmerksam gemacht.

Die Wesensmitte des Menschen ist es, die Beziehungen aufbauen kann zu anderen Menschen. Jeder lebt mit und durch Beziehungen zu anderen. Man wird Mensch in den gegebenen Beziehungen zu Mutter und Vater; später kommen Lehrer und Freunde hinzu. Aber erst mit dem Erreichen des Erwachsenseins kann man aus selbst bestimmter Wahl eine Beziehung aufbauen zu einem Menschen. Man wählt den Menschen und man gestaltet zusammen mit ihm die Beziehung, die man haben möchte.

Die ersteren Beziehungen lassen nicht frei. Die folgenden werden ausschließlich aus Freiheit gewählt und gestaltet. Diese Freiheit schenkt einer der Partner dem anderen.

Tugenden des Ich sind:
- Bereitschaft und Kraft zum inneren Wandel, Uneigennutz, Verzicht,
- bejahen des Schicksals, auch wenn es schwer ist,
- Beziehungen zu anderen Menschen herstellen,
- sich öffnen zum anderen Menschen hin,
- die Worte der Bibel führen aus sich heraus zum Wesen der Mitte,
- man versteht Geisteswissenschaft nur dann richtig, wenn man sie in dieser Ebene anschaut.

Das Geistselbst

Rudolf Steiner zeigt uns den Beginn des Geistselbst. Immer dann, wenn wir das Gefühl des eigenen Ungenügens haben, öffnet sich die Seele zum Geistselbst hin. Er sagte dem Sinne nach: Dieses Gefühl ist der Keim des Geistselbst.

Er spricht davon im Rahmen des bereits erwähnten pädagogischen Gesetzes.[16] Er sagt den Zuhörern sinngemäß, dass sie wenn Sie nun zu der Frage kommen, wie das Geistsselbst des Erziehers auf das Ich des Kindes wirkt, erschrecken werden, da sie sich sagen, das habe ich noch nicht entwickelt. Das Gefühl des Ungenügens (das wir Heutigen sehr gut kennen) ist der Keim des Geistselbst. Wer den Gedanken verinnerlicht, erlebt beträchtlichen Trost.

Das Geistsselbst wurde mehrfach angesprochen und in den Blick gerückt. Es ist der Ort vollen Bewusstseins. Es vereinigt in sich all das, was der Mensch an innerer Verwandlung erfahren durfte. Die Empathie zu einer selbst gestellten Aufgabe führt dorthin. Aber auch die schlichte Selbsterziehung, die doch jeden Menschen begleitet, stellt sich hinzu. Inneres Gleichgewicht wird erfahren. Das ist eine Situation des Geistselbst. Tugenden des Geistselbst.

Mit der Erfahrung des eigenen Ungenügens leben zu lernen, ohne das innere Gleichgewicht zu verlieren. Sich selbst und Situationen des Lebens wie von außen beobachtend anschauen lernen. Bittere Lebenserfahrungen so anschauen, dass man erfährt, wie viel man am eigenen Selbst durch sie gewonnen hat. Dabei sind auch die Menschen einzubeziehen, die bittere Erfahrungen vermittelt haben. Überhaupt ist es gut, das eigene Werden im Leben daraufhin zu betrachten, was man anderen Menschen verdankt.

Der beginnende Lebensgeist

Auch Lebensgeistigkeit beginnt im Verlauf des Erdenlebens aufzuscheinen. Das Leben selbst belehrt uns, dass wir weder im angeborenen Temperament, noch im gegebenen Charakter bleiben können, dass wir uns um Ausgleich bemühen werden. Ältere Waldorflehrer zeigen in ihrem Wesen und Auftreten eine Signatur dieses Vorgangs. Sie haben ein Berufsleben lang daran gearbeitet, einen Ausgleich herbeizuführen zu dem Temperament der Kinder. Sie erziehen sich selbst zur Beweglichkeit im Temperament. Tugenden des Lebensgeistes sind:

- sich selbst ins Gleichgewicht der Lebenskräfte stellen,
- Leichte ins innere Licht tragen,
- das Werden als eigenes Wesen erfahren,
- Andacht leben – Frömmigkeit leben,
- den Anhauch Christi suchen. Schuld anderer mittragen (Johannes, 19, 21).

All das erscheint manchem Zeitgenossen als sehr schwierig. Er kann verzagen ob der Fülle der Anforderungen. Wer das empfindet, ist bereits ein Stück weit auf dem Wege der Schulung. Wer das nicht ist, wird gar nicht berührt. Auf der anderen Seite übersieht er etwas ganz Wichtiges: Die Sache klingt – von außen angeschaut – ziemlich schwierig. Von innen gesehen ist es anders. Von dort angeschaut, ist man längst auf dem Wege und zwar schon ein ganzes Stück weit. Man spricht mit sich selbst und bemerkt Ungenaues und Mangel. Daran arbeitet man. Das geschieht unauffällig. Es gehört aber schon zur Selbsterziehung.

Etwas Weiteres tritt hinzu. Das Leben erzieht und die Mitmenschen erziehen einen jeden. Man kann das freilich abweisen, weil man Fehler nicht sehen mag. Wer aber eigene Fehler für möglich hält, ist schon ein Stück weiter gekommen in der Richtung.

Wir gingen aus vom pädagogischen Gesetz, von den Wirkungen der Wesensglieder von einem Menschen zum anderen. Wenn Erwachsene einander beeindrucken, sieht es anders aus, als wenn der Lehrer auf das Kind einwirkt.

Noch anders und von besonders hoher, eindrücklicher Art ist die Wirkung der Mutter, des Vaters auf das kleine Kind. Beim ganz Kleinen spielen Bewegung – Sprache und Denken der Eltern eine große Rolle. Sie wirken direkt hinein in die Leibesgestaltung, an der das Kleine baut. Die Ichführung der Eltern ist gemeint, aus der die Seelenart und die Lebensgestaltung entspringen. Dazu gibt es eine eigene Betrachtung.

Beim Schulkind wirkt die jeweils höhere Wesensstufe des Erwachsenen auf die entsprechend niedrigere des Kindes. Wenn Erwachsene aufeinander einwirken, bleiben die Ströme beweglich. Man kann – Smalltalk ist ein Beispiel – in anspruchslosen

Seelenschichten bleiben. Man kann, bei ernstem Gespräch, an höheren Schichten arbeiten. Man kann aber einander so beeindrucken, dass sehr hohe Wesensglieder ins Sprechen und Vernehmen kommen. Es kann geschehen, dass eine Begegnung sowohl im Sprechenden wie im Lauschenden neue Ebenen erreicht. Denn das Zuhören kann so aktiv sein, dass der Sprechende in neue, bisher unbekannte Erkennensfelder vordringt.

Seelenbewegungen unter Menschen sind leicht zu entdecken. Auch Verwandlungen von der Seele in das höhere Gebiet des Geistselbst können bemerkt werden. Nur die Erfahrungen im Bereich der Lebenskraft sind noch weitgehend unbekannt. Aber auch hier kann man Bewegungen ausmachen. Der eine vermag es durch seine besondere Art, dem anderen eine Gewohnheit nahezubringen, die ihn ein Stück weiterführt. Die Hausverantwortlichen in unseren Lebensgemeinschaften haben ein Gespür dafür, wie eine Ordnung der Lebenskräfte, des Beziehungswesens in der Familie auf den Einzelnen wirkt. Eine Familie oder eine Menschengemeinschaft erwerben auch eine Lebensgestaltung, eine Seelenhülle und eigene Wesensart.

Das alles führt zu der wesentlichen Frage, wie man sich darauf einstellen kann, einem Kind und auch einem anderen Menschen heilsam zu begegnen. Kann man sich selbst so führen, dass in den verschiedenen Wesensgliedern helfende Kräfte verfügbar werden? Die hier angegebenen Gedanken sind ein Versuch in diese Richtung. Wenn andere Menschen sich mit der Frage befassen, werden bestimmt auch andere Gedanken hinzutreten. Deshalb dürfen die hier versuchten Wege nur als Beispiele angesehen werden, als Beispiele, die nur dann hell wirken, wenn sie vom Anteilnehmenden in die eigene Mitte geführt werden.

Für den physischen Leib ist es hilfreich, wenn man den kosmischen Ursprung des menschlichen Körpers denken kann.

Zugleich kann von dem Denken etwas Einhüllendes ausgehen, das im Zusammenleben mit anderen besonders wohltuend ist. Wer mit anderen zusammenlebt und alle zu einer Familie verbinden möchte, muss Hülle schaffen können. Diese erreicht, vom Seelenfeld ausgehend den Bereich des Lebens und seiner Gestaltungen und von dort aus auch das Körperliche des Zusammenseins. Dann fühlen sich alle geborgen.

Hier müssen wir ergänzen: Die meisten Eigenschaften, von denen gesprochen wird, entstehen im Ich des Menschen, sie werden rund und ausgestaltet im Seelenbereich. Sie strahlen aber häufig aus bis ins Lebensgefüge und können sogar bis ins Physische hineinwirken.

Die Pflege des Ätherischen erfolgt durch gute Rhythmen, gute Gewohnheiten und gute Lebensordnungen. Auch die Pflege des Schlafs ist wesentlich. Die Andacht als Tugend wirkt heilend im Ätherischen. Für kleine Kinder gilt, dass Eltern, die solche Kräfte pflegen, die Buben und Mädchen bis in den Körper hinein aufbauend begleiten.

Das Leichte-Erleben, das alles Ätherische auszeichnet, wird zu innerer Heiterkeit. Das Prozesshafte, das ebenso das Wesen des Ätherischen ausmacht, wird zu zukunftsoffenem Verhalten.

Die Pflege alles Seelischen geschieht im Zusammenleben, aber auch in der Pflege des Seelenraumes im gemeinsamen und im individuellen Leben. Die Bilder der Bibel pflegen die Seele, die Zuwendung zum Mitmenschen und das Begleiten der Ereignisse des Lebens durch kräftige und differenzierte Empfindungen ebenfalls. Es wurde mehrfach von Seelenbildern gesprochen, die die Seele reich machen. Vermitteln wir vielfältige, an Farben reiche Seelenbilder im Zusammenleben.

Dazu gehört die Freude an allem Erleben und am Dasein überhaupt. Im Einzelnen darf man ausbauend sagen: Gutes, gepflegtes Denken wirkt in der Seele, reiches Empfinden wurde genannt. Gut geführter Wille schließt den Kreis der drei Seelenkräfte.

Das Ich wendet sich in die Welt und erfasst sie mit Intensität. Das Ich wirkt gestaltend und schaffend als Impulsgeber in die Umgebung.

Tugenden der Ich-Ebene sind vor allem das Sich-Wandeln, dann der Verzicht und das Verzeihen. Die beiden letzten gehören vom Wort her nahe zusammen. Im Inhalt sind sie unterschieden. In beiden wirkt aber das Ich so stark, dass sie als Ich-Zeugnisse gelten können.

Das Ich nimmt das eigentliche Wesen des anderen Menschen wahr und im selben Vorgang erfährt es das eigene Ich, das wir auch die Wesensmitte genannt haben. So arbeitet der Ich-Sinn des Menschen.

Es gibt das Seelen-Ich und das hohe Ich. Wer an sich arbeitet, pendelt von einem zum anderen, aber mit dem Blick in das Helle hinein. Dabei wird er sich mehr und mehr bewusst, an welchem Ort er sich befindet. Selbsterziehung erschöpft sich nicht im Erkennen eigener Fehler, schon gar nicht im Selbst-Tadel. Ein entscheidender Anteil dazu ist das Erkennen der jeweiligen Situation. Tadel ist Urteil. Situationsbewusstsein entsteht erst durch Verzicht auf jedes Urteilen.

In der Ebene des Geistselbst muss man lernen, sich selber und seine Erlebnisse von außen anzuschauen und die Wirkung dessen, was man unternimmt, vorher zu betrachten und dem entsprechend einzurichten. Man lernt, die Natur und andere Menschen als wichtig anzuschauen und das so weit, dass sie zum Innenerlebnis werden. Das Eigensein dagegen wird zum Außenerleben.

Hier gilt wieder, was oben schon gesagt wurde: Aufgezählt wirken die Gedanken fast unüberwindlich schwer. Von innen betrachtet findet man sie überall. Als Beispiel zähle man selbst einmal auf, welche guten Verhaltensweisen dem schaffenden Arbeiter abverlangt werden. Die Liste ist lang und voller erstaunlicher Tugenden. So auch hier! Wir sagen nicht, dass man dies alles üben müsse. Die Aufzählung ist als Orientierung gemeint, die eine Richtung weisen will. Wir sind alle auf dem Wege und tun Schritt um Schritt. Wir gehen auf ein Ziel zu. Es ist immer eine Stufe, um die nächste zu bewältigen.

Das pädagogische Gesetz und seine Umkehrung

Im *Heilpädagogischen Kurs* spricht Rudolf Steiner davon, wie die Wesensglieder des einen Menschen auf einen anderen wirken. Sie beeindrucken sich direkt, nicht auf einem Umweg. Im Feld der Pädagogik gibt es jedoch ein eigenes gesetzliches Geschehen.

Die Seele des Lehrers, der Eltern und der anderen Erzieher wirkt durch die ihr eigene Ausstrahlung auf den Zusammenhang der Lebenskräfte im Kinde. Dasselbe Feld im Erzieher, also die Führung der Lebenskräfte, wirkt auf die Ausgestaltung des physischen Körpers im Kind. Die Ich-Führung des Erwachsenen gestaltet an der keimenden Seele des Kleinen, und nun, so wird weiter gesagt, wird man erschrecken, denn man wird sich sagen: Das Geistselbst des Erziehers ist noch ganz unentwickelt, das kann noch nicht einwirken auf das werdende Ich der jungen Menschen. Immer dann, wenn man sich etwas vornimmt, es dann ausführt und danach den Eindruck hat, das war nicht gut genug, das möchte man noch einmal und dann besser tun; dieses Gefühl des Ungenügens, das ist der Beginn, der Keim des Geistselbst. Mit diesem wirkt man auf das Ich des

Kindes. Durch diesen Hinweis wird mancher getröstet, der die eigene Schwäche gut kennt.

Dieses Geschehen nennt Rudolf Steiner das pädagogische Gesetz. Es besagt, dass das jeweils höhere Wesensglied des Erziehers auf das niedrigere des Kindes einwirkt. Es wirkt immer, im Guten wie im Schlechten.

Es liegt nahe, in dem Vorgang das Phänomen der Autorität begründet zu finden. Man sieht es aber vor Augen, dass beim Erlebnis der Autorität das Kind ebenso aktiv ist wie der Lehrer.

Man beobachtet, wie die Haltung des Erziehers sich einstellt auf das Kind, wie Gesichtsausdruck, Mienenspiel und vor allem die Sprache sich dem Kinde annähern, sich anpassen und doch führen. Der Lehrer leistet einen ganz aktiven Teil an dem Vorgang. Aber das Kind ist genauso – oder noch mehr tätig. Das Kind führt herbei, was man Autorität nennt – nur einen Teil gibt der Lehrer hinzu.

Rudolf Steiner erwähnt fast nebenbei, dass der Lehrer und seine Wesensglieder immer auf das Kleine einwirken, auch dann, wenn es ihm nicht bewusst ist. Es kommt darauf an, dass der Ältere sich selbst so führt, dass die von ihm ausgehende Wesenswirkung gut ist, heilsam und weiterführend. Ein guter Lehrer kann dem Kind so viel an Lebensbildern und an Werten vermitteln, dass es für das ganze kommende Leben davon zehren kann.

Er gibt ein kleines Beispiel als Hinweis für solches Selbsterziehen. Rudolf Steiner rät, der pädagogisch Wirkende solle in sich selbst Sympathie und Antipathie überwinden. Damit ist nicht gemeint, die beiden Seelenkräfte nicht mehr zu haben, sie in der Entwicklung hinter sich zu lassen. Es ist gemeint, man solle nicht sich führen lassen von den beiden Seelenkräften, sondern der Mensch solle selber diese gestalten und lenken. Damit erreicht er ein inneres Gleichgewicht zwischen den beiden Polen.

Wir sind bei der Frage, wie der innerlich freie Mensch sich hineinstellt in die gegensätzlichen Wirkungen von Luzifer und Ahriman.

Kann man – eine Sympathie zu jemandem nicht mehr hinnehmend, sondern frei anschauend – auf derselben Seelenebene bleiben, auf der man die Sympathie zunächst erlebte? Dieselbe Frage stellt sich auch, wenn man spontan Antipathie erlebt. Allerdings ist diese leichter zu führen als die der Sympathie. Unser Eindruck ist, dass das nicht gelingen kann. Wer Sympathie und Antipathie ins Gleichgewicht bringen möchte, dabei aber das Interesse am Kind nicht mindert, sondern noch steigert, der lernt es, sich selber zuzuschauen und zu lenken. Dies ist eine Ich-Tätigkeit, die als solche bereits einen Wandel hervorruft. Man muss das Erleben um eine Stufe heben, um dorthin zu gelangen. Diese nächste Stufe ist bereits das Geistselbst.

In jeder Schulklasse gibt es einige Kinder, die der Lehrer gerne hat, manchmal auch besonders sympathisch findet. Es gibt aber auch das eine oder andere Kind, das ihm wenig lieb ist. Er hat es schwer, ihm gerecht zu werden. Das Letztere ist dem Lehrer ein Ansporn dazu, sich selbst an die Hand zu nehmen. Er begegnet diesem Kind aufmerksam und bemüht sich sehr, freundlich mit ihm umzugehen. Das Entsprechende fällt beim netten Kind leichter, denn Freundlichkeit stellt sich sofort ein. Aber gerade solche spontane Nettigkeit ist pädagogisch eine zweifelhafte Gabe. Man verliert Objektivität und damit Glaubwürdigkeit. Kinder spüren das sehr genau.

Im Schulalltag kommt es immer wieder vor, dass der Lehrer vor einer Frage steht, die eine pädagogische Handlung verlangt. Das ist der Augenblick, in dem die rasche Freundlichkeit nicht passt, wo sachliche Kompetenz nötig ist. Freundlichkeit lebt im Seelenraum. Kompetenz entsteht im Mittewesen des Menschen. Wenn nun beide zusammen wirken sollen: Die Freundlichkeit des Lehrers nimmt das Kind an und führt es vertraute Wege. Kompetenz, also pädagogische Sicherheit, gewinnt der Erzieher aber nur, wenn er das Gebiet der Seele loslässt und verwandelt. Damit sind wir wieder bei dem Phänomen des Wandels angelangt, einem Vorgang, der unmittelbar dem Ich angehört.

Das innerste Wesen des Menschen, das er mit dem Wort «Ich» bezeichnet, ist der Ort des Wandels. Die Gabe des Seelischen – wir nannten Freundlichkeit als Beispiel – wird verwandelt in etwas, was mit Interesse am anderen Menschen bezeichnet werden kann. Solches Interesse erfasst den Schüler in seinem inneren Wesensort. Schüler im Reifealter warten darauf, dass sie in solcher Weise angeschaut werden. Wer Sympathie und Antipathie in sich selbst zum Gleichgewicht führen will, bleibt nicht stehen im Seelenraum. Er begibt sich in den höheren des Geistselbst.

Diese Beobachtung gibt den entscheidenden Aufschluss über das Zusammenwirken der Wesensglieder. Eine heilsame Bewegung des Eigenwesens führt unmittelbar zu dem Vorgang, den wir betrachteten: Wesensglieder wirken aufeinander. Sie werden pädagogisch hilfreich, wenn der Erzieher das eigene Seelenwesen pflegt und zugleich bereit ist, Seelisches zu verwandeln in eine hohe Ebene.

Daran schließen sich neue Fragen an. Welcher Art sind helfende Kräfte in den Wesensgliedern des Erwachsenen, von welcher Art sind schädigende Einflüsse? Wie muss man sich selber führen, um ein guter Lehrer zu sein? Wir versuchen, einen Weg zu finden zu einer möglichen Antwort, sind aber ganz sicher, dass es noch andere gibt. In Zukunft werden weitere solcher Wege gefunden werden von tüchtigen jungen Lehrern.

Das pädagogische Gesetz gilt zwischen Erzieher und Kind. Wie sieht es aus zwischen Arzt und Patient? Wie zwischen Priester und einem Mitglied der Gemeinde? Wie wirkt es unter Erwachsenen? Zu dieser Frage gibt es eine erhellende Beobachtung.

Ein Handwerksmeister, ein Schreiner, richtet eine Werkstatt ein. Er bedenkt den Fluss der Arbeit. Das Rohholz gelangt an einer Stelle der Werkstatt in den Maschinenraum, es durchläuft von Stufe zu Stufe die Fertigung. Das ist eine sachliche Überlegung, die dem Handwerk und der geplanten Produktion entspricht. Ganz individuelle Erwägungen kommen hinzu.

Jeder Meister hat eine persönliche Vorliebe, eine eigene Art mit Maschinen und Gerät umzugehen. Das geht so weit, dass Werkstätten von gleicher Produktionsart ganz verschieden eingerichtet sind. Diese persönliche Art nennen wir den Seelenteil, den der Mensch den Dingen aufprägt. Das Schaffen in der Werkstatt und auch das Einrichten der Dinge werden impulsiert vom Ich des betreffenden Menschen.

Wir sehen: Das Ich strahlt Idee und Wille in den Arbeitsraum. Die Seele gibt persönliche Meinung, eigene Art und Gefühl hinein. Die Anordnung im Raum und in der Zeit kommt aus der Lebenskraft und deren Formwillen. Sie bewirkt die Äthergestalt. Schließlich erreicht die physische Welt in den Maschinen, Werkbänken und den Werkzeugen das Geschehen. Maschinen werden angeordnet, Werkbank und Werkzeug folgen.

Das gilt auch für den Landwirt, die Hausfrau, den Arzt und den Lehrer. Auch diese gehen um mit Dingen der Erde. Der Lehrer unterrichtet in einem Raum. Die Farbe der Wände ist wichtig. Die Anordnung der Sitze und Tische auch. Es gibt Blumen am Fenster, es gibt Bilder an den Wänden. Der Lehrer pflegt den Raum und bezieht die Kinder ein. Das gilt für alle Menschen, die mit Gegenständen der Erde umgehen. Die Wesensglieder des tätigen Menschen wirken von oben nach unten in die Welt und gestalten sie.

Wenn nun ein Neuling das Handwerk erlernen möchte, muss er sich zuerst in den Dingen der unbekannten Werkstatt zurechtfinden. Die innere Ordnung lernt er allmählich kennen. Aber das Lernen von Arbeitsgewohnheiten, die zusammen genommen eine eigene Gestalt annehmen, braucht Zeit. Der Ätherleib ist langsam. Gewöhnlich braucht der ganz Unerfahrene etwa ein Jahr, bis er zu Hause ist in der Ordnung und dem Gebrauch der Geräte.

Nun denken wir uns nach einem Jahr einen weiteren Lehrling, der von der Schule kommt. Er macht Fehler. Das ist unvermeidlich. Jemand tadelt mit Inbrunst. Ist es der Meister – oder ist es der erste Lehrling, der so heftig auftritt? Der Letztere schimpft und kann sich nicht genug tun. Bei dem Tadel kommt deutlich zum Ausdruck, dass er sich seelisch gestört fühlt. Es sind auch seelisch gefärbte Worte, die fallen. Die Seele kann sich überhaupt höchst unfein zum Ausdruck bringen.

Uns interessiert, dass der Neuling nicht den Weg des Meisters einschlägt, um das Handwerk zu lernen. Wir erinnern: Der Meister richtet die Werkstatt – vom Gesichtspunkt seiner Wesensglieder – von oben nach unten ein. Der Lehrling wandert den Weg von unten nach oben. Er nimmt den Lernweg über die Dinge zur Ordnung hin, vom Physischen zum Erfassen des Lebendigen in seiner Ordnung. Von dort wird der Seelenraum erfasst und zugleich gestaltet. Wenn ein Lernender bis zum Seelenwesen im Annehmen des Neuen im Betrieb kommt, beginnt er, den Arbeitsvorgang als Ganzen zu überschauen. Erst jetzt wird er der Arbeitssituation gerecht. Zugleich wird er in sich geformt. Nach einiger Zeit der Mitarbeit sieht man, dass der ehemalige Lehrling bis in das Ich hinein geprägt auftritt. Der Lernweg im Feld der Arbeit geht den umgekehrten Wesensweg.

Er erfasst das zu Lernende von unten nach oben. Das ist die Umkehrung des pädagogischen Gesetzes.

Die Umkehrung geht so weit, dass die Dinge den Tätigen belehren, wie die Äpfel die Goldmarie belehren und das gebackene Brot. Man lernt es, ihrem Wort zu folgen. Man findet die Lebensordnungen und den Bezug zur Seele. Die Märchen wissen manches Geheimnisvolle.

Für den Sozialtherapeuten ist die Erkenntnis entscheidend wichtig, denn er kann einen Kurs einschlagen, der den Lernenden ganz über das Tun mit den Gliedern, vor allem den Händen anspricht. Heute wird fast ausschließlich über den Intellekt unterrichtet. Das ist aber für viele Menschen mit Behinderung nicht möglich. Der andere Weg, der Weg über das Tun der Hände zu unterrichten, weckt dagegen viele neue Möglichkeiten.

Es gibt noch mehr Berührungen von Wesensgliedern. Ein gutes Gespräch geht von einem der Glieder zum parallelen im anderen. Es kommt auch vor, dass der eine im anderen ein Höheres in Bewegung setzt. Das geschieht zuverlässig, wenn ein Weiser einem weniger Erfahrenen ein Wort sagt, dieser aber daraus eine wesentliche Erkenntnis gewinnt. Für den Soziatherapeuten ist dies auch ein wesentliches Feld des Berufsweges.

Ermengarde de la Houssaye aus Holland hat unseres Wissens zuerst aufmerksam gemacht auf den Weg des Alanus in der Praxis des Lernens. Sie entdeckte die Gesetze der sieben freien Künste im Erwerben von Fachlichkeit im Beruf der Krankenpflegerin. Von ihr haben wir diese Gedankenfolge angenommen und ausgebaut.

Die unvollständige Geburt der Wesensglieder

Ein kleines Kind wird zur Erde geboren. Es erfährt in den ersten Jahren Mutter und Vater und den Umraum, den diese gestaltet haben. Man spricht von einer zweiten Embryonalzeit, in der das Kind bis zu den ersten Schritten der Beine, aber auch des Denkens und des Sprechens gelangt. Danach setzt schon die Auseinandersetzung mit anderen Kindern ein.

Zugleich baut das Kind an seinem Körper. Es bildet an ihm durch die Bewegungen, durch das Angeschautwerden durch Erwachsene. Die Sprache der Mutter, des Vaters, spielen dabei eine große Rolle. Das Spiel mit den eigenen Fingern, das Greifen – Halten – Wegwerfen, das ständige Üben der Händchen an Dingen gehören dazu. Erste Sozialerfahrungen werden erobert, werden erlitten. All das wirkt unmittelbar hinein in den Aufbau der Organe, des ganzen Leibes.

Um das siebte Jahr setzt ein bedeutender Wandel ein. Das Grundkonzept der Körperorgane ist geschaffen. Nun werden Teile dieser Kräfte frei und stehen zur Verfügung als Lernkraft.

Das ist eine wesentliche Erkenntnis: Nicht der Lehrer trägt das Lernen an die Kinder heran. Es sind die Kinder selber, die den Wunsch nach dem Lernen zu den Erwachsenen hintragen. Kinder suchen sogar ganz eigene Lernwege auf, wenn nicht genug an Lernmöglichkeit auf sie zukommt.

Zugleich setzt der Umbau des kleinen Körpers ein. Man weiß, dass jederzeit in kleinen Mengen Körpersubstanz abgebaut und neu wieder aufgebaut wird. Der Wiederaufbau geschieht nach eigenem Baukonzept. Der erste Aufbau erhält Kräfte und Konzept durch das Erbangebot der Eltern. Rudolf Steiner nennt diesen Wandel um das siebte Jahr herum auch die Geburt des Ätherleibes.

Eine weitere Geburt geschieht im Reifealter um das vierzehnte Jahr. Bis dahin lebte das Kind im Seelenraum der Familie. Es konnte eigenes Seelenerleben und das der Familie nicht wirklich trennen. Die Unterscheidung geschieht um das vierzehnte Jahr herum. Der junge Mensch erfährt Seelenfragen nun an die eigene Person gestellt. Solche Seelenfragen können leicht zu Seelendramen werden. Dies ist die Geburt des Astraleibes.

Und noch eine Geburt, aber weniger leicht erkennbar, geschieht um das 21. Jahr. Das ist die Geburt des Ich, der Wesensmitte des jungen Menschen.

Hier wurde die Normalsituation in einigen Grundzügen berichtet. Jeder Mensch durchläuft diese Stufen auf individuelle Weise. Es kommt auch vor, dass solche Übergänge nur unvollkommen geleistet werden. Reste bleiben von Stufen, die eigentlich zu überwinden waren.

Hier sind wir im Feld der Sozialtherapie. Die Heilpädagogik hatte zu tun mit einem unvollständigen Übergang vom ersten zum zweiten Jahrsiebt. Der Ätherleib tritt nicht richtig auf. Der Erbleib bleibt bestimmend.

Solche Kinder lösen sich nicht von Mutter und Vater. Sie behalten ein kleinkindhaftes Wesen. Ihre Haut ist oft besonders zart-rosa. Der Gesamt-Eindruck behält etwas Engelhaftes.

Es ist besonders wichtig, solchen Kindern das eigene Lernen bewusst zu machen. Nicht nur beim Lernen, sondern auch im Alltag sollten sie erfahren, dass sie es sind, die einen Eindruck haben, eine Wahrnehmung, ein Erlebnis. Das kann man erreichen durch einen Vergleich mit anderen Kindern, die das Erlebnis nicht hatten. Es ist auch gut, dem Kind erfahrbar zu machen, dass nun nicht die Eltern, sondern der Lehrer vor ihm steht. Das Kind muss zu sich selbst geführt werden. All das soll mit Augenmaß geschehen, nicht über das Fassungsvermögen des Kindes hinaus.

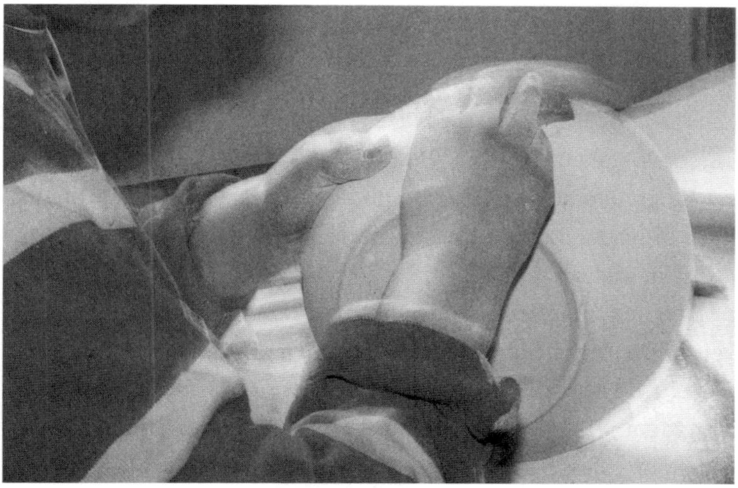

Die dritte Geburt ist sehr oft unvollkommen und bleibt es lange Zeit. Der heranwachsende Mensch bleibt im Seelenraum der Umgebung, tritt nicht heraus in eine eigen erworbene Seelengestaltung. Hier hat die Sozialtherapie eine wichtige Aufgabe.

Zum Ersten baut sie einen Seelenraum auf in der Lebensgemeinschaft, in dem der junge Mensch sich zu Hause fühlen kann, in dem er ankommen kann. Die Gestaltung eines Seelenraumes umfasst verschiedene Gebiete. Der junge Mensch wird so angenommen, wie er sich darlebt. Er lebt mit der Gewissheit, dass man ihn lieb hat, so wie er ist.

Die Gestaltung des Zusammenlebens ist geordnet und seelisch durchdrungen. Kultur durchpulst das Leben. Die umgebenden Dinge sind schön, sind stimmig zusammengestellt. Eine religiöse Stimmung durchzieht das Leben. Die Dinge des Lebens werden achtsam behandelt. Das Gesamte des Lebens ist eine Seeelenumgebung, die den Einzelnen trägt. Das Gespräch wird geübt. Die erste Stufe dahin ist das Annehmen des jungen Menschen. Das Drei-Tage-Gesetz wird geübt. Tempowechsel wird behutsam herbeigeführt.

So wächst ein Ankommender in die neue Umgebung. Er wird vertraut mit dem Seelenwesen der Familie, der Gemeinschaft. Nun kann er aus der gegebenen Hülle heraustreten und eigene Wege entdecken.

Es gehört zu den Aufgaben der Sozialtherapie, den beteiligten Menschen einen durchgestalteten Seelenraum zur Verfügung zu stellen.

Das Ich, die Wesensmitte des herangewachsenen Menschen zeigt sich erst allmählich. Es tritt nur verhangen hervor, wenn der eigene Astralleib nicht oder nur zum Teil erworben wurde. Trotzdem wird es von den Begleitern im Rahmen der Sozialtherapie immer angesprochen, wird hervorgelockt, wird um Mitwirkung gebeten.

Das Ich kann sich selbst finden, wenn ein Konflikt so geführt werden kann, dass der eigene Ort im Erleben erkennbar wird.

Es kann sich auch finden, wenn Leid auf den Menschen zukommt. Wenn ein lieber Mensch stirbt, kann das Ereignis den Trauernden zu sich selbst führen.

Es kann auch daran wachsen, wenn im sozialen Rahmen ein eigener Rechtsort erkennbar wird. Die Monatskonferenzen in Lautenbach und Tennental sind geeignet, diese Erfahrung zu machen. Man lernt, einen eigenen Gedanken vorzutragen und zu vertreten.

Es ist die ständige Aufgabe im Raum der Sozialtherapie, an der Geburt des zweiten, des dritten und des vierten Wesensgliedes zu arbeiten. Deshalb ist es unerlässlich, die besondere Art der Wesensglieder zu studieren und ihr Bewusstwerden zu begleiten.

Die Nähe zur Waldorfpädagogik ist erkennbar. Der Sozialtherapeut muss sie so weit verinnerlicht haben, dass er das Unvollständige der Entwicklung erkennt und angemessen fördern kann.

Die Pflege der Wesensglieder

Das pädagogische Gesetz wirkt immer. Es wirkt helfend-heilend, wenn die Wesensglieder des Erwachsenen harmonisch zusammenstimmen. Sie wirken kränkend, wenn der Erwachsene in den Gliedern seines Wesens unheilvoll lebt. Wenn ein Mensch, sei es als Elternteil oder als Lehrer in gutem Sinne wirken möchte, dann muss er das eigene Wesen harmonisch gestalten. Wir wollen untersuchen, ob wir Möglichkeiten erkennen, sich selbst in solchem Sinne zu erziehen.

Die allgemeine Lebensführung ist die Grundlage aller Selbsterziehung, oder besser gesagt, der Selbstführung. Man lässt sich immer weniger bestimmen von Veranlassungen, die von außen herantreten als Gewohnheit, als Übereinkommen, als Nötigung oder auch als Trägheit. Man nimmt solche Veranlassungen von innen her an, oder man verwandelt sie nach eigenem Maß.

Man nimmt die notwendigen Verrichtungen, die Bedürfnisse wie Essen und Trinken, wie das Schlafengehen und das Aufstehen am Morgen – nicht mehr als gegebene Situationen. Man nimmt sie bewusst an und formt sie so, dass sie dem eigenen Wollen entsprechen. Man bleibt nicht *Veranlasster*, man wird *Veranlasser* nach eigenem Maß.

Wer regelmäßige Denkübungen macht, kann sie in diese Regeln einbeziehen. Sie werden ein Ort des eigenen Ätherischen und tragen zur Selbstgestaltung bei.

Ein weiteres Feld der Selbsterziehung ist die Stimmung der Heiterkeit, mit der man anderen Menschen begegnen kann. Eine solche darf keinesfalls künstlich – aufgesetzt wirken. Sie wird vom Herzen kommend auch dort wahrgenommen. Heiterkeit steht nicht im Widerspruch zu ernster Lebensführung.

Sie nimmt vielmehr den Mitmenschen geschwisterlich an und bezieht ihn ein in das eigene Dasein.

Man lernt, das eigene Urteilen zurückzustellen. Das bedeutet nicht, dass man ein Urteilen ganz bleiben lässt. Man stellt es zurück und gewinnt auf solche Weise einen unerwartet neuen Blick auf den zu beurteilenden Gegenstand. Das trifft in besonderem Maße zu auf das Beurteilen anderer Menschen. Man sieht es: Ein Urteil verbirgt ihn vor dem Wahrnehmen. Man sieht nicht mehr den Menschen, sondern das eigene Urteil. Dieses ist aber stark beeinflusst vom eigenen Wesen. Man beurteilt nicht den anderen, sondern zum Teil sich selber, ohne es zu bemerken.

Oft geschieht es, dass man bestimmte Schwächen anderer Menschen schärfer beurteilt als andere. Die genaue Beobachtung zeigt, dass man solche Schwächen selber hat und sie nicht ganz überwindet. Gegenüber Schwächen, die man nicht hat, ist man tolerant.

Mit dem Vorgang sind verbunden die beiden Seelenkräfte der Sympathie und der Antipathie. Diese stellt man ebenso zurück wie ein Urteil und gewinnt auch hierdurch neuen Ausblick.

Die sieben Nebenübungen Rudolf Steiners schließen sich unmittelbar an die genannten Elemente einer Selbstschulung an.

Ich behaupte, dass jeder Begleiter, der mit offenem Herzen vor einen Begleiteten tritt, sich seiner annimmt, ihn anleitet, dass ein solcher Mensch bereits weit ist auf dem gezeichneten Wege. Beobachte man sich selbst, besser noch den Begleiter neben sich, der einen Menschen anspricht: Wie sind die Stimme, die Körperhaltung, die Neigung des Kopfes? Sind sie fordernd? Stellen sie zuerst das eigene Dasein vor den anderen, wie das heute üblich geworden ist? Oder wohin weisen die Sprache, die Modulation der Worte, die Körperhaltung: Gehen sie ein auf den anderen Menschen und führen ihn bereits auf dem Wege, der ihm, allein gelassen, so schwer fällt? Wir sind alle auf dem Wege. Uns geht es darum, dies bewusst zu machen.

Wir haben oben eine Frage gestellt: Wie führe ich meine Wesensglieder so, dass sie heilsam wirken auf andere Menschen? Man kann diese Frage genauer anschauen und entdeckt: Zwei Menschen begegnen sich, sprechen miteinander. Die Wesensglieder der beiden wirken aufeinander. Bei Erwachsenen wirken sie auf gleicher Ebene aufeinander, es sei denn, der eine wirkt derart, dass der andere um Stufen gehoben wird.

Menschen, die mit Behinderung leben, neigen oft dazu, den Begleiter ähnlich anzuschauen wie Kinder das tun. Sie schauen gewissermaßen von unten nach oben. Man kann dies als Schwäche verstehen, man kann es als besondere Stärke im Wahrnehmen des anderen erahnen. Der Blick weist auf hohe Wesensglieder im Begleiter.

Der Begleiter muss sich diesem Schauen stellen. Er wird aber stets darauf hinwirken, dass der Begleitete in die Lage versetzt wird, sich neben den Begleiter einzuordnen. Hier wird erkennbar, dass bei Begleiteten die zweite, die dritte und vierte Geburt der Wesensglieder nur unvollkommen gelungen ist. Der Mensch hat Nachholbedarf und zeigt das auf die angeführte Weise.

Es ist zu prüfen: Wann wirken die eigenen Wesensglieder heilsam, wann treten sie kränkend auf? Wir machen uns zuerst bewusst, dass alle Wesensglieder aus einer Höhe niedersinken können in einen dunkelnden Anteil. Wir kennen das niedere Ich und das hohe Ich. Wir wissen, dass Seelenbilder sinken können in den Bereich des Ätherischen und dort böse auftreten. Wir haben auch erfahren, dass geschenkte Seelenbilder nicht bleiben können auf der gegebenen Stufe. Wenn man sie nicht hebt, dann sinken sie. Das Heben weist in die Richtung des Geistselbst.

Wenden wir uns den einzelnen Wesensgliedern zu und versuchen, an den Orten dieser Glieder heilsames Verhalten zu erkennen.

Das Heilende im Ich ist das hohe Ich und der Weg in diese Richtung. Der Weg zum hohen Ich wandert durch Verzicht, durch Verzeihen, durch Opfer. Das hohe Ich ist der große Wandler, der unter Schmerzen das Niedere in Hohes verwandelt.

Das niedere Ich erkennt man daran, dass man fordert, dass man die eigene Bedeutung hoch stellt, dass man andere verkleinert.

Die Seele ist der Ort des Denkens, des Fühlens und des Wollens. Seelenkräfte sind Sympathie und Antipathie. Seelenstufen sind: Die Empfindungsseele – die Verstandesseele – die Bewusstseinsseele. Tugenden der Seele sind: Frohsein – Fleiß – Offenheit gegen andere; Dankbarkeit – Verehrung – Andacht.

Man bedenke aber bei solcher Zuordnung, dass Tugenden vom Ich her angestoßen werden, von dort in die Seele wirken und von dieser weiter in den Ätherleib. Die Trennung in einzelne Wesensglieder ist künstlich, sie entspringt dem abstrakten Denken. In Wirklichkeit fließen sie ineinander.

Tugenden des Lebens-Bildebereichs sind: Andacht – Frommsein – Ehrfurcht – Verehrung; Leichte im Umgang mit anderen.

Tugenden im Verhältnis zum physischen Leib sind: Das Erkennen der Hoheit dieses von Gott geschaffenen Wesens. Es ist nicht nur geschaffen. Es ist sogar Bild des Gottes-Daseins. Die entsprechende Untugend ist funktionales und kausales Denken über den Leib und seine Zusammenhänge.

Wir haben nicht überall die schwächenden und kränkenden Eigenschaften aufgezählt, die in den Bereich der Wesensglieder gehören. Es wird dem Leser nicht schwer fallen, sie selbst zu entdecken.

Halten wir fest: Wir leben in der Berufs-Praxis bereits mit diesen Eigenschaften. Sobald ein Mensch vor uns steht, verhalten wir uns ihm entsprechend. Es ist aber nötig, sie zu erkennen, weil die hellen Jugendkräfte im Älterwerden nachlassen. Dann kann das Gegenbild des Heilenden einziehen, ohne dass man es bemerkt.

Heilpädagogische Aufgaben

Behinderte Kinder werden durch das Elternhaus, durch die Schule und durch gezielte Therapien gefördert. Wer die Entwicklung der Kinder aufmerksam verfolgt, bemerkt bedeutende Fortschritte. Die Behinderung wird zwar nur in Ausnahmen hinweggebracht. Aber Fortschritte der Entwicklung werden auf vielfältige Weise erzielt.

Trotzdem bleiben Zeichen der Behinderung erkennbar, die eingehende Pflege brauchen. Der Therapeut weiß, dass heilende Behandlungen Erfolg haben und schaut mit Bedauern auf einen Wechsel in eine sozialtherapeutische Einrichtung. Er befürchtet, dass dort wenig an schulischer Förderung geschehen kann.

Wer einen Menschen mit Behinderung als Erwachsenen begleitet, sieht, dass manches Erreichte aus der Kindheit verloren geht. Er tut der sozialtherapeutischen Einrichtung aber unrecht, wenn er dies als ungenügende Förderung ansieht.

Er bezieht nicht ein, dass jeder Mensch nach der Schulzeit die Spitzen des Gelernten vergisst und nach einiger Zeit das Abitur nicht mehr bestehen würde. So geht es auch dem Menschen mit Behinderung, der manches des ehemals Gelernten verliert. Eine genauere Prüfung wird aber ergeben, dass aus

den Tiefen des Erinnerns manches wieder geweckt werden kann. Dennoch: Das Älterwerden geht einher mit dem Verlust der Jugendkraft.

An die Stelle der gezielten Einzelförderung tritt jedoch eine andere Art des Heilens. Es gibt mehrere Elemente in der Sozialtherapie, die zu solcher Heilung beitragen.

Zunächst ist die Gemeinsamkeit zu nennen. Dann das Bewusstwerden der eigenen Identität im Miteinander mit anderen. Die Pflege des Tischgesprächs und der gemeinsamen religiösen Feiern kann zu einer bemerkenswerten Verbesserung der Sprache und des Selbstverstehens führen. Als weiteres entsteht ein Rechtsort, den die Menschen der Gemeinschaft dem Einzelnen öffnen. Das Arbeiten führt in den meisten der sozialtherapeutischen Werkstätten zu einer geordneten Dominanz der Seitigkeit. Arbeiten für andere Menschen wirkt heilsam auf den Tätigen zurück. Schließlich werden auch hier manche gezielte Therapien gegeben.

Die Gemeinsamkeit ist der zuerst genannte heilende Ort. Der Begriff Sozialtherapie sagt es aus: Das Miteinander der Menschen wird zur therapeutischen Situation entwickelt. Es ist entscheidend wichtig zu erkennen, dass am Zustandekommen der Therapie beide Seiten aktiv beteiligt sind: Begleiter und Begleitete. Daher entfällt die zu tadelnde Situation, dass vom Helfer zum Hilfebedürftigen ein soziales Gefälle entsteht.

Das Geschehen ist ungewohnt. Man erlebt als Außenstehender, dass die verantwortlichen Mitarbeiter bei Tisch manches bestimmende Wort sagen. Ihnen entgeht, dass solche Worte dem Geschehen bei Tisch abgelauscht sind, oder der Persönlichkeit, die als Begleitete angesprochen wird. Was bestimmend aussieht, ist in Wirklichkeit Spiegelung der Situation, die entstehen soll.

Begleiter sind vor allem Wahrnehmende. Sie erspüren, was Menschen brauchen. Sie spüren, wie man Kommendes so ansprechen kann, dass Gutes entsteht. Die Teilnehmer am Tisch sind nicht eine Summe von Menschen, sondern Einzelpersönlichkeiten, die sich ein jeder in die Ordnung des Ganzen hineinstellen.

Es wurde schon davon gesprochen, dass sich an manchen Orten im Zusammenleben ein neues Sozialgebilde entwickelt. Wir nannten es einen Sozialorganismus.

Zum Wesen des Organismus gehört, dass er in ständiger Bewegung ist. Diese Vorgänge – Entstehen und Leben und Bewegung – sind ein therapeutisches Geschehen. Dazu gehört, dass in der Familie die Aufmerksamkeit wohl auf den Einzelnen gerichtet ist, aber auch auf das Zusammenwirken im Ganzen. Der Blick auf ein überpersönliches Element ist eine heilsame Erfahrung so manches Jugendlichen.

Und schließlich erzieht einer den anderen. Die Mittel solcher Erziehung müssen manchmal gesteuert werden. Sie sind aber wirksam. Der Einzelne fügt sich ins Ganze.

Viele unserer begleiteten Menschen entdecken nach einiger Zeit eine soziale Rolle, die sie selbst finden und ausbauen. Man erlebt sich selbst in solcher Rolle in freier Weise eingebunden in das Leben der Familie. Damit wächst dem Einzelnen die Erfahrung der Identität zu. Das Ich-gehöre-dazu ist eine entscheidende Erkenntnis der Selbstorientierung.

Wir beobachten vereinzelt, dass begleitete Menschen lange Zeit eine besonders ungebärdige Aussprache haben. Eine plärrende, blecherne, überlaute Sprache schafft einen Lautraum um den Menschen, der wie ein Schutzwall wirkt gegen mögliche Angriffe. Wir erkennen darin große individuelle Not.

Es ergab sich manchmal, dass ein solcher Mensch nach längerer Zeit des Mitlebens in einer Familie zu einer guten, klingenden Sprache fand. Zugleich wurde erkennbar, dass sie oder er sich in die Familie einordnete, sich dazugehörend erlebte.

Analog dazu zeigen sich manche Zeichen, die man einer Behinderung zuordnet als soziales Geschehen. Denn manche der Erwachsenen überwinden solche Zeichen im Zusammenleben in der Gemeinschaft. Es gibt eine Frau, die zeitweise laut schreiend durch das Dorf lief, Kleider auszog und nur ganz schwer zu beruhigen war. Inzwischen geschieht das kaum noch. Es kann abgefangen werden und zur Ruhe geführt werden. Der Fortschritt ist beträchtlich.

Manche Menschen, die mit Behinderung leben, haben es sehr schwer einen eigenen Ort neben anderen anzunehmen. Der Sozialtherapeut neben ihnen kann helfen, wenn er lernt, die eigene Ausstrahlung zurückzunehmen. Damit ist gemeint eine Eigenstrahlung, wie sie vergleichbar im Zen-Buddhismus zurückgenommen wird. Dort geschieht es so weit, dass ein Mensch sich unwahrnehmbar machen kann. Bei uns reicht aus, dass man selber innerlich so ruhig wird, damit der andere sich nicht gestört fühlen kann.

Der Vorgang führt dahin, dass ein Seelen-Geistraum entsteht, der ganz offen ist, der nicht besetzt ist. Begleitete Menschen wagen nach mehr oder weniger langer Zeit, den Raum anzunehmen, ihn zu betreten und dort einen eigenen Ort zu bauen.

Es zeigte sich mehrfach, dass dieser Vorgang begleitete Menschen in die Lage versetzte, einen eigenen Rechtsort anzunehmen, mit ihm vertraut zu werden und schließlich zu verteidigen.

Zugleich entwickelte sich die Behinderung in ihrem sozialen Teil weiter. Karl König sprach davon, dass behinderte Menschen sich vom Typ zum Charakter entwickeln können. Wir erleben, dass sie sich auch zu Zeitgenossen entwickeln können.

Bei behinderten Kindern zeigen sich manchmal Probleme, die Seitenorientierung der eigenen Leiblichkeit zu gestalten. Gewöhnlich sind die beiden Seiten des Menschen klar getrennt. Die linke hat eine andere Aufgabe als die rechte. Es gibt Abweichungen, von denen die Wechseldominanz das Kind erheblich belasten kann.

Es ist hier nicht der Ort, auf Ursachen und frühkindliches Verhalten einzugehen. Das gehört zu den Aufgaben der Heilpädagogik und wird dort mit einigem Aufwand therapeutisch behandelt. Es gelingt den Heilpädagogen aber oft nicht, nennenswerte Erfolge zu erzielen.

Im sozialtherapeutischen Feld erreicht man aber sehr oft eine beachtliche Besserung. Das ist eine Tatsache, die vor allem den Werkstattleitern gedankt ist. Sie wird aber nicht so beachtet, wie sie es verdient.

Man sollte einen Neuling, der als Jugendlicher aus einer unserer heilpädagogischen Schulen kommt, auf Wechseldominanz hin untersuchen. Das geht folgendermaßen:

Man prüft das Auge, das Ohr, die Hand und den Fuß auf Dominanz hin. Man fordert den Jugendlichen auf, auf einen Hocker zu steigen oder auf die Stufe einer Leiter. Man beobachte genau, mit welchem Fuß der junge Mensch zuerst steigt. Man schreibe auf: linker Fuß dominant oder rechter Fuß. Dann bitte man ihn, einen Gegenstand zu ergreifen. Wieder wird notiert: linke oder rechte Hand. Danach reicht man ihm ein Rohr, aus Papier zusammengedreht und fordert ihn auf, hindurchzuschauen. Wieder soll notiert werden, welches Auge genommen wurde. Danach stellt man den Jungen in einige Entfernung und spricht so leise zu ihm, dass er Mühe hat, es zu verstehen. Er wird den Kopf ein wenig drehen, um besser hören zu können. Das zum Sprechen hin gedrehte Ohr ist das dominante.

In manchen Fällen stellt es sich heraus, dass eine Wechsel-Dominanz vorliegt. Das erkennt man daran, dass bei den vier Körperstellen mal links, mal rechts Dominanz vorliegt. Solcher Wechsel der Seiten belastet den jungen Menschen so, dass er sich nur schwer einfügt in die allgemein geltenden Werte. Er ist keineswegs böse veranlagt, er sieht die Bedeutung der Werte nicht.

Die Liste mit den Dominanz-Orten kann liegen bleiben bei den Papieren des jungen Menschen. Nach fünf oder mehr Jahren der Mitarbeit in einer der Werkstätten nehme man dieselbe Prüfung wieder vor. Fuß – Hand – Ohr oder Auge – was ist heute dominant?

Es ist zu vermuten, dass die Arbeit in den Werkstätten, die fast immer rechte und linke Hand zusammenwirken lassen, eine wesentliche Besserung herbeigeführt hat.

Es wäre ausgesprochen hilfreich, wenn ein Werkmeister diese Prüfung vornehmen und später vergleichen würde. Ich bin dankbar, wenn das jemand vornimmt und mich verständigt.

Der Arzt wird außer diesen Maßnahmen häufig Therapien verordnen. Sie betreffen in der Regel Einzelfunktionen des Körpers. Dies geschieht in ähnlicher Form wie auch schon in der Kindheit.

Das Wachen und das Schlafen

Im Menschen gibt es ein polares Gegenüber. Zwischen den beiden Exponenten Haupt und Gliedmaßen pulsieren Rhythmen. Die Letzteren gleichen aus zwischen den beiden Polen. Sie verbinden und trennen und verbinden neu. Atem und Blut sind zwei Ströme, die ein- und ausziehen. Die Nieren rhythmisieren ebenfalls und durch dieses Hin und Her werden andere Teile des Leibes in Bewegung gehalten. Atem und Blut geben Impulse in das Haupt hinauf und ebenso in den Stoffwechsel.

Das Wachen und das Schlafen sind ein weiterer Rhythmus, der das Leben untergliedert. Am Tage ist der Mensch zur Erdenwelt hin geöffnet. In der Nacht fließt er hinaus in die Geistwelt und erfährt dort belebende, erneuernde Kraft. Der Tag schenkt Erlebnisse. Die Sinne nehmen sie auf und senken sie in das Eigenerleben hinein. Die Nacht bereitet sie auf. Am Tage handelt der Mensch, er wirkt in die Welt hinaus. Die Glieder sind tätig. Ihr Wirken verändert die Welt.

Beide Geschehnisse werden in der Nacht betrachtet, beurteilt und das Ergebnis schlägt hinauf in das Tagesbewusstsein. Man bringt aus dem Schlaf mit: Vorsätze zu gutem Handeln und die Sprache des Gewissens. Beide erschließen sich dem aufmerksamen Beobachter.

Die Tagesrückschau pflegt den guten Schlaf. Sie ist auf der einen Seite eine schlafhygienische Maßnahme. Wie man Zähne putzt, so kann man auch den Schlaf behandeln und im Schlaf die Seele pflegen. Die Tagesrückschau ist Seelen-Pflege.

Man lässt die Ereignisse des gewesenen Tages am inneren Auge vorbeiziehen. Da man aber nur wenig Zeit dafür geben soll – insgesamt höchstens zehn Minuten, besser weniger –, muss man die Erlebnisse auf wesentliche Eindrücke verdichten. Man erreicht mit der Zeit, dass man eine Art moralisch gefärbter Bilder anschaut.

Es kommt vor, dass man ein Ereignis übersehen hat. Dieses meldet sich bald danach oder am nächsten Morgen.

Es kommt auch vor, dass man am Vortag einen Fehler machte, den man auch in der Rückschau nicht lösen konnte. Man gehe am Abend so damit um, dass man den Mangel klar anschaut, aber nicht beurteilt. Das Urteilen ist zu vermeiden in der Rückschau, denn jedes Urteilen verschließt Türen eines neuen Wahrnehmens.

Nun beobachte man den nächsten Morgen: Zwischen den vielen Anforderungen des neuen Tages taucht unerwartet der Gegenstand des gestrigen Fehlers auf und blitzartig fällt ein, was dazu zu sagen, zu tun war. Die Tagesrückschau wird zu einem moralisch-schöpferischen Wesen.

Das Schlafen und das Wachen umfassen einen Tag und dieser ist das Grundelement der Zeit. Es gibt Lebensumstände, die nicht erlauben, den normalen Zeitrhythmus einzuhalten. Solche Ausnahmen machen aber das Gesetz dieser Zeiteinheit ganz bewusst.

Kalender und Uhr legen die Annahme nahe, die Zeit lasse sich messen in räumlichen Gebilden. Von Zahl zu Zahl rücken die Zeiger der Uhr voran. Von Abschnitt zu Abschnitt ist der Kalender eingeteilt. Die sauberen Kästchen machen den Eindruck, als lasse sich die Zeit derart anschauen. Das Erleben der Zeit spricht anders.

Man erinnere den vergangenen Sommer. Bilder treten aus der Erinnerung vor die Seele. Man sieht Ereignisse, die sich eingeschrieben haben. Man eilt im Nachdenken von Ereignis zu Ereignis. Aber lange Zwischenräume bleiben leer. Die Ereignisse haben oft nur wenig Zeit gebraucht. Aber sie haben sich eingeschrieben.

So erlebt man Zeit: Ereignisse geben Messorte ab. Ereignisse haben Bedeutung. Die Bedeutungen unterscheiden sich. So gewinnt Zeit einen individuellen Charakter. Der Kalender verrät wenig von solchem Eigensein der Zeit. Jeder Strich steht gleichgültig neben den Nachbarn. Das Erleben ist ganz anders.

Alles Arbeiten ist ein Geschehen in der Zeit. Ein Werk mag ein Jahr benötigen vom Beginn bis zur Fertigstellung. Im Verlaufe des Jahres schreitet das Werk fort von Stufe zu Stufe. Viele der Stufen verschwinden aus dem Bewusstsein, sobald der Arbeitsschritt getan ist. Aber das Werk wäre nicht vollendet ohne dieses unscheinbare Teil. Die Zeit zeigt sich im Schaffen.

Die Zeit ist der Ort des Werdens. Josef Beuys hat das in der Kunst entdeckt, Bernard Lievegoed im sozialen Geschehen.

Es gibt Ordnungen in der Zeit, die jede auf besondere Weise auf den Menschen einwirken. Das Jahr ist die bekannteste Einheit. Von Geburtstag zu Geburtstag erlebt man das Fortschreiten der Zeit. Man kann das Fortschreiten der Zeit von Messpunkt zu Messpunkt in einer Linie denken.

Messpunkte können die Geburtstage oder auch wesentliche Ereignisse sein. Man kann diese Punkte durch eine gedachte Linie verbinden. Diese kann steigen, sinken. Das Leben ist bunt. Man kann aber auch von einem Zeitabschnitt zum nächsten einen Lebenskreis denken. Die Kreise stehen übereinander, manchmal in seltsamen Formen.

Das Bild einer Spirale ist hilfreich, denn es bringt eine Tatsache zu Bewusstsein: Ereignisse kehren wieder. Man beobachte: Man kam in einem Jahr nahe an einen Unfall. Im nächsten Jahr ereignet sich wieder etwas, was in die Nähe eines Unglücks führt, und im darauffolgenden Jahr wieder.

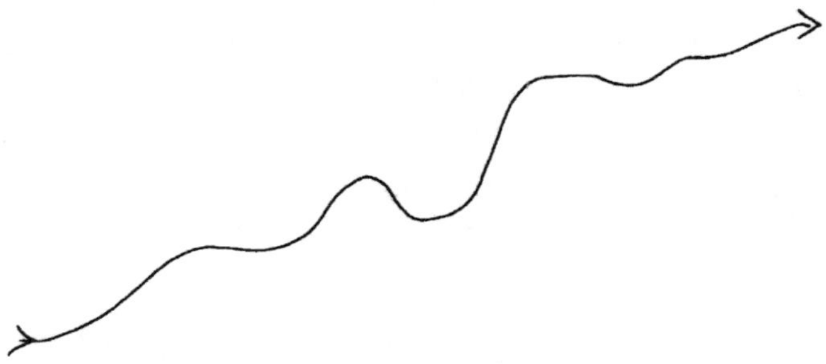

Das Leben in ansteigender Linie.

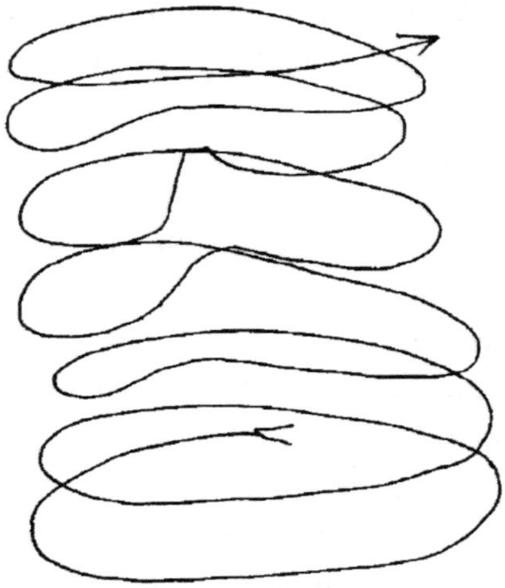

Das Leben in steigenden Kreisen.
Darin zeigen sich Einschläge in folgenden Jahren.

Wesentliche Ereignisse haben eine eigene Zeitsprache. Es ist, als ob an einer Schnittstelle der aufsteigenden Kreise unserer Lebensspirale Schicksalsgeschehnisse warten, nahekommen, wieder zurücktreten und dann wieder da sind. So geht es mit Krankheiten, die auf den älter werdenden Menschen zu warten

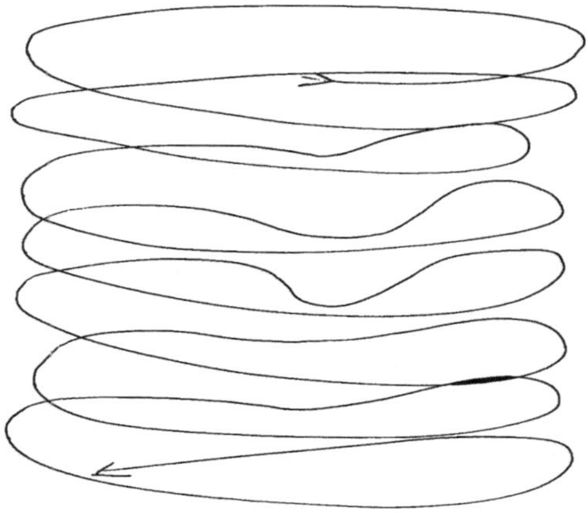

Lebensspirale mit Schicksalsgeschehnissen.

scheinen. So geht es auch mit Unfall oder auch glücklichen Ereignissen. Manfred Schmidt Brabant hat das Bild gebraucht: In den steigenden Kreisen gibt es eine Delle. Im folgenden Jahre gibt es wieder eine und noch einmal im darauf folgenden Jahr. Dann aber tritt das Ereignis ein. Nun klingen die Dellen ab, bis sie ganz verschwinden.

Eine weitere Zeiteinheit dieser Art ist die Anzahl der drei Tage, die den schon erwähnt wurde.

Es gibt weitere Zeitabschnitte, die jeder eine eigene Bedeutung haben. Drei Wochen sind ein solcher, in dem eine Reifung von Sozial-Ereignissen geschieht.

Dreiunddreißig Jahre haben Bedeutung. Es würde hier zu weit führen, sie alle nahe zu betrachten.

Man kann den Schlaf als Helfer um Mitarbeit bitten! Man hat einen Vortrag zu halten. Man soll einen Brief schreiben, den man zu formulieren hat. Nehme man in den Schlaf hinein die Gedanken an das Vortragsthema oder den Brief, nehme sie hinein und schlafe ein. Am nächsten Morgen fließen die Gedanken in hellem Reichtum zu.

Im Feld der Sozialtherapie ist eine der wichtigen Regeln, den Schlaf zu pflegen. Das gilt für Begleitete und Begleiter.

Sorge man dafür, dass das Abendessen nicht spät und nicht schwer verdaulich ist. Sorge man dafür, dass der Tag nicht mit aufregenden Erlebnissen abschließt. Lasse man den Tag in Ruhe, in Besinnlichkeit ausklingen. Es ist heilsam, wenn zum Ausklang eine religiöse Stimmung herrscht. Der Schlaf wird tief und heilsam sein.

Die Gestaltung des Lebens geht immer von Menschen aus, von konkreten Menschen. Sie geht von diesen aus, führt aber auch zum Menschsein hin. Ein Weg wird gewandert. Ein Weg geht aus von einem Ort und führt zu einem Ziel. Es gibt Wege, deren Ziel bekannt ist. Es gibt Wege, deren Ziel lange Zeit nicht erkennbar ist und die doch gute Wege sind. Jede Wanderung besteht aus Schritten. Wer das Ziel noch nicht sieht, erkennt aber den nächsten Schritt. Den soll er tun. Dann wieder den nächsten und so fort.

Der Beginn geht aus von Menschen. Im Feld der Sozialtherapie sind es Begleitete und deren Begleiter. Hinzu kommen Helfer, meist junge Menschen, es kommen oft hinzu Kinder.

Sie sprechen alle mit beim Beginn der Wanderung. Niemand darf übersehen werden, auch nicht der ganz Stille. Waldorflehrer sind sicher, dass die Kinder ihrer Klasse vom Schicksal geführt zusammenkommen. Die Klasse bildet eine Schicksals-Gemeinschaft. Soll später ein neuer Schüler in diese Klasse kommen, dann prüft der Lehrer die Frage: Passt das Kind in die Gemeinschaft der anderen? Nennen wir diesen Gesichtspunkt den einer Schicksal-Stimmigkeit.

Fragen wir, ob dergleichen auch in der Sozialtherapie geschieht? Kommen junge Menschen zusammen, weil sie zusammengehören? Gibt es eine Übereinstimmung unter ihnen? Kann man Schicksalstimmigkeit beachten? Kann man sie stören? Kann man gegen sie handeln?

Das geschieht, wenn zweckmäßige Erwägungen bestimmen. Es geschieht, wenn Egoismus – offener oder versteckter – eine Rolle spielt. Wir fürchten, dass manche neue Entwicklung das Schicksalswesen stört.

Das Älterwerden

Alle Menschen erleben in der Jugend starke fördernde Kräfte, die den Menschen ins Leben hineinführen. Sie bringen gewissermaßen ein Fahrtmoment mit, das alle Probleme mit frischem Mut annehmen lässt und mit ihnen umgeht. Diese Kräfte lassen nach um die Lebensmitte und das zunehmend mit dem Älterwerden. Nun muss man selber durch geistige Regsamkeit dafür sorgen, dass neue Kraft geschöpft wird.

Die meisten Behinderungen unserer begleiteten Freunde liegen im Feld des Ätherischen, in dem der Lebenskräfte. Von dort strahlen sie aus in den Körper, in die Seele und den Geist.

Das hat zur Folge, dass diese Menschen rasch altern, manche schon in recht frühem Alter. Die Kräfte lassen nach, die Bewegungen werden langsam und schwerfällig. Das Denken und Erleben wird zwar nicht weniger intensiv, aber bedächtig. Sie brauchen eine besondere Ansprache.

Die Begleiter können belebende geistige Kraft nahebringen und dafür sorgen, dass die Lebensstimmung der Einrichtung dahin geführt wird. Begleitete Menschen brauchen Lebenszuversicht in der Umgebung, um auch im Alter freier Mensch zu sein.

Der Lebensschwere steht Lebensbejahung entgegen. Zu der Last des Älterwerdens wirkt Zuversicht stützend und heilend. Heiterkeit ist das Mittel solcher Zuversicht.

Es ist ratsam, behutsam Änderungen der Gewohnheiten einzuführen. Ältere Leute frieren ein in alten Gewohnheiten. Wer es schafft, das immer Gleiche im Tun zu variieren, zu ändern, ohne weh zu tun, der erleichtert dem Älteren das Annehmen von Neuem, das das Leben mit sich bringt. Dieser Hinweis betrifft die Familie und auch die Werkstatt.

Zu der offenen Seelenführung kann geistige Nahrung hinzutreten. Hier hat das Gespräch einen Ort. Begleiter müssen sich die Zeit nehmen, dem Alten zuzuhören, ihm Anteilnahme zu erweisen, mit ihm Erinnerungen wachzurufen.

Unter vielen Seelen-Bewegungen liegen Ängste, die man nur ganz selten anspricht. Es ist heilsam, im Gespräch in solche Schichten vorzudringen und gemeinsam zu betrachten, was dort ruht. Es ist nicht nötig, rasche Lösungen zu liefern. Es ist schon heilsam, wenn der Alte ausspricht, was ihn bedrückt. Das gelingt aber nur dem lauschenden Begleiter.

Hier beginnt ein priesterliches Gespräch. Es wäre ganz besonders zu wünschen, wenn ein solches Gespräch zwischen einem Priester und dem Alten geführt werden könnte. Priester haben eine gewissenhafte Schulung durchlaufen, in der sie lernten, ein Gespräch so zu führen, dass ein Hohes einfließt. Dazu braucht es eine sichere Stimmführung, eine Sprechführung, dazu aber das sichere Wissen um das Hohe im Dasein und das Offenwerden für dieses Wesen.

Solch ein Gespräch kann Gespräch sein, es kann aber auch in die Nähe eines Beichtgeschehens kommen. Damit sind nicht nur das Erkennen und das Bekennen von Fehlern gemeint, sondern das Wahrnehmen des eigenen Menschseins. Das zeigt Schönes und Unvollkommenes. Aber es zeigt zugleich eine gelebte Wahrheit.

Die Betrachtung des Altseins in unseren Gemeinschaften führt in die Nähe des Bildes schwerst mehrfach behindert zu sein. Solche Menschen brauchen eine ähnliche Zuwendung wie alte Menschen. Außer der notwendigen Pflege gehören dazu die Anteilnahme und die Herzlichkeit in der Begegnung.

Das Altwerden zeigt neben den bekannten körperlichen Erscheinungen auch seelisch-geistige Entwicklungen, die der Biografie neue Erlebnisgebiete öffnen.

Das Denken ändert die Richtung. In jungen Jahren war es zupackend, zielgerichtet und überschaubar. Im Älterwerden nimmt es Abstand von den Erscheinungen. Es betrachtet lange. Es entdeckt unerwartet neue Aspekte. Der Alte schaut Ereignisse wie von außen an. Das wendet sich auch gegen die eigene Person. Er schaut auf sich selber und erkennt damit eine Seite des Erlebens, die ihn sich selbst erkennen lässt und damit auch die Wirkung der Denkwege auf ihn. Denken schien früher unverbindlich. Nun zeigt sich, dass die Art des Denkens den Denkenden selber hebt oder niederdrückt. Denken kann wehtun!

Das Fühlen wird intensiv. Man erlebt und fühlt zugleich das Schicksal anderer Menschen zusammen mit ihnen. Ein Unglück anderer trifft den älteren Menschen selbst. Aber er schaut auch diesem zu wie von außen. Viele Alte erleben Naturvorgänge verstärkt. Sie stehen und schauen. Das Wollen scheint sich zurückzuziehen. Alte packen weniger aktiv zu als früher, aber sie schauen anderen zu, wenn sie tätig sind. Vor allem Kindern schauen sie gerne zu.

Es ist gut, ältere Menschen im Zuschauen zu begleiten. Das Anteilnehmen ist ihr Teil, aber zugleich auch ihr Herzenswunsch. Sie hoffen, dass jemand ihre Gedanken zusammen mit ihnen anschaut, betrachtet und von einer anderen Seite wieder erblickt. Solch ein Vorgang erscheint einem jungen Menschen seltsam passiv. Erlebt man ihn aber Anteil nehmend mit dem Alten, dann erweist er sich als nach innen gerichtete Aktivität.

Solch Anteil nehmendes Miterleben kann zu einer Schulung des Erlebens führen, die beide beschenkt: den Alten und seinen Begleiter. Das Betrachten wendet sich Sinneserscheinungen zu und wird zur Sinnesschulung.

Ältere Menschen, aber auch viele schwerst mehrfach behinderte Menschen in jüngeren Jahren, sind besonders empfänglich für ein Ansprechen und Schulen der Sinne. Die Aufmerksamkeit der Sinne lässt auf der einen Seite nach, auf der anderen nimmt die Bereitschaft zu, Eindrücke tiefer und reichhaltiger anzunehmen als in jungen Jahren. Einen besonders tiefen Eindruck machen Sinnes-Bäder in Farbe, Klang, Geruch und Geschmack, die in eine religiöse Stimmung eingebettet sind. Das kann so vor sich gehen:

Der Raum ist abgedunkelt. Es gibt nur wenig oder gar kein elektrisches Licht. Dafür brennen Kerzen. Der Raum ist ganz in eine Farbe getaucht. Die Wände, die Vorhänge, der Boden und vor allem das Licht erstrahlen in der vorbestimmten Farbe. Das Licht darf aber nicht so schwach sein, dass die Farben sind nicht entfalten können. Rot braucht Licht um aufscheinen zu können und gelb wirkt grau, wenn das Licht nur schwach scheint.

Nun wird ein Sinnes-Erlebnis-Geschehen komponiert und aufgeführt. Farbe und Klang wirken. Der Klang kann einzelne volle Töne bilden, die majestätisch den Raum erfüllen. Klänge können wechseln, zusammenklingen. Das Wort ertönt. Ein Farben-Klanggeschehen erfüllt den Raum und die Herzen der Menschen. Hinzu können weitere Sinneserlebnisse kommen. Duft von Pflanzen kann auftreten. Der Geschmack von Kräutern kann hinzukommen. Die Berührung, das Ertasten des Körpers ist ein besonders intensiv erlebtes Ereignis.

Das alles soll so zusammenwirken, dass es eine eigene Aussage bekommt. Alles geschieht in Ruhe. Alles ereignet sich langsam, hat Zeit sich zu entfalten, ehe das nächste Sinnesereignis auftritt.

Ein halb durchsichtiger Vorhang, auch in Farbe, ist vor einer Fensterfront angebracht. Zwischen dem Licht und dem Vorhang bewegen sich Eurythmisten, in farbigen Gewändern. Im Raum, hinter dem Vorhang, befinden sich die Teilnehmer am Geschehen. Sie schauen auf den Vorhang und sehen – erleben die Bewegungen der Menschen vor dem Licht.

Alles geschieht langsam. Zwischen den Ereignissen gibt es Pausen. Dann können Klänge hinzukommen. Die Klanglaute sind rein, es sind einige, gezielt ausgewählte. Auch sie nehmen Zeit in Anspruch.

Unseres Wissens nach gibt es ein solches Sinnesbad in Farbe und in Klang, aber noch nicht mit Gerüchen, Geschmäckern oder Tasterlebnissen.

Aber auch diese Sinne können angesprochen werden. Mancher schwerst mehrfach behinderte Mensch hat nie – oder nur ganz selten – einmal Gartenerde in der Hand gefühlt, gerochen. Er hat ganz selten einmal eine frisch geschälte Möhre gerochen. Das alles und viel mehr kann nahegebracht werden, aber immer so, dass es geruhsam geschieht, dass der jeweilige Sinn stark angeregt wird und die Stimmung so, dass der Eindruck angenommen und bewegt werden kann.

Kleine Sinnesfeiern nehmen eine religiöse Stimmung an. Sie können auch in die Nähe eines Kultus geführt werden. Darüber wird noch mehr gesagt.

Aber bei all diesen Vorgängen gibt es auch neue Erfahrung. Man erlebt das aktive Dasein verlangsamt und zurückgenommen, eine neue Art des Wahrnehmens setzt ein. Man sieht gewissermaßen zwischen die Ereignisse. Der Zwischenraum wird bedeutsam. Zugleich wird das rein Menschliche immer wichtiger. Man bezieht sich selbst wenig ein, aber man erlebt intensiv, was andere angeht. Im Alter nimmt Sozial-Wahrnehmung zu. Das kann übersehen werden, weil es nur selten nach außen tritt.

In der Vergangenheit hatte der alte Mensch einen Ort in der Gesellschaft. Die alten Formen sind weitgehend aufgelöst, bisher gibt es noch keinen neuen wahrnehmbaren Sozialort für den alten Menschen. Das Seniorenheim ist der Tendenz nach

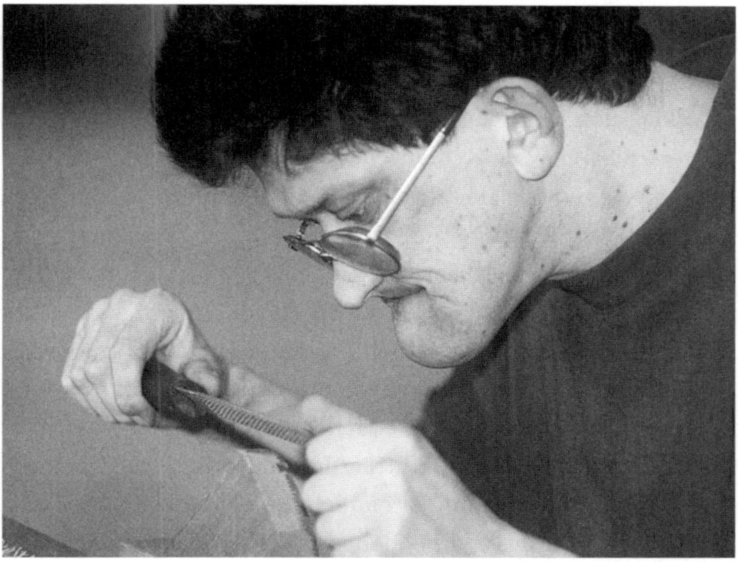

Ausgliederung, weil es einen Kreis von Menschen zusammenfasst, aber zugleich vom allgemeinen Leben trennt.

Viele der Bewohner von Alteneinrichtungen leiden unter der Isolierung. Sie möchten teilnehmen am Leben, sie möchten Anteil nehmen und manch einer hat das sichere Gefühl, in mancher Situation unter Menschen hilfreich sein zu können.

Die bisher geltenden Strukturen im Zusammenleben schwinden. Neue Formen entwickeln sich erst langsam. Wir sehen in der Gemeinschaft der sozialtherapeutischen Einrichtungen eine ganz neue und viel Gutes versprechende Form des Miteinanders. In dieser hat der alt gewordene Mensch einen Platz genauso wie das Kind.

Zu einer Menschengemeinschaft gehören das Kind und der alte Mensch, und es gehören auch dazu das Geborenwerden und das Sterben. Beide Ereignisse werden intensiv wahrgenommen von den Menschen der Gemeinschaft, und sie werden mit herzlicher Anteilnahme begleitet.

Es ist bewegend mitzuerleben, wie Menschen, die mit Behinderung leben, den Raum der Erde verlassen und sich anschicken, den Raum des Jenseits zu betreten. Der Vorgang ist so verschieden, wie es Menschen eben sind. Aber die Ereignisse um ein Sterben schreiben sich besonders stark ein in das Erleben. Sie nehmen den Charakter von Zeichen an, von Zeugnissen des Menschseins.

Es geschieht, dass schon eine Weile vor dem Übergang des Sterbenden die Zeichen des Behindertseins abfallen und reines Menschsein hervortritt. Der leidende Mensch ist da. Es kam auch vor, dass jemand sagte: Ich möchte nach Hause. Eine andere Frau sprach zur Mutter: Ich hätte ja gerne noch ein bisschen gelebt, aber nun ist endlich die Behinderung vorbei!

Die Begleiter des Sterbenden, das wurde schon gesagt, sind tief angerührt, so tief, dass sie sich verwandelt erleben.

In der Dorfgemeinschaft Lautenbach ist es Sitte, den Toten drei Tage lang aufzubahren. Am Totenbett sitzen Freunde, die für ihn die Bibel lesen, an ihn denken und für ihn beten. Alle beteiligen sich an den Totenwachen, auch in den Nächten.

Dann wird er – oder sie – zu Grabe getragen. Es gibt eine Urnengrab-Anlage, in der schon viele Urnen beigesetzt sind. Nach jeder Sonntagmorgen-Feier gibt es einige, die zum Grab gehen und dort eine Weile still stehen. In der Kapelle gibt es eine Reihe von Bildern der Verstorbenen, die auch häufig betrachtet werden.

Das Leben auf der Erde und ein Leben nach dem Tode werden über lange Zeit vorbedacht. Jeder ist vertraut mit diesen Gedanken. Man weiß in Lautenbach und im Tennental, dass der Sterbende mit seinem Namen gerufen wird. Christus ruft ihn, schaut ihn an, und in dieses Erleben hinein geht er den Weg.

In Lautenbach und im Tennental wird über Verstorbene gesprochen. Es sind Angehörige, es sind Freunde, Menschen, mit denen man lange zusammenlebte. Das Denken an sie nimmt Raum ein.

Man wird vertraut mit dem Erleben, dass das Sterben zum Leben hinzugehört. Man erfährt ebenso, dass man selber diesen Weg gehen wird. Man wird vertraut mit der Vorstellung. Das nimmt den Abstand hinweg, aus dem so leicht Angst erwächst.

Man spricht über das Dasein nach dem Tode. Menschen fragen nach Verstorbenen, fragen danach, wie sie in Verbindung treten können. Darüber wird oft gesprochen.

Es gibt Hinweise: Man kann für Verstorbene beten. Man kann aus der Bibel lesen und an sie denken. Man kann eine Freude mit ihnen teilen. Man weiß gut, was ihnen Freude machte und denkt an sie, wenn etwas Derartiges geschieht.

- Man kann an gemeinsam erlebte Ereignisse denken.
  Weißt du noch?
- Man kann ihnen erzählen von Geschehnissen, die man erlebt.
- Man kann an die Urnenstätte Blumen bringen.
- Man kann am Totensonntag eine Kerze anzünden und auf die Fensterbank stellen.
- Das Bild des geliebten Toten begleitet einen.
- Zur Morgenfeier und am Dienstagabend wird immer der Prolog des Johannesevangeliums gesprochen. Dies ist ein Ort, mit dem man das Denken an den Verstorbenen verbinden kann.

Vom Wesen des Gesprächs

Ein gutes Gespräch ist die Berührung der Wesensglieder der Gesprächspartner. Jeder öffnet sich selber der Anrührung und er öffnet auch den Wesensglied-Raum, der erreicht wird. Das Zuhören ist der aktive Teil des Gesprächs.

Solches Zuhören löst die Gedanken des Partners. Er ist durch das Offensein des oder der anderen, erst in der Lage, Gedanken zu fassen, die bisher im Untergrund der Seele schliefen. Der Sprechende wird beschenkt durch das Lauschen des anderen.

Das Gespräch verbindet Menschen, die ein Thema gemeinsam betrachten, zugleich aber auf den Partner achten, der sich als Mensch ausspricht. Beides ist von hohem Interesse und es kann sein, dass das Wesen des Gesprächspartners wichtiger wird als der Inhalt der Gedanken.

Bei solchen Begegnungen heben sich die Wesensglieder der Sprechenden – Zuhörenden gegenseitig. Alle Eindrücke verblassen gegenüber der Wahrnehmung des anderen Menschen.

Das Wort Wahrnehmung bekommt doppelte Bedeutung. Man vernimmt den anderen mit inneren Sinnen. Man schaut ihn so an, dass er ein Wahrsein erfährt, das auf andere Weise nicht geschaffen werden kann. Man betritt im anderen heiligen Raum und hebt den Vorgang durch Ichwesens-Kraft in den des beginnenden Geistselbst. Was man dort findet, ist einerseits Geschenk des Partners im Zuhören, andererseits das Entdecken des Eigenwesens in einer Tiefe, die man aus sich selbst und allein nicht erreichen kann. Die Wesensglieder entfalten sich im Gespräch. Sie können eines des anderen Geburtshelfer und Förderer sein. Adam erkannte Eva.

Ein Gespräch gibt es unter zwei Partnern, aber auch unter mehreren. Die eben beschriebene Art gehört ganz dem Freien

Geistesleben an. Das Gespräch hat aber auch im Rechtsleben hohe Bedeutung. Es wird in unserem Beruf zum Organ dieses sozialen Orts in der Familienbesprechung und anderen Sozialgruppen.

Es ist noch nicht Gespräch, wenn man einander Mitteilungen macht. Eine Information ist nötig – aber sie geht einseitig von einem zum anderen. Auch wenn jemand zur Mitteilung eine Einwendung oder Ergänzung macht, wird solches Sprechen nicht zum Gespräch. Das gilt ganz besonders für eine Auseinandersetzung. Bei einer solchen geht es darum, den eigenen Standpunkt erkennbar zu machen, ihn gar durchzusetzen. Das Wesen des Gesprächs liegt in der Offenheit dem anderen gegenüber. Man nimmt den Partner gar nicht wahr, wenn man etwas mitteilt. Man schaut auf den Inhalt des zu Sagenden, auf die Information. Nur um diese geht es. Sobald die Nachricht gesagt wurde, ist das Sprechen beendet.

Solche Information ist nötig, wenn es um eine fachliche Anweisung geht. Auch eine Fachdiskussion ist nicht Gespräch, solange man den eigenen Standpunkt zur Sache im Blick behält. Eine Streitkultur beginnt, wenn man lernt, den Ort eines anderen wahr- und anzunehmen.

Das Gespräch beginnt erst, wenn man neben dem Inhalt einer Aussage den anderen Menschen zugleich erlebt. Der Mitteilende wird ebenso wichtig wie seine Aussage, manchmal sogar noch mehr. Das Gespräch beginnt bei echtem Wahrnehmen und Respektieren des anderen.

Der Zuhörende möchte ernstlich verstehen, was der Partner sagt. Er hört die Worte des anderen, lauscht zugleich aber auf eine tiefe Schicht, aus der heraus der Sprechende sich mitteilen möchte.

Das Zuhören wird zu einer sehr aktiven Handlung. Es nimmt den Sprechenden ganz in sich auf. Dabei betritt der Sprecher heiligen Boden. Das tiefe Zuhören des einen wird zum Lauschen am Wesen des anderen. Dies schließt in beiden einen Blick auf in eine Wesensschicht des anderen, die beiden zur Erfüllung ihres Wesens wird. Der Sprechende wird zum Wesens-Erkannten. Der Zuhörende zur Quelle der tiefen Liebe. Das soziologische Grundphänomen[17] wird zur Liebe-Begegnung. Das ist höhere Erkenntnis.

Der Vorgang verläuft gewöhnlich im Unbewussten oder im Halbbewussten. Zunächst beherrscht Sympathie das Geschehen, und, wenn Bewusstsein gehalten werden kann, wird die Sympathie zur Empathie. So erfährt der eine etwas vom Innersten des anderen. Wenn es gelingt, dem innerlich Wahr-Genommenen das Erlebnis erkennbar zu machen, erfährt dieser sich auf eine Weise erkannt, die niemand anderer bisher aussagen konnte, auch nicht die Mutter oder der Vater. Der Mensch erlebt sich im ganz tiefen Wesen erfasst und geliebt.

Das Zuhören verliert den Charakter des Passivseins. Es wird so aktiv, dass es nicht nur wahrnimmt – im besten Sinne dieses Wortes –, sondern es wird zum Gestalten am anderen. Der Zuhörende baut am anderen. Solches Bauen geht nicht vom Bekannten aus und wirkt an vorgegebenen Bauelementen, sondern es wendet sich ins Unbekannte. Es schafft Neues und wendet das Neuerschaffene dem Geliebten zu. Das Zuhören wird zum Zutrauen. Dieses Wort geht, nimmt man es als Wort in seiner Tiefe, auch bis ins Unbekannte des anderen und traut zu, was diesem selbst unbekannt ist und bleiben würde, wenn der Zutrauende nicht das eigene Innere zuwenden würde. Der Mensch wird des Menschen Gestalter.

Zum Wesen des Gesprächs wird ein weiterer Vorgang hinzugedacht. Wer sich zu einem Austausch von innersten Gedanken bereit macht, darf nicht bei der Sympathie stehen bleiben. Sympathie trägt ihren Gefolgsmann nur ein kleines Stück weit. Danach setzt ein Gegenschlag ein, der das Erreichte ins Gegenteil verkehrt. Wer ins Herz des Mitmenschen blickt, muss auch bereit sein, die dunkle Seite des Menschen anzunehmen. Er muss sich dazu bereiten, Schuld des Menschseins zu vergeben.

Im Sinne der zweiten Bitte des Vaterunsers – im Raum der vier Bitten – trägt ein jeder Mensch Schuld am anderen. Man nimmt Raum ein, den ein anderer nicht einnehmen kann. In dem Raum-Wegnehmen liegt manche Quelle des Missverstehens, das alles Miteinander begleitet. Wer das verzeihen kann, kann Gespräche führen, die über bloße Sympathie hinausweisen. Man verneint nicht etwa Sympathie und Antipathie, man gewinnt vielmehr ein Gleichgewicht zwischen beiden und erreicht eine höhere Ebene. Wer in der Ebene der Sympathie verbleibt und Antipathie von sich weist, verstärkt die Dunkelseite im Wesen des Menschen. Bis in letzte Konsequenz gedacht, erweist sich dies als der Urstreit des Menschseins.

Rudolf Steiners soziologisches Grundphänomen besagt:
Jeder Sprechende hat die Tendenz, den anderen einzuschläfern. Wenn dies gelingt, herrscht reine Sympathie. Der Hörende schläft ein, aber er versteht nicht. Der moderne Mensch muss nach solchem Einschlafen zu sich selbst aufwachen, Antipathie entwickeln. Jetzt erst versteht er.

Wir denken das Phänomen weiter:
Der Sprechende betritt heiligen Raum im Anderen. Der Liebende bemerkt dies – der nur Mitteilende noch nicht. Der Lauschende öffnet heiligen Raum in sich. Damit bereitet er dem

Sprecher offenes Zuhören. – Der eine erkennt den anderen im Tiefsten. Das ist Liebe. Zugleich ist er völlig schutzlos im Tiefsten seines Wesens. Das Gespräch wird zur Wesensmitteilung bis dahin, dass der Liebende dem Geliebten dessen Selbst auf ihm neue, beseelende Weise mitteilt. Liebe und Erkennen werden identisch: Agape.

Fehlentwicklungen:
Der Zuhörende verliert sich in Sympathie. Er ist begeistert – vergisst aber die Gedanken. – Der Zuhörende entwickelt schon im Zuhören Antipathie. Er hört nicht mehr zu. – Er hält eigene Gedanken fest, beginnt eine eigene Stellungnahme mit: Ja, aber. – Es geht um Macht: Ich will andere überzeugen. – Gewohnheit: Der andere liebt mich – ich habe ein Recht darauf, in ihn einzutreten. – Betrug: Ich will etwas erreichen, das ich aber nicht aussage. Ich spreche von dem einen – erreiche anderes. – Der Sprechende betritt den Innenraum des Zuhörers ohne Rücksicht mit «Straßenschuhen». Der so Behandelte erfährt sich tief verletzt. – Der Sprechende fordert das Sichöffnen des anderen. Er achtet den Anderen nicht mehr in seinem Eigensein.

Folgen:
Der Zuhörende, – Liebende – hat sich ohne Vorbehalt geöffnet. Er ist schutzlos. Der andere betritt den heiligen Raum ohne Ehrfurcht: Das wird als tiefe Verletzung empfunden und ist es auch. Der Zuhörende erlebt den Vorgang zuerst als Minderung, später als Zerstörung des eigenen Wesens. Er ist sicher, dass er dies nicht hinnehmen kann. Er flieht. Der Eintretende fühlt sich zurückgewiesen. Er bemerkt fast nie, dass er den anderen verletzte. Er versteht die Situation nicht. Er leidet.

Wege:
Einer von beiden tritt zurück von seinem Ort, öffnet dem anderen frei werdenden Raum. Das ist Opfer. Einer von beiden verzeiht. Die Liebe – Erkenntnis öffnet sich wieder. In früherer Zeit gab es oft bewussten Opfergang. Ein solcher kann nicht gefordert werden. Heute wird er als nicht angemessen erlebt. Die herzbewegenden Opfer früherer Zeit sollten nicht übersehen werden.

Moralische Technik:
Das Gespräch üben in guter Zeit. Dabei unbedingt lernen, den anderen zu achten. Das Pendeln üben. Wenn dies in guter Zeit geübt wurde, kann es in schwieriger Zeit helfen.

Sakramentales:
In all diesen Vorgängen nähert man sich einem Sozialsakrament. Der eine wird – im biblischen Sinne – zum Hüter des anderen. Kann man das Wesen der Beichte auch positiv verstehen? Damit ist gemeint: Die Beichte wird gewöhnlich verstanden als Erkennen und Bekennen der eigenen Fehler. Man erkennt in sich Dunkelseiten. Unsere Frage ist, ob man neben diesen auch Hellseiten erkennen kann. Unserer Erfahrung nach gelingt dies sauber, wenn man solche Seiten im Mitmenschen entdeckt. Damit kann das Gespräch im tiefen Sinne als Sakrament der Sozial-Beichte erkannt werden.

Baruch Urieli nennt drei Stufen, die das Gespräch kennzeichnen:
– Offenheit gegenüber dem Anderen, gegenüber dessen Anderssein. – Achtung vor dem Anderen und dessen Sicht. – Dem Nachbild des Gesprächs nachlauschen. – Dies kann unerwartet Neues zutage bringen.

Wir verstehen unter einem Gespräch eine außergewöhnliche Form des Austauschs von Gedanken und Eindrücken.

Das Gespräch nähert sich diesem Ort und wird zur Wesens-Mitteilung. Der Erdenraum wird verlassen. Die Gesprächspartner begegnen sich auf geistiger Ebene. Im Zuhörenden steigert sich Sympathie zu Liebe und diese zu Erkennen. Erkenntnis-Inhalt ist die Wesensmitte des Anderen. Solches Erkennen beschenkt den Erkannten in so hohem Maße, dass Liebe in reiner Form antwortet. Dies ist Agape, wie die Griechen sie kannten. Das nannte Plato Liebe.

Aber auch der in das Gespräch Eintretende erfährt solches Erkennen. Das kennt man: Ein Zuhörender wendet sich uns so intensiv zu, dass sein Lauschen zum Helfer wird. Der Sprechende findet Gedanken und Worte, die tief in ihm schlummerten, die er aber bisher nicht fassen konnte. Die Zuwendung des Gesprächspartners wird zu realer Hilfe.

Die Berührung der Wesensnähe geschieht gegenseitig. Das widerfährt Liebenden, aber auch dem einsam Erkennenden, der sich um das Erfassen der Wahrheit bemüht. Mit dem Vorgang ist eine Tiefe menschlichen Erlebens erreicht, die auf andere Weise nicht erfahren werden kann.

Die einmal erreichte Höhe des Erlebens bot unendlichen Ausblick. Die Tiefe nach einer Enttäuschung ist ebenfalls überwältigend. Der Zuhörende hatte sich geöffnet, ohne Vorbehalt, ohne Schutz. Nun erfährt er umso tiefere Verletzung. Der Eintretende in die geheimen Räume hatte seinerseits beglückende Erfahrungen gemacht und findet sich nun ausgeschlossen vom Reichtum des Erlebten. Er hat nicht bemerkt, dass er den anderen verletzte.

Das Gespräch ist der Ort, der Menschen zueinander führen kann. Es ist nicht leicht, es auf der ihm angemessenen Höhe zu halten. Der Umgang mit Menschen, die mit Behinderung leben, legt nahe, das Gespräch zu pflegen. Man lernt zu lauschen auf den anderen. Man lernt, etwas Unerwartetes zu erahnen, was sich nicht außen ausspricht, das sich nicht einmal andeutet.

Das erste Erkennen bemerkt man an etwas Lichtem: So ist das eigentliche Wesen dessen, der als Behinderter vor uns steht. Erkennen braucht Mut.

Man braucht Aufmerksamkeit, um zu erkennen, was im Gespräch geschieht. Es empfiehlt sich, solche Aufmerksamkeit zu üben. Ein besonders eindringlich wirkendes Mittel dazu ist die Tagesrückschau. Man kann nach einem Gespräch eine der Rückschau entlehnte Übung machen. Man baut erinnernd ein Nachbild des Gespräches.

Man verdichtet die Ereignisse des Gesprächs. Man schafft sich einen Klang, ein Farbereignis des Gesprächs. Oft erkennt man erst jetzt den Tiefgang des Ereignisses. Zugleich erkennt man die Wesensebene des Gesprächs. Der Sprechende hat am innersten Wesen des anderen gebaut. Das heißt, er hat Situationen des hohen Ich erkennbar gemacht, die er nicht nachbildend, sondern schaffend erstehen ließ.

Im Gespräch kann einer am anderen gestalten, das heißt, ihn auf eine Ebene heben, die er allein nicht erreichen kann. Das Gespräch wird zum heiligen Vorgang. Man bemerkt es, wenn man aufmerksam wird darauf, wie Geistiges im Menschen lebt. Der Mitmensch wird zum Lehrer des Selbstseins. Karl König nannte den Vorgang: Der Eine wird zum kleinen Hüter des anderen.

Das Gespräch ist der Ort mancher Verwandlung. Wenn es so geführt werden kann, dass des anderen Mitte zu sprechen beginnt, kann es kultischen Charakter annehmen.

Es bewegt sich zu auf die Stufen: Verkündigung – Opferung – Wandlung – Kommunion. Die Richtung des Vorgangs ist nicht wie beim überkommenen Kultus von oben nach unten, von der Geistwelt zur Erde hin. Die neue Richtung weist von unten, von der Erde zum Geistigen hin.

Der eine lauscht dem anderen nach. Er lauscht auf die Worte und zugleich auf das Wesen des anderen. Der Vorgang wird zur Verkündigung. Beide treten mit dem Vorgang auf eine Zeichen gebende Stufe. Diese Veränderung wird von beiden erzeugt. Das Sprechen und das Lauschen hebt das Geschehen.

Wer konsequent zuhört, wird auf eine Probe gestellt. Vermag er zuzuhören, ohne das Vernommene zu verzeichnen durch Überlagerung mit Eigenem? Wer das unternimmt, muss das Selbsterleben zurückstellen, muss den anderen in die eigene Mitte stellen. – Das ist Opfer. Uns heute Lebenden fällt das besonders schwer.

Die Stufen dieses Weges wirken ineinander. Man wandert nicht auf einer Treppe, die Stufe um Stufe zu bewältigen ist. Man ist in einer reinen Situation. Sie fordert stetige Bereitschaft zum Annehmen eines Neuen. Man wandelt sich und das Eigene. Man wandert auf dem Wege der Nebenübungen Rudolf Steiners.

Die beteiligten Menschen erreichen gemeinsam, was ein Einzelner nicht erreicht hätte. Sie bilden eine Kommunionsgemeinschaft.

Der beschriebene Vorgang ist nicht das Ende des Weges. Man erfährt durch die Prüfungen viel an Seelendramen im eigenen Hause wie in denen der beteiligten Menschen. Auf der Stufe der Wandlung kann es geschehen, dass man nicht mehr in der Lage zu sein glaubt, des anderen Partner bleiben zu können. Man erlebt, dass man in das Karma des anderen eintreten müsste, dieses mittragen muss. Das ist schwer.

In Johannes (20, 19) tritt der Auferstandene unter die Geistesschüler, unter Frauen und Männer. Er spricht zweimal das Wort vom Frieden, der unter ihnen lebt.

Der Friede des Christus ist nicht Abwesenheit von Streit, nicht nur Zurücktreten des Eigenseins. Er ist ein eigenes Wesen, das zu meditieren ist. Der Friede wird zum Licht des Christus. Es ist das Licht des Paulus, das ihn auf dem Wege nach Damaskus umstrahlte.

Dann haucht Christus die Anwesenden an. Dieser Anhauch ist der zweite, den der Mensch auf dem Erdenwege erfuhr. Den ersten schenkte ihm Gottvater. Er begabte ihn mit Seele. Der Mensch erlebte Bewegung, Denken, Empfinden, Sprache, Handlung.

Der zweite Anhauch schenkt das Ursoziale. Das Menschengeschwister kann Karma des anderen Geschwisterteils lösen. Es wird es aber nicht hinwegnehmen, sondern mittragen. – Wer im Licht steht, vermag dies.

Gespräche mit Verantwortlichen einer Gemeinschaft

In den Familien wurden die Hauseltern und Hausverantwortlichen gefragt:

– Weshalb bist Du hier?
– Was ist Dir wichtig?
– Mit welchen Fragen gehst Du um?
– Fühlen Menschen sich wohl in Deiner Familie?
– Werdet Ihr Euren Aufgaben gerecht?
– Was ist Dir, Deiner Einschätzung nach, bisher nicht gelungen?
– Woran arbeitet Ihr in der Familie?

Familie 1:
Viele Menschen unserer Familie leben ganz auf die eigne Person bezogen. Sie nehmen die Welt nicht wahr, sie nehmen andere Menschen nicht wahr. Manche leben in starken Zwängen, die einzelne in eine Art Gefangenschaft steigern.

B. bohrt seine Gedanken in immer engere Schraubenbahnen. Das spiegelt sie in andere Menschen hinein. Es führt zu ständigem Streit mit allen. Sie kann sich selbst nicht helfen. In einer stillen Stunde sieht sie die Lage deutlich vor sich und kann sie im realen Streit doch nicht steuern. Sie braucht jemanden, der sie auf dem Wege im Streit ein wenig anhält und ihr bewusst macht, wo sie gerade steht. Manchmal gelingt es, den Streit umzukehren. Das gelingt am besten, wenn man sie dazu bringen kann, einem anderen zu helfen. Es ist gut, ihr vorsorglich Raum zu geben, ehe die Gedanken in die Enge laufen.

W. war bis vor Kurzem ein besonders kräftiger Mann. Der Tod der Eltern hat ihn sehr mitgenommen, hat ihm Lebenszuversicht genommen. Seine Ohren, das Hören sind schwach. Aber im Hörvorgang ist es der Wille, der nicht aufzunehmen in der Lage ist. Wenn man ihn lobt, mit ganz leiser Stimme, hört er das genau. Wir bemühen uns, seinen Willen im Raum der Wahrnehmungen anzuregen. Diese Methode ist für alle hilfreich. Man macht aufmerksam auf Naturvorgänge, auf eine Landschaft, auf einen Baum, auf eine Blume. Man schaut genau hin. Man beschreibt das Gesehene. Man versucht, es zu malen. Man spricht nicht laut mit W., vielmehr leise und gerade dann, wenn er nicht versteht. Man muss allerdings sorgfältig die Stimme führen. Wenn man etwas Geheimnisvolles in die Stimme legt, hört er besser als sonst.

G. ist besonders schwach in den Sinnen. Die Augen sehen nur ganz wenig. Aber auch hier sind es nicht nur die Organe, die schwach sind, der Wille ist es. G. vermeidet es, etwas wahrzunehmen, schaut nicht hin, blickt zur Seite. Wenn er arbeitet, schaut er nicht auf die Hände, schaut woanders hin. Will man etwas erklären, was aber gesehen werden sollte, braucht er besonders lange, um es zu erkennen. Sobald der Begleiter sich einem anderen zuwendet, ihn aus dem Bewusstsein entlässt, sinkt er in sich zusammen. Täglich wiederkehrende Arbeiten wecken ihn ein wenig. Er hat in der Familie ein festes Amt, das er einigermaßen gut ausführt, wenn auch sehr langsam. Der geregelte Tageslauf und gewohnte Arbeiten orientieren ihn im Dasein.

K. ist einem Willen ausgeliefert, der sein Denken in Zwänge führt. Er bohrt sich in Phantasie-Gedanken hinein und verliert ganz den Boden unter den Füßen. Es gibt Explosionen, die ihn in wilde Aggression führen. Sie richten sich gegen ihn selbst, auf andere Menschen und auch auf Dinge. Tadeln und Schelten bewirkt das Gegenteil des Gewünschten. Sie verschlimmern die Lage und an Geschrei ist K. jedem anderen überlegen.

Ruhiges Sprechen hilft – wenn auch erst nach einiger Zeit. Das Sprechen muss sich nicht auf den Inhalt seiner Gedanken richten, kann sich an Gewohntes anschließen, kann etwas ansprechen, was er gut kann oder schon besonders gut geschafft hat. Bedauern hilft auch, denn K. ist in tiefem Kummer, wenn er ausrastet. Besser ist es, die beginnende Enge vorher zu spüren und sein Denken auf andere Bahnen zu lenken. Es ist sehr hilfreich, wenn man in guter Stunde auf ihn zugeht und auf Erfolge anspricht. Das Bild seiner totalen Verzweiflung, wenn er einmal ganz im Engen gefangen ist, vergisst man nicht. Es prägt sich ein und begleitet den Wahrnehmenden. Es ist in sich selbst ein Wahrbild großer Einsamkeit.

Der Begleiter wirkt nicht durch seine Fachkenntnis. Er wirkt durch das Dasein, durch das Bild seines Seins. Der Begleiter hilft, wenn er mit sich selbst identisch ist.

B. ist ein schwerst mehrfach behinderter Mensch. Sie braucht viel Hilfe. Sie schreit oft ohne erkennbaren Anlass durchdringend laut. Auch hier gilt: Der Begleiter und Helfer wirkt vor allem dann heilend, wenn er seiner selbst gewiss ist. Die Stimme, die Geste, das Gehabe des Begleiters bleiben ruhig, stimmig. In der Psychiatrie spricht man davon, dass der Helfer mit abgestelltem Affekt wirken muss. Das bedeutet, er muss eigene Bilder zurückstellen und auch die Hoffungshaltung, mit der man gewöhnlich anderen begegnet. Für den Laien kann das kalt und herzlos erscheinen. Es bietet aber dem in sich selbst desorientierten Menschen den besten Halt.

Der Hausvater und seine Frau sprechen davon, wie schwer es ist, in der Familie eine Mitte zu bilden. Sie hat immer wieder die Tendenz, auseinanderzudriften. Man zerfließt in Vereinzelung und erlebt das zugleich als Schmerz. Die Hauseltern sind sicher: Unsere Aufgabe ist es, eine Mitte zu bilden. Man hat beste Erfolge mit vertragsartigen Absprachen. Der Einzelne erkennt im ruhigen Gespräch seine Probleme. Er weiß, dass er Fehler macht. Nun nimmt er im Gespräch mit dem Hausvater selber eine Konsequenz auf sich, falls eine Entgleisung wieder geschieht.

Der Hausvater achtet darauf, dass die angenommene Folge des Fehlers nicht zu heftig ausfällt, dass sie wirklich leistbar bleibt. Ein Fehlverhalten muss aber klar erkennbar sein, und die Folge muss ebenfalls ein deutliches Bild ergeben. An solche Absprachen halten sich die meisten Mitbewohner, ohne dass jemand einen Tadel oder eine Strafe aussprechen muss.

Es ist interessant, wie ein Element des Rechtslebens einzieht in ein Gebiet, das bisher als Feld des Freien Geisteslebens angesehen wurde.

Die Hauseltern erleben für die eigene Person, dass sie in sich selbst und für sich lernen müssen, Mitte zu bilden. Erst dann können sie dies glaubwürdig auf die Familie übertragen.

Familie 2:
Frau G., eine der Begleiteten, ist auf dem Wege, die Erde zu verlassen. Sie ist ein ganz besonders liebenswerter Mensch, der trotz des erheblichen Hilfebedarfs immer etwas Helles in die Familie trug. Nun braucht sie ganz besonders viel Hilfe, auch in der Nacht. Die Hausverantwortlichen teilen sich die Aufgaben. Die Familie erlebt das Geschehen und jeder trägt es auf seine Weise mit.

P. braucht ganz besonders viel Hilfe, viel mehr als früher. Er entfernt sich von der Erde. Man spricht ihn an auf die Aufgaben im gemeinsamen Leben, auf die anderen Menschen, auf die Dinge, die ihm Freude machen und die er immer gerne tat. Aber man muss immer wieder seine Aufmerksamkeit wecken, sonst versinkt er ins Träumen und Dämmern.

L. war lange Zeit als besonders hilfebedürftiger Mensch Mittelpunkt der Familie. Nun ist er ein wenig in den Hinter-

grund getreten. Er nimmt es an, dass andere nun die meiste Aufmerksamkeit benötigen. Er ist ein alter Herr mit mehreren Schrullen. Wer sie kritisch anschaut, wird sagen, dass er die anderen sehr stört. Aber die Familie gesteht ihm das eigenwillige Verhalten zu.

Andere Menschen in der Familie sind meist unauffällig. Jeder tut mit, hilft anderen. Das Ergehen von Frau G. interessiert alle. Geburt und Sterben sind bekannt in der Dorfgemeinschaft. Viele Kinder wurden geboren und viele Freunde starben in den vergangenen Jahren. Es ist sehr bewegend zu erleben, wie Menschen mit Behinderung ihre Freunde auf dem letzten Weg begleiten. Es gibt bei der Kapelle einen Urnenfriedhof, der häufig besucht wird. Jeder weiß, dass er selber auch einmal dort ruhen wird.

Die Hausverantwortliche spricht ein Herzensanliegen aus: Die Menschen sollen sich wohlfühlen. Man kann es nicht immer allen recht machen, aber man kann es anstreben. So wird von Zeit zu Zeit erfragt, welches Gericht man am liebsten mag und diese

Wünsche werden bald einmal verwirklicht. Auch bei Ausflügen und Veranstaltungen wählt man im Gespräch, was wünschenswert scheint. Aber in diesen Tagen ist die Hausverantwortliche beeindruckt davon, wie sehr alle Mitbewohner das außergewöhnliche Schicksal der Frau G. erleben. Alle erleben ein intensives Heimatgefühl durch den Schicksalsschritt der Freundin.

Die zweite Hausverantwortliche fügt hinzu: Es ist aber auch wichtig, den Einzelnen zu sich selbst zu führen, seine Individualität zu entwickeln. Man lebt zusammen und fügt sich ins Ganze ein. Der Einzelne muss aber sicher sein, dass er zu seinem individuellen Recht kommt.

Familie 3:
Der Hausmutter ist das Wichtigste, dass die Menschen der Familie eine innere Ausrichtung ins Geistige finden, denn dort gibt es keine Behinderung. Manche haben es schwer, sich in diesem Raum zurechtzufinden. Die Hausmutter meint aber, das ginge anderen auch so.

Sie pflegt Religion – Kunst – Kultur. Dabei nimmt sie alle mit ins Boot. Wichtige Ereignisse werden vorbereitet, besprochen, betrachtet und dann geht es auf einen Ausflug. Man besucht Konzerte und Theater. Man ist oft in Museen zu finden, wo Bilder angeschaut werden. Neulich gab es eine Faust-Aufführung, die die Familie geschlossen besuchte. Vorher wurde der Faust ganz gelesen und besprochen. Das Erlebnis klang lange nach.

Es gibt immer einen Plan, was man als nächstes unternehmen wird. Darüber wird gesprochen bei Tisch und am Hausabend. Wenn solche Pläne erörtert werden, fallen alle gemeinsamen Arbeiten leicht. Das Zusammenleben wird überhaupt leichter. Jeder fühlt sich zufrieden, wenn er geistig angeregt ist.

In der Nachbarstadt gab es einen unbekannten modernen

Künstler, einen Maler. Die Hausmutter hat ihn entdeckt und nun wird das Museum oft besucht. Bei solchen Gelegenheiten lernt sie ihre Mitbewohner von einer ganz neuen und oft überraschenden Seite kennen. Mancher kauft einen Katalog und studiert darin in der Freizeit. Dann überrascht er die anderen mit genauen Schilderungen oder mit Fragen.

Die Hausmutter sagt dazu: Jeder soll als das Geistwesen angesprochen werden, das er eigentlich ist. Es steht unsichtbar hinter ihm. Wer so betrachtet wird, wird sich zugleich des Ranges bewusst, den er als Mensch einnimmt. Wer dessen sicher ist, kann sich einordnen. Er wird echter Gemeinschafter. Die Hausmutter spricht und verhält sich immer leise, unauffällig. Sie ist nicht laut, vor allem dann nicht, wenn jemand mit kräftiger Stimme andere übertönen möchte. Sie wartet bis es eine Pause gibt und sagt dann, was ihr nötig scheint.

S. ist ein extrem lauter Mensch. Sie krakeelt gerne und fühlt sich dabei wohl. S. hat eine besonders laute Männerstimme und vernimmt sie gerne. Die anderen wollen sich auch verständlich machen. Der Lärmpegel steigt. Die Hausmutter bleibt trotzdem leise, sagt ein Wort, wiederholt es, nicht etwa drängend. Der eine vernimmt es, macht andere aufmerksam. Es wird still und sie kann mitteilen, was nötig ist.

Familie 4:

Die Hausverantwortliche sagt von sich selbst: Ich kann einiges, aber nicht alles. Ich komme ganz gut zurecht mit Fixationen und Zwängen, aber gar nicht mit Hysterie. Dem werde ich nicht gerecht. Ich bejahe Menschen, bin aber als Einzelne einseitig. Es ist nötig, das zu wissen, sonst schadet man anderen Menschen. Ich bin froh, dass in Lautenbach Regel ist: Man wählt seine Familie.

Wenn man einige Zeit in einer Familie gelebt hat, kann man

sich in eine andere wählen. So ist es möglich, dass sich die Einseitigkeiten zurechtrücken. Hysteriker bleiben nicht bei mir und das ist gut. Die Freiwilligkeit ist so wichtig.

Die Hausverantwortliche spricht von einzelnen Menschen ihrer Familie.

M. ist extrem schwach. Er schaut niemanden an, blickt über die Menschen hinweg und hat doch alles gesehen. M. ist inkontinent, muss beim Gehen an der Hand geführt werden. Er hat gar keine Orientierung. Er spricht nicht, muss bei Tisch gefüttert werden. Er wird gekleidet, gewaschen, bei allen Tätigkeiten der Versorgung betreut.

Aber er gehört zur Familie. Er selber besteht darauf, an allem teilzunehmen. Ein Mitarbeiter glaubte einmal, er sei müde und nicht in der Lage, eine Veranstaltung zu besuchen, die für alle stattfand. Er brachte ihn ins Schlafzimmer, aber M. klammerte sich fest an der Tür und war nicht ins Zimmer zu bekommen. Bis der Begleiter verstand, M. wollte, nein er musste mit dabei sein. Ohne ihn konnte nichts laufen. Er machte nachdrücklich klar, dass er sich als Mitglied der Gemeinschaft und der Familie sieht. Er lebt in der Gewohnheitsgestalt der Gemeinschaft.

C. ist weniger schwer behindert als M., er lebt aber auch ganz im Umkreis. Er nimmt tausend Dinge wahr, hat alles gesehen, er vergisst nichts, er erinnert alles und plappert davon.

C. ist die Zeitung des Dorfs. Wer ihn fragt, erfährt das Neuste. Die vielen Sinneseindrücke fordern ihn sehr, sodass er abends müde ist wie ein kleines Kind und früh zu Bett geht.

Die Hausverantwortliche weiß: M. und C. leben ganz aus den Sympathiekräften der Begleiter. Sie wendet sich ihnen intensiv zu, aber sie pendelt – das ist ihr Wort dafür – zwischen Sympathie und der Aufforderung, sich auf sich selbst zu besinnen. Sie will nicht mit Papageien leben, sondern mit Menschen, die ihr als Partner begegnen.

Sie führt viele, viele Gespräche. Sie spricht mit den behinderten Mitbewohnern, mehr noch mit den Helfern und Seminaristen, weil sie einen jeden mit ins Boot holen möchte. Sie möchte von ihnen erfahren, wie sie sich fühlen, was sie im gemeinsamen Leben bewegt, und wie sie ihr eigenes Leben mit dem verbinden können, das hier zusammengeführt wird. Sie bemüht sich darum, Neues an die Menschen heranzuführen, damit sie in innere Bewegung kommen.

Sie arbeitet häufig mit Gedanken aus dem Rechtsleben. Sie führt die Mitmenschen dahin, sich als Gleiche wahrzunehmen und auch zu verstehen neben anderen. Sie erreicht es, dass alle nötigen Aufgaben freiwillig angenommen werden. Falls Versäumnisse vorkommen oder gar Unglücke, die durch Unaufmerksamkeit verschuldet wurden, werden Ausgleichsaufgaben ermittelt. Wer solch ein Unglück verschuldete – solche, die wegen der Behinderung unvermeidlich waren, werden von der Regel ausgenommen – weiß, was die Folge ist. Vor allem im zwischenmenschlichen Bereich gibt es Verträge. Wer den Frieden der Familie stört, kennt die Konsequenz und er hält sich daran. So vermeidet man Schelte und Strafe.

Über all solche Vorgänge wird offen in der Familie gesprochen. Standpunkte werden erörtert und geklärt. Neue Verträge werden geschlossen, wenn ein bisheriger die Situation nicht mehr trifft.

Die Begleitende war die erste in der Gemeinschaft, die sich selbst nicht mehr Hausmutter nannte, sondern Hausverantwortliche. Es ist bemerkenswert, wie das Rechtsleben ohne bewusste Planung einzieht und das Leben orientiert.

Familie 5:
Im Gespräch wird erörtert, dass eine der bekanntesten Gesellschaftsformen die des Matriarchats ist. Eine weitere ist das Patriarchat. Eine dritte wurde konzipiert in der Tafelrunde des König Artus.

Im Matriarchat wird ein übergeordnetes Prinzip gepflegt. Der Einzelne ordnet sich ein in eine göttliche Ordnung, oder auch, in moderner Zeit, in eine Idee. Das gilt für alle Menschen gleichermaßen, für Frauen wie für Männer. Wenn es einmal dazu kam, dass Frauen die Männer beherrschten, dann war das eine Seitenentwicklung, die das Wesen des Matriarchats nicht kennzeichnet. Das gilt noch mehr für das Patriarchat, das den Einzelnen in den Mittelpunkt des Interesses stellt. Patriarchalisches Denken individualisiert und vereinzelt. Eine solche Denkentwicklung löst alle Bindungen auf, die es zwischen Menschen geben kann und führt in einer krankhaften Abart dahin, dass Männer Frauen beherrschen. Die Entwicklung in unserer modernen Zeit führt dahin, dass Frauen ebenso wie Männer ihre individuelle Unabhängigkeit darleben. Zuzeiten kann es sogar erscheinen, als ob Frauen dies stärker erleben als Männer.

König Artus empfand den Menschen als Kind des Vaters im Himmel. Vor Gott sind alle Menschen gleich. Seine Gesellschaftsordnung sah für jeden Menschen – König wie einfachen Ritter – denselben Platz an der Tafelrunde vor. Damit war ein hohes Ziel angesprochen, das bis heute Menschen inspirieren kann. Der heutige Ich- und selbstbewusste Mensch kann das für sich nicht annehmen. König Artus entindividualisiert um eines sehr hohen Zieles wegen. Aber der Zeitgenosse stellt das eigene Selbst in den Mittelpunkt seines Erlebens.

Die Gedanken wurden einleitend vorangestellt und nun bewegt die Hausmutter ihr eigenes Streben und Tun vor diesem Hintergrund.

Sie steht innerlich dem Artus-Prinzip nahe, verfolgt es aber so, dass sie Einzelne am Tisch heraushebt in eine andere Ebene. Sie möchte den Einzelnen heben im eigenen und im Bewusstsein aller. Sie ahnt hinter manchen Menschen, die vordergründig Behinderte genannt werden, ein überindividuelles Wesen. Dies soll in Erscheinung treten und fassbarer werden. Jeder soll sich als Gleicher neben anderen, als unverwechselbar Besonderen ebenso erleben. Dabei ist der Hintergrund das Empfinden der besonderen Würde eines jeden, wenn man sich ihm zuwendet.

In der Familie gibt es mehrere recht schwerbehinderte Menschen. Unter diesen gibt es einige Behinderungen, die sich gegen das Zusammensein mit anderen stellen. Die Hausmutter bemüht sich darum, diese als Mitglied der Familie ebenso wie alle anderen zu sehen und sie selbst in diese Stellung zu bringen. Das ist Bewusstseins-Arbeit.

Herr P. ist ein großer, kräftig wirkender Mann. Sein Erlebens-Umkreis ist eng. Er kann zunächst nur sich selbst und eigene Belange sehen. Andere Menschen und deren Denken nimmt er nicht wahr. Er erscheint ungemein egoistisch. Er möchte immerzu eigene Interessen durchsetzen. Er ist laut, unterbricht Gespräche. Er wird aggressiv. Er schlägt andere. Viele haben Angst vor ihm.

Die Hausmutter nimmt ihn nahe an sich heran, bejaht ihn und bestätigt ihn. Sie wendet ein ungemein wirksames pädagogisches Prinzip an: Sie schenkt unverdient Liebe.

Zugleich gibt sie ihm Form. Sie stellt ihn heraus, wenn er sich dessen nicht versieht. Sie ordnet ihn ins Ganze ein, wenn er sich in den Vordergrund drängt. Sie hat ihn stets im Bewusstsein.

H. ist ein Riese von Gestalt mit ungewohnten Verhaltensweisen. Früher verstand man oft nicht, was ihn bewegte. Man tadelte ihn. Er wiederum konnte die Mitmenschen nicht verstehen. Daraus ergaben sich schwierige Situationen. Er galt als jemand, der sehr aggressiv auftritt, der schlägt.

In der Lebensgemeinschaft brauchte man lange Zeit mit dramatischen Einlagen, bis man einen Weg fand. Er braucht einen umfangreichen freien Raum, in dem er sich so bewegen kann, wie ihm der Sinn steht. Wer das nicht versteht, provoziert sein Entsetzen und aus diesem entstehen die negativen Erscheinungen, von denen die Rede war.

H. legt Wert darauf, manchmal die Hausmutter auszutricksen. Das gefällt ihm. Die Hausmutter hat gelernt, es hinzunehmen. Allerdings wird sie immer noch überrascht. Auf der einen Seite gesteht sie ihm Eigenes zu, auf der anderen fordert sie deutlich, dass er Schritte tut, die ihn in die Gemeinschaft eingliedern. H. nimmt das an. Er zeigt sogar manchmal, dass er ein Nachlassen der Forderung als Mangel empfindet. Manche ungewöhnliche Vorliebe muss man ihm zugestehen, auch wenn die Familie darunter leidet. Die Menschen der Familie müssen eben einen Lernschritt tun, müssen innerlich weit werden. H. braucht es. H. taucht zeitweise in tiefe Räume ab, in die ihm niemand folgen kann. Danach kehrt er wieder in den Kreis der anderen zurück.

W. lebt ganz im Umkreis, nimmt dort wahr, hat alles gesehen, muss alles sehen, nimmt das Gesehene in sich hinein. Er erlebt sich selber dort draußen, kann aber nicht den Punkt wahrnehmen, erkennen. Er bleibt im Umkreis, die Eigenwahrnehmung eingeschlossen. Er nimmt nicht wahr, was andere so ernst nehmen: Die Tagesordnung, die Hausordnung. Die Regeln des Zusammenlebens. Er stromert durch die Gegend, schaut mal hier mal dort hin. Er geht auch in fremde Zimmer, schaut in die Ecken und verschwindet wieder. Er weiß genau, wo etwas ist, er weiß weshalb und auch wo etwas geschieht. Er hat immer nette Begegnungen, denn obwohl er die Leute überrascht, stört er sie nicht. Er kommt von den Ausflügen entspannt und zufrieden zurück.

Es kommt auch vor, dass er wie unter Zwang und Not handelt. Er wirkt getrieben und unglücklich. Da er so gut wie gar nicht spricht, ist es oft schwer, ihn zu verstehen. Nur selten sagt er ein Wort, nein, den Teil eines Wortes. Er ist sicher, sich damit ausreichend mitgeteilt zu haben.

Er braucht immer und in Not noch mehr an Zuwendung. Einfache Liebeszeichen genügen. Wenn er sie entgegennimmt, strahlt er etwas aus, was erkennbar macht, dass die Zuwendung, die er empfängt, eigentlich von ihm ausgeht. Sie ist wechselseitig.

W. braucht bei allem Freilassen eine feste Hand, die ihn führt und deren Berührung ihm sicher ist. Der Freiraum kann sonst zu einem neuen Problem werden. Die Gewohnheit hilft, aber sie darf nicht zum Zwang werden. Die Gewohnheit muss mit leichter Hand geführt werden. Die Leichte des Handwirkens muss von den Begleitern geübt werden.

W. macht manchmal Bemerkungen, die jeden überraschen. Wer ist eigentlich behindert? Der Arzt verschreibt W. Öl-Dispersionsbäder, die eine ungemein beruhigende Wirkung haben. W. bemerkt das genau. Das war im Sommer. – Viel später, zur Weihnachtszeit, werden wie in jedem Jahr die Oberuferer Weihnachtsspiele aufgeführt. Herodes wird überaus dramatisch gespielt. Viele haben Angst. Bei Tisch wird über das Spiel gesprochen. Auch W. wird gefragt: «Wie fandest du Herodes?» – Er lakonisch: «Braucht Ölbad.»

S. ist eine recht schwerbehinderte junge Frau. Sie ist einerseits intelligent, kann aber auf der anderen Seite ihre eigenen Belange und ihre Beziehung zur Welt nicht erfassen. Sie kann nicht ohne Stütze und führende Hand gehen. Sie würde den Weg zu Tisch nicht finden. Sie wird voll gepflegt.

Sie stellt sich gewaltsam in den Mittelpunkt. Dort muss man sie wahrnehmen und ihr den Ort einräumen. Es ist aber stets notwendig, solche Orte des Eigenerlebens zu ordnen. Sie lebt im Mittelpunkt, ohne andere Menschen dem zuordnen zu können. Die Hausordnung gibt auch ihr den Rahmen des Lebens.

K. ist ebenfalls recht schwerbehindert. Sie erlebt sich selbst nicht daheim in ihrem Körper. Dabei ist der Körper schwach. Sie kann ihn kaum bewegen. Sie spricht stets mit klagender Stimme. Sie braucht viel Hilfe. Die Menschen der Familie spüren das und stellen eigene Wünsche zurück, um ihr den Raum zu geben, den sie braucht. Andere Mitglieder der Familie gliedern sich in den Kreis mit ein.

Die Hausmutter erlebt die Bedürfnisse der Einzelnen und sucht ihnen nicht nur gerecht zu werden, sondern sie zu fördern, sie weiter zu führen. Das gilt besonders für alles Gemeinschaftsleben. Sie hofft, dass sie beiden Ebenen gerecht werden kann. Sie ist überzeugt, dass sie das Individuelle und das Gemeinschaftliche ergänzen und ganz gewiss nicht ausschließen darf. Sie empfindet Gemeinschaft nicht als ein zu erreichendes Ereignis, sondern als ein immer neu zu entwickelndes. Sie sagt, Gemeinschaft ist immer im Werden und stets in Bewegung. Sie kann heute nur werden durch und mit Individuen. Wer das Individuelle fördert, hat die Möglichkeit, Gemeinschaft zu bilden. Wer es unterdrückt, sich gar selbst in die Mitte stellt, verhindert Gemeinschaft. Sie hilft jedem, der Hilfe braucht. Sie versucht zugleich, ihm zu einem Eigenerleben zu verhelfen. Darin sieht sie die eigentliche Aufgabe.

Sie freut sich sehr, wenn unter den beteiligten Menschen unerwartete Begegnungen stattfinden. Es kommt vor, dass jemand einem anderen hilft, der seinerseits nie jemandem half, der sogar anderen auswich. Das nennt sie eine neue Begegnung.

W., der Umkreis-Mensch, sieht, dass jemand Hilfe braucht. Niemand sonst bemerkt es. Er ist noch nicht so weit, selber Hilfe anzubieten. Aber er macht einen Helfer aufmerksam. Das ist ein Schritt für ihn.

Die Hausmutter ordnet viel. Sie sucht und bildet Mitte im Kreis der Mitte-fernen. Der Beobachter bemerkt, dass sie oft, kaum beachtet, Liebeszeichen gibt.

Familie 6:
Die Hausmutter wirkt ungemein überzeugend in der Art, wie sie Menschen wahrnimmt und wie diese sich einordnen in die Familie. Sie spricht zunächst über Einzelne und wie sie sich verhalten.

D. sieht aus wie ein recht alter Herr, ist aber den Jahren nach noch recht jung. Er sorgt immer für Streit in seiner Umgebung. Sobald er auftaucht, gibt es bald ein Geschrei. Man beklagt sich bitterlich. D. seinerseits fühlt sich auch ungerecht behandelt. Er tut das besonders laut kund. Hat man einen solchen Streit geschlichtet, ist bald der nächste begonnen. D. fühlt sich ganz unschuldig und als Opfer der Niedertracht der anderen. Er hat ganz harmlos ein eigenes Interesse eingefordert – und da hat der andere schreckliche Worte gesagt. So kann es klingen, wenn man ihn fragt. Wenn es nicht gelingt, ihn aus der Enge herauszuführen, wird er sehr laut und wirkt durch Blick und Geste bedrohlich. Die anderen haben Angst. Begleiter haben es sehr schwer, ihn zu erreichen. Die Hausmutter schafft es nicht immer. Aber eine andere Betreute, R., recht phlegmatisch, schafft das leicht. Sie spricht wenig, nur ein paar Worte und D. wird ruhiger, wird still. R. ist eine echte Hilfe. Sie findet dabei nichts Besonderes. Sie schlichtet einen Streit, weil er sie in der Beschaulichkeit stört. Aber sie erlebt das keineswegs als eine besondere Leistung.

S. schaut ins eigene Innere. Sie nimmt die Welt nicht wahr. Sie nimmt andere Menschen nicht wahr. Sie geht zu auf ihren Platz bei Tisch, ohne jemanden gesehen zu haben. Sie benimmt sich, als sei sie allein. Sie spricht nicht, sie bemerkt nichts. Sie lässt es sich schmecken.

Es ist eine Regel in unseren Familien, dass der eine dem anderen Speisen anreicht. Die Aufmerksamen geben das Benötigte hinüber, bevor darum gebeten wird. Die weniger Wachen werden von Nachbarn gebeten und reichen dann das Verlangte an. S. bemerkt von dem nichts. Man muss sie anrühren und dann bitten, erst dann gibt sie eine Schüssel weiter. An Tischgesprächen beteiligt sie sich nicht, auch wenn man sie bittet. Menschen mit Down-Syndrom lassen sich nicht entmutigen. Sie fragen wieder und wieder, bis sogar S. zuhört.

S. ist ein anderer Mensch, wenn es zu einem Ausflug geht. Jetzt ist sie wach, freut sich ungemein und spricht sogar. Während des Ausflugs nimmt sie Einzelheiten wahr und nennt sie, sie denkt nach über das Erlebte. Wenn es gelingt, solche Erinnerungen wachzurufen, beteiligt sie sich am Gespräch. Das ist dann eine Brücke für S., die Menschen in der Familie wahrzunehmen.

H. ist ein älterer Herr, der besonders zuverlässig den Pflichten nachkommt. Er hält Ordnung bei allem, was er tut, aber auch bei allem, was er sagt, denkt und empfindet. Die Ordnung ist wie festgefroren. Er kann sie nicht bewegen, nicht anpassen an ungewohnte Ereignisse. Die Ordnung beherrscht ihn. Andere gehen sehr locker damit um. Sie hüpfen von hier nach dort zum stillen Schmerz des H., bis er sich in Verzweiflung und Grimm äußert. Wenn es bis dahin kommt, ist er nur schwer zu beruhigen. Wenn nach einem solchen Sturm wieder Ruhe einkehrt, hat H. nicht ganz verstanden, was eigentlich passiert war. Man muss das Geschehene und seine Ursache aufarbeiten über lange Zeit. Da Herr H. älter wird, verschlimmert sich die Situation. Es kommt hinzu, dass er weniger leisten kann als früher, da das Gedächtnis nachlässt. Das bemerkt er und leidet darunter. Man wird neue Aufgaben erfinden, die ihn weniger beanspruchen als bisher.

Die Hauseltern haben zwei Kinder, die Tochter ist 13 Jahre alt. Sie ist ganz mit der Familie verwachsen. Sie lebt mit den Problemen der Einzelnen so vertraut, dass ihr spontan das richtige Wort einfällt, wenn etwas in Schieflage gerät. Sie ist in die Sozialtherapie hineingewachsen. Sie könnte ohne Schwierigkeit die Familie in einer Notsituation führen.

Ihr Bruder ist jünger. Er sucht mehr als die Schwester einen eigenen Raum neben dem Leben der Großfamilie. Die Mutter sieht das und bemüht sich, dem Bedürfnis entgegenzukommen.

Sie sagt: Kleinfamilien sind individuell, aber auch einseitig. Die Mischung vieler Charaktere und Eigenschaften in der Großfamilie ergibt ein ausgewogenes Ganzes. Es ist gut, beide Formen zu haben. Der Sohn lernt sich anzupassen am großen Tisch und kommt auch zu seinem Recht, indem sie sich ihm gesondert zuwendet.

Sie steuert die Familie mit sicherem Griff. Sie spricht von ihrer Aufgabe, ihrem Ziel: Ich bemühe mich, Mitte zu bilden. Extreme werden ausgeglichen, wobei die anderen behinderten Mitbewohner ausgesprochen hilfreich sind. Ich bemühe mich, Menschen zueinander zu führen. Einer soll dem anderen etwas zu sagen haben. Einer soll auf den anderen aufmerksam werden. Das hilft den anderen und mir selbst. Ich lerne am meisten.

Mein Mann, der Arzt der ganzen Einrichtung ist, ist unbestritten Hausvater. Aber er ist so sehr beansprucht durch seine Aufgabe als Arzt, dass mir die meiste Arbeit im Hause bleibt. Das ist ganz in Ordnung. Jeder weiß es. Trotzdem wirkt er durch sein Dasein und seine ruhige Art.

Lange Zeit war die Hausmutter Verantwortliche für die Großfamilie und zugleich für die eigene Familie. Sie bemühte sich, Raum zu geben. Solcher Raum muss ganz und gar individuell sein. Jeder muss sich erkennen als der Mensch, der er ist oder werden möchte. Auf der anderen Seite wird er immer als Mitglied der Familie gesehen. Das Erste schafft ihm Selbsterleben. Das gibt ihm das Erlebnis der eigenen Identität. Das erfährt man dadurch, dass man andere in dem ihnen eigenen Raum erfährt. Wir erörtern: Was ist Gemeinschaft? Rudolf Steiner sagte einmal: Wer am Mitmenschen für das Selbst wach wird, erlebt Gemeinschaft. Dazu sagt die Hausmutter: Das habe ich früher nicht gewusst und doch danach gehandelt. Auch heute ist das nicht eine Art Prinzip, nach dem ich mich ausrichte. Ich handle spontan und erst hinterher bemerke ich, dass es übereinstimmt mit dem, was Rudolf Steiner sagte.

Was bedeutet dir – so wird gefragt – der Mensch, der mit einer Behinderung lebt? Was bedeutest du wiederum ihm? Ich bin ein Mensch mit Fehlern. Darf ich neben einem anderen Mensch stehen und ihm meine Fehler zumuten?

Wir blicken auf eine Zeiterscheinung. Wir sind in unserem Beruf gehalten, einer genormten Qualitätssicherung zu entsprechen. Sie trägt dazu bei, scheinbar ohne Fehler zu arbeiten. Jeder Tätige gibt Rechenschaft für sein Handeln und über alle Vorkommnisse. Dann übergibt man dem nachfolgenden Mitarbeiter die Verantwortung.

Damit ist ein Bewusstseinsschritt verbunden. Das ist gut, sogar sehr gut. Die Gefahr ist aber, dass das Tun entindividualisiert wird. Es kann unpersönlich werden.

Ich bin sicher, ich verbinde das eigene Schicksal mit dem der mir Anvertrauten. Mehr Nähe kann es nicht geben und ein Mehr an Qualität auch nicht. Trotzdem ist es nötig, das eigene Tun kritisch zu beobachten und immer kritisch zu hinterfragen.

Wir versuchen zu überschauen, was die Gespräche mitzuteilen haben. Der erste Eindruck sagt, wie gut das ist, was mitgeteilt wird. Das Wesen des Menschseins kommt zum Tragen. Der zweite erkennt, wie ungemein persönlich jede Aussage ist. So sind Menschen. Der nächste, dass die Hausverantwortlichen einen inneren Weg gehen, um der Aufgabe gewachsen zu sein.

Wir bemerken, dass die Neigung zur Individuation, zur Vereinzelung besteht, dem aber Rechnung getragen wird. Zugleich gibt es ein weiteres Prinzip, die Gemeinsamkeit. Die Gemeinsamkeit wird nicht gefordert, nicht nahegebracht. Sie ergibt sich aus dem Leben.

Familie 7:
Die Großfamilie ist ungemein weltoffen, interessiert und beweglich. Man sitzt mittags zu Tisch mit etwa 20 Menschen, viele Gäste sind dabei, an mehreren Tischgruppen. Die Gespräche gehen hin und her. Es ist eine heitere Stimmung. Die Menschen mit Behinderung sind einbezogen.

Der eine, die andere, braucht einen Hinweis, weil ihr Lachen, ihre Worte ausufern. Das geschieht in großer Ruhe, während ringsum die Gespräche weitergehen. Man selber ist als Gast aufgenommen und ins Ganze einbezogen.

Die Hausmutter sagt: Die Familie muss stimmen. Das Zusammenstimmen ist entscheidend.

Man sieht eine Aufgabe vor sich, die getan werden muss. Man spricht davon in der Familie und prompt meldet sich jemand, der sie annimmt. So stimmt es. Man ordnet nicht an. Jeder entscheidet selbst, was er tun wird.

Der Hausvater meint: Das patriarchalische Wesen überwiegt. Man plant nicht zuerst und handelt dem entsprechend. Man überlegt nicht erst eine Form oder eine Aufgabe und gibt einem Menschen den Auftrag. Man hat meistens eine ungenaue Vorstellung von einer Notwendigkeit. Diese trägt man in eine Hausbesprechung. Dann wird der Gedanke weiterentwickelt und schließlich fängt jemand Feuer und sagt: Ich mach das. Das ist ganz sicher die beste Methode, nicht die Vorplanung. Daraus sieht man aber, dass der Willensteil in den Menschen angeregt wird, nicht das Formprinzip. Er sagt ferner: Es gibt Begabungen von Einzelnen. Diese werden im günstigen Falle in die Familie geschenkt.

Eine Helferin meint dazu: Wir machen aber auch viel zusammen. Wir schmücken alle zusammen den Weihnachtsbaum oder den Ostertisch. Das sind gemeinsame Leistungen – eben auch patriarchalisches Gut.

Das Schmücken geschieht spontan, ohne Vorplanung und wird im Ergebnis besonders schön. Die Hausmutter fragt sich, woher solche spontanen, nicht geplanten Ideen kommen. Sie hat das Gefühl, dass sie aus dem Schlafbereich stammen. Anders gesagt, wenn wir zusammen handeln, wird eine Tür in den Schlafbereich geöffnet und daraus strömen Ideen.

Der Hausvater berichtet eine Episode vom einem Betreuten, der als sehr verstörter junger Mensch vor einem Jahr in die Familie kam. Er bemerkte als Erster – vor allen anderen – eine Plastik, die neu aufgestellt worden war. Das ist äußerst ungewöhnlich. Woher hat er diesen Blick?

Er berichtet weiter: Wir machen oft zusammen Musik. Jeder macht mit und jeder kann selbst gestalten. Das verbindet sehr.

Und die Hausmutter ergänzt: Wir haben Freude miteinander. Das können wir, uns freuen. Jetzt sehe ich, dass das eine Venus-Gabe ist. – Wir beenden das Gespräch, werden es aber weiterführen.

In den Gesprächen wurden die Sozialgestalten Matriarchat, Patriarchat und die der Artus-Tafelrunde angesprochen. Danach schauten wir auf zwei neuartige Sozialformen, die eines

Sozialorganismus und die eines Ausgleichs zwischen Einseitigkeiten oder Behinderungen.

Nun sehen wir, dass für die Familiengemeinschaften der Sozialtherapie Elemente mehrerer Sozialordnungen angesprochen werden. Es gibt die Individualisierung des Einzelnen, aber auch echte Gemeinsamkeit.

Es fällt auf, dass oft davon gesprochen wurde, *Mitte* zu bilden. Das Wort ist nicht der auf Seite 298 gegebenen Zeichnung entlehnt, denn diese und der ihr zugrunde liegende Gedanke ist jung und den Hausverantwortlichen noch nicht bekannt. Sie sprechen von Mittebildung aus einem Sozialempfinden heraus. Sie erleben, dass jemand in ein Extremverhalten hineinfällt und den Weg heraus nicht ohne Hilfe findet. Die Verhaltensweisen sind sehr verschieden, je nach Art der Behinderung. Die besondere Lage der Behinderung wird in der Sozialtherapie fast immer in die Umgebung gespiegelt. Es gehört zur Seminar-Ausbildung, diese kennenzulernen und Wege zu entwickeln, damit angemessen umzugehen. Es darf nicht sein, dass man die Spiegelung einfach abwehrt. Noch weniger darf man in sie hineinfallen. Man wird selber in sich eine ganz individuelle Mitte aufbauen müssen, aus der heraus ein lösender Weg erst möglich wird. Die im Gespräch mitwirkenden Hausverantwortlichen haben dies erkannt und sprechen davon.

Neben der *Mitte* wird ähnlich häufig der *Ausgleich* genannt. Diese Qualität liegt nahe bei der eben angesprochenen. Im Ausgleich werden Grenzsituationen miteinander versöhnt. Dies kann über die Einsicht des Menschen geschehen. Es kommt oft vor, dass der Gesprächsführende das aber herbeiführen muss und die Einsicht allmählich aufleuchtet.

Dabei hilft sehr oft der Gedanke, dass der Mensch mit Behinderung die anderen in der Familie stört. Manchen ist das leicht ins Bewusstsein zu rufen. Andere sind so an das eigene

Befinden hingegeben, dass sie nicht Abstand nehmen und sich selbst betrachten können aus dem Blick der Freunde. Aber auch hier gibt es Möglichkeiten, Einsicht entstehen zu lassen.

Rudolf Steiner spricht im zweiten Vortrag des *Heilpädagogischen Kurses* davon, dass die Behinderung den eigentlichen Karma-Impuls überdeckt. Das Wort macht aufmerksam und

führt dahin, das Feld genau zu beobachten. Man entdeckt, dass in der Tat viele Menschen mit Behinderung ein tief liegendes Gefühl dafür haben, dass sie eigentlich jemand ganz anderer sind als sie scheinen. Es lohnt, sie in einer guten Stunde danach zu fragen: Bist du nicht eigentlich jemand ganz anderer?

Menschen, die mit Behinderung leben kann man in vertrautem Gespräch auf solche Hintergrund-Erkenntnisse ansprechen. Sie wissen von ihrer Behinderung, wissen aber auch von ihrem Menschsein, das unter der außen sichtbaren Schicht liegt.

Diese Tatsache kommt auch zum Vorschein, wenn über Einseitigkeiten gesprochen wird.

Manch einer kann zunächst nicht sehen, dass sein Verhalten für andere eine Belastung ist. Sobald aber die tiefere Schicht lebendig wird, kommt die Einsicht von der anderen Seite.

Es kommt oft vor, dass man nun den Betroffenen trösten muss, der die eigene Unzulänglichkeit bitter erlebt. Wir sehen, jemand trauert wegen des äußeren Erscheinungsbildes, das er den Menschen bietet. Aber der, der die Trauer empfindet, steht hinter dem Vordergrund. Dieser dahinter Stehende ist nicht behindert.

Das andere Bild, das des Sozialorganismus, tritt aber auch hervor. Man bemerkt es, wenn ein Mensch dem anderen zu Hilfe eilt, wenn eine Dame einem Mitbewohner mit wenigen Worten so helfen kann, dass er sich auf sich selbst besinnt. Man bemerkt es bei dem hingebungsvoll Helfenden. Man erfährt es bei dem genialen Schenkenden. Jeder, der einen eigenen Weg im Sozialorganismus Familie findet, ist auf dem Weg, ein solches Organ aufzubauen.

Es spricht sich auch aus, wenn der Ort erkennbar wird, den jemand in der Familie einnimmt. Dort wird Identität aufgebaut. Solche Identität des Eigenwahrnehmens nimmt ebenfalls die Qualität eines Sozial-Organs an. Diese unterscheidet sich vom Selbstbewusstsein dadurch, dass man sich eingeordnet weiß unter Menschen. Niemand kann leben ohne den Mitmenschen, ob er sich nun gut oder weniger gut zu ihm stellt. In jedem Fall bewirkt die soziale Einordnung das Erfahren und Erleben der Identität. Man weiß sich als Mensch wahrgenommen.

Identität führt auf geradem Wege zum Erleben des Orts, an den man gehört. Schon diese Tatsache ist hilfreich. Nun tritt hinzu, dass man einen individuellen Ort einnimmt. Man weiß, die anderen tun das Entsprechende auf ihre Weise auch. So entsteht ein Miteinander, in dem jeder weiß, dass der eigene Beitrag wesentlich und sogar unersetzbar ist. Das gilt aber auch für jeden anderen. So kommt es zu der Organgestalt, die als ganz neues Ereignis auftritt in der Gesellschaft.

Wir erinnern uns. Menschen, die mit Behinderung leben, werden durch die Kennzeichnung «Behinderter» sozial ausgegliedert. Nicht dieser Mensch kann sich auf den Weg machen, Mitglied der Gesellschaft zu werden. Die Gesellschaft muss ihrerseits den Schritt tun zu ihm hin. Dies unternehmen anthroposophische Lebensgemeinschaften. Da ein solcher Versuch sich in Neuland begibt, gibt es Umwege und auch Missverstehen. Das ist unvermeidbar. Die beteiligten Menschen sind sich jedoch klar darüber, dass sie auf der Suche sind. Die begleiteten Persönlichkeiten sorgen durch ihr *So-Sein* dafür, dass ein Menschenmaß die Richtung angibt.

Die Gesellschaft ist in Bewegung. Sie war gestern anders als heute und wird morgen wieder anders sein. Im Zuge solcher Bewegungen verstehen sich die Menschen der anthroposophischen Gemeinschaften als Pioniere. Die Leistung ist nicht ungewöhnlich. Die Entwicklungen in der Gesellschaft wurden immer von einzelnen oder kleinen Gruppen gebracht. Man sollte das Unterfangen nicht zu hoch schätzen, aber doch respektieren.

Ein Bild-Schema von typischen Einseitigkeiten in der Entwicklung von Menschen wurde auf Seite 111 gegeben. In dem Schema sind nicht alle Formen von Einseitigkeiten erfasst. Der Autismus lebt in allen angeführten Formen, er ist ein eigenes Bild des Menschseins. Auch der Kleptomane ist nicht erfasst, und nicht der Mensch, der unter dem Zeichen des Down-Syndroms lebt.

Bedenken wir: Ein solches Schema ist erdacht, ist eine Denkhilfe. In der Wirklichkeit kommt es oft vor, dass hier gezeigte Gegensätze sich in einem Menschen finden. Wir erleben, dass mancher Epileptiker hysterische Züge vorweist. Wir haben auch erlebt, dass eine Hysterikerin den Anfall eines anderen erlebte und darauf selbst in einen Anfall geriet.

Kultur und Religion

Beide beginnen nicht im Konzertsaal oder in der Kirche. Sie beginnen bei der Art der Lebensführung, der Art des Arbeitens und bei der Art, wie ein Mensch den anderen anschaut.

Eine liebevoll zubereitete Mahlzeit, ein schön gedeckter Tisch, ein gepflegtes Gespräch, sie bilden die Grundlage dessen, was in der Folge zum Empfinden kultureller Werte führt.

Beides gehört in den privaten Bereich und ist Sache jedes Einzelnen. In einer Lebensgemeinschaft werden beide als Bestandteil des Lebens betrachtet und verwaltet.

Das kulturelle Interesse der behinderten Mitbewohner kann geweckt und auf beträchtliche Höhe gehoben werden. Das betrifft alle Bereiche der Kultur. Viele Mitarbeiter sind interessiert an bildender Kunst oder an der Sprache, der Musik, an Theateraufführungen. Sie tragen das Interesse an die Menschen heran. Das wird gerne angenommen. Musik gibt es in Chören, in Kammermusikorchestern. In Lautenbach wird seit mehr als zwanzig Jahren die «Lautenbacher Blaskapelle» geführt, die mit beträchtlichem Erfolg musiziert. Der Erfolg geht nach außen zu den Zuhörern. Er wirkt auch nach innen zu den Mitwirkenden. Viele von ihnen haben nie musiziert, viele können Noten nicht lesen. Ein Mann, der zwar gar kein Gefühl für einen musikalischen Takt mitbrachte, wollte durchaus die Trommel schlagen. Über mehrere Jahre wurde geduldig geübt, bis er den Einsatz packte und richtig schlug. So geht es auch manchen anderen, die ein Instrument zu spielen lernten. Der persönliche Gewinn ist hoch. Was gelernt wurde, wird zur Fähigkeit. Dies ist Teil dessen, was man Bildung nennt.

Es gibt ein vielfältiges Angebot an Eurythmie, Konzerten und Theaterspielen. In der Winterzeit werden Veranstaltungen und Kurse angeboten, die die bildenden Künste und Musik pflegen. In manchen Werkstätten werden kunsthandwerkliche Gegenstände hergestellt. Bei der Arbeit an den Formen wird der künstlerische Geschmack geschult.

Religion schafft eine klare Verbindung zur geistigen Welt. Man kann das Religiöse von der Seite des Kultus pflegen, man kann von dessen Form und dem sinnlichen Eindruck ausgehen. Man kann auch vom spirituellen Mitempfinden und dem betrachtenden Verstehen aus den Weg einschlagen.

Die erst genannten Wege wirken besonders stark auf den schwerst mehrfach behinderten Menschen. Wenn er es schwer hat, einen sinnlichen Eindruck mit dem Gedanken zu verbinden, ist es hilfreich, ihm starke sinnliche Eindrücke zu verschaffen. Der Klang, der Geruch, das zu Sehende und sogar das Tastempfinden können zusammenwirken und tiefe Eindrücke verschaffen. Wenn durch farbige Vorhänge, durch Kerzenlicht und durch entsprechende leise Musik eine religiöse Stimmung erzeugt wird, sinkt das Erleben tief ein.

Ähnliche Mittel stehen auch den Hauseltern zur Verfügung, die ein Fest vorbereiten oder eine besondere Mahlzeit. Hier wird das religiöse Moment nicht im Vordergrund stehen. Aber es kann das ganze Leben durchziehen. Damit wird etwas

Wichtiges ausgesprochen. So wie Kultur nicht im Konzertsaal beginnt, sondern im täglichen Leben, so auch die Religion.

Religion ist anwesend, wenn ein Baby trinkt, wenn es zappelt vor Glück, wenn es die Mutter anlacht. Religion ist es, wenn Kinder in einem seelisch gepflegten Raum beisammen sind. Religion ist es, wenn die Mutter am Tisch Brot schneidet und verteilt. Religion ist eine Einstellung zum Leben im Ganzen. Das teilt sich den Kindern mit und solche Kinder leben mit einer religiösen Grundstimmung.

Bei Erwachsenen wird solche Stimmung zur spirituell-religiösen Haltung. Die Gespräche um Bibelstellen können tief werden. Man kann spirituelle Gesichtspunkte mit den Bildern der Bibel verbinden. Die innere Wahrheit dieser Gedanken leuchtet unmittelbar hervor und wird auch von schwer behinderten Menschen stark angenommen und getragen.

Vom Rechtsleben in der Gemeinschaft

Mehrere Menschen stellen sich eine Aufgabe. Sie wollen Menschen, die mit Behinderung leben, im Dasein begleiten. Sie sollen ein erfülltes Leben führen. Dazu gehören:
– Menschsein unter Freunden,
– das Tun für andere,
– einen eigenen Ort erwerben neben anderen.

Der Entschluss, diese Aufgabe anzunehmen, wird im Freien Geistesleben der Begleiter gefasst. Da es sich um mehrere Menschen handelt, weist deren Geistesart sehr individuelle Züge auf. Man würde sich auseinanderleben, wenn man sich nicht auf gemeinsames Handeln verständigte. Dies ist der Ort des Rechtslebens. Beispiele solcher Verständigungen können sein:
– Wer übernimmt welche konkrete Aufgabe?
– Wem und wo gibt er Rechenschaft über das Geleistete?
– Wie tauschen wir uns aus?
– Wer spricht mit Behörden? Wer mit den Angehörigen?
– Wie verhalten wir uns untereinander?
– Wer nimmt das Gesamte wahr?
– Wer entlastet den Einzelnen in seiner Verantwortung?

Das Rechtsleben wirkt nach innen zum Einzelnen hin. Es wirkt innerhalb der Gemeinschaft. Es wirkt nach außen in den Umkreis der Gesellschaft.

Jeder Beteiligte lernt es, selbst als Gleicher unter Gleichen zu leben. Das wird für Betreute, und manchmal Überbetreute, zu einem schwer zu erwerbenden Schritt, denn Betreutsein führt den Einzelnen auf sich selbst zurück. Wenn der Schritt geleistet werden kann, kann man sich als Freier einordnen in die Gemeinschaft. Wer es nicht schafft, bleibt Teilnehmer am Ganzen, aber er schwimmt im Fluss des allgemeinen Geschehens. Wer sich im Rechtsbereich als Gleichen fassen kann, kann Freier werden im Geistesleben.

Eine weitere Rechtsfrage zeigt sich darin, dass manche Hauseltern mit begleiteten Personen eine Art von Verträgen abschließen. Das geschieht im täglichen Leben und oft ganz unauffällig.

Schließlich lebt eine Gemeinschaft innerhalb der Gesellschaft und ist Bestandteil derselben. Es ist nicht gut, wenn man innerhalb einer solchen Gemeinschaft zu wenig Bewusstsein behält von der Tatsache: Man lebt in der großen Gesellschaft und trägt das selbst Entwickelte in diese hinein.

Die Gesellschaft wirkt auf mannigfache Weise in eine Gemeinschaft hinein. Vertreter der Gesellschaft sind Beamte, die Richtlinien erarbeiten, nach denen man zu leben hat. Beispiele sind die Forderung nach Qualität und Leistungsnachweis sowie nach Gesetzen.

Man darf verschiedener Meinung sein zu den Vorschriften. Es ist aber nach rechtlichem Gesichtspunkt nicht möglich, sich außerhalb dieser Ordnungen zu bewegen.

Man sollte sprechen mit Menschen, die solche Vorgaben an uns herantragen. Aber auch solche Gespräche dürfen nicht so geführt werden, dass man eigenes Recht beansprucht und vorträgt. Gespräche müssen offen geführt werden. Sie sollten auch nicht nachlassen, wenn zunächst nicht erreicht wird, was man sich erhofft.

Manche nennen bestimmte Menschen «schwierig». Das ist nur zu rechtfertigen, wenn man bereit ist, eine solche Beurteilung unter gegebenen Umständen allen Menschen zuzusprechen und auch sich selbst gegenüber zuzulassen. Zugleich ist festzustellen, dass das Urteil gefärbt ist von dem Urteilenden selbst. Vom Beurteilten her angeschaut sieht das Phänomen anders aus.

Wir haben oben erwähnt, dass Behinderung ein Schleier ist, der etwas Wesentliches verbirgt. Wer aufmerksam bleibt auf Wesens-Aussagen von Menschen, erfährt Zeichen dieser verborgenen Tiefen. Man muss sich aber klar sein darüber, dass jeder Mensch, auch der, der mit Behinderung lebt, in den eigenen Tiefen diese Tatsache kennt, dass er oder sie sich dessen bewusst ist. Manche der Menschen, die unter diesem Zeichen leben, scheinen nicht oder nur wenig unter der Diskrepanz zwischen Kern und Außenseite ihres eigenen Daseins zu leiden. Andere dagegen leiden sehr darunter. Das kann im Älterwerden zunehmen, denn hier tritt ein weiteres Phänomen hinzu.

Jedes Kind, auch ein behindertes, lebt mit Hoffnungen in die Zukunft. In den Tiefen des Bewusstseins gibt es die Hoffnung als Grundgefühl, die in den Lebenswillen einmündet. Ohne solche Hoffnung kann niemand leben. Im Vordergrund des Bewusstseins zeigen sich einzelne Hoffungsbilder, die sich in der Kindheit und der Jugendzeit aufbauten. Manche Angehörigen sprechen dem kleinen, behinderten Kind zu, dass es vieles erreichen werde, wenn es einmal groß geworden ist. Sie wecken die Hoffung, dass das Kind einmal Arzt werden könne oder Kindergärtnerin. Sie sprechen so, dass im Kind der Eindruck entsteht: Die Behinderung wird einmal überwunden werden, wenn ich groß geworden bin.

Es ist gut zu verstehen, dass Ältere dem Kind Mut machen und Hoffnungen wecken. Dem älter werdenden Menschen legt dies aber manche Prüfung auf. Denn er geht mit solchem Hintergrund ins Dasein als Erwachsener. Er lernt, was in der Lehrzeit nahegebracht wird, und bewährt sich schließlich in einem Beruf oder an einem Arbeitsplatz. Dahinter steht sehr oft die Hoffnung, dass alle Schwierigkeiten einmal ein Ende haben werden.

Solche Hoffnungen werden durch das Leben korrigiert. Um das dreißigste Lebensjahr geschieht es, noch mehr um das fünfunddreißigste, dass die Enttäuschung Platz greift: Die Behinderung ist übermächtig. Ich werde so bleiben. Ich werde nicht Arzt werden oder Lehrer oder Krankenschwester. Unter solchen Erfahrungen entfalten sich menschliche Dramen. Das Leid ist tief und für den Begleiter herzbewegend.

Der Schmerz kann das Erkennen weit führen. In einer vertrauten Gesprächsrunde mit behinderten Menschen, die im Alter nahe der Lebensmitte standen, wurde von diesen einmal gefragt: «Was ist das eigentlich: Behinderung?» – Die Frage wurde zurückgegeben, indem gesagt wurde: «Man sagt von Euch, Ihr wäret behindert. Deshalb müsst Ihr am besten wissen, was das ist. Wann habt Ihr eigentlich zum ersten Mal verstanden, was das ist?»

Es kamen Antworten. Ein Mann erzählt: «Und da hat der so schrecklich ausgesehen. Er hat so furchtbar geschimpft.» – Rückfrage: «Wer war das?» – Antwort: «Das war doch der Herr X.» – Er war Erzieher, Heilpädagoge, der den damals kleinen Jungen zu betreuen hatte. Der hatte so geschimpft, dass dem späteren Manne dieser Eindruck blieb: Was ist Behinderung? Da hat der so schrecklich ausgesehen!

An diesen Bericht schlossen sich weitere ganz ähnliche an. Jemand wurde an einem Stuhl festgebunden. Ein anderer bestraft. Eine Frau erzählt, wie sie keine Orientierung in einem neuen Heim fand, in das sie gebracht worden war. Alle der Berichtenden erlebten Behinderung derart, dass sie sich in den Menschen zeigte, die als Betreuer für sie da sein sollten.

Eine andere Frau erzählt nun: «Manchmal muss ich schreien.» – «Was tust Du, wenn das so ist?» – «Dann gehe ich in mein Zimmer und schreie dort! Aber was soll ich nur machen?» –

Antwort: «Dann brauchst Du einen Freund, eine Freundin.» – «Ja», so sagt sie, «dann kann ich zu meinem Hausvater gehen, der hilft mir.»

Jetzt bricht mit Macht eine Klage hervor: Eine Frau beginnt zu weinen, klagt laut: «Wann hört das auf, diese Behinderung? Es ist genug. Ich bin lange genug behindert. Ich will das nicht mehr. Es soll aufhören.» Der Begleiter nahm sie in den Arm und weinte mit ihr, denn er empfand ebenso: Vierzig Jahre lang behindert zu sein ist genug!

Schmerz kann das Erkennen weit führen. Die klagende Frau hat etwas erlebt, was einem Bild des Lebenstableaus nahekommt. Sie hat ihr eigenes Leben angeschaut und gesehen: War das mein Leben? Und wird das so bleiben? Zugleich wird an dieser Erkenntnis deutlich, wie sehr Menschen mit Bildern einer Lebensvorschau in den Tiefen der Seele leben. An einer Erkenntnis wie der beschriebenen nimmt man wahr: Zwischen Lebensvorschau und dem Leben selbst kann eine unüberwindbare Diskrepanz erscheinen. Das ist Leid!

Wir haben diese Betrachtung eingeschoben, weil sie zuerst erkennbar macht, wie sehr Menschen an der eigenen Behinderung leiden können. Dies schlägt sich in die soziale Umgebung nieder und nun kann es geschehen, dass man einen solchen Leidenden «schwierig» nennt. Das trifft – von außen angeschaut – zu. Aber ein dahinterblickendes Schauen wird das anders einschätzen. Darüber soll mehr gesagt werden.

Bei immer wieder auftretendem Fehlverhalten wird nicht getadelt, sondern es wird dem Betreffenden erkennbar gemacht, dass andere unter seinem Verhalten leiden. Dann wird er gefragt: Was soll geschehen, wenn das wieder vorkommt? Meistens schlägt der Betreffende eine schwierige und sogar harte Konsequenz vor. Der Hausverantwortliche erwägt den

Vorschlag und reduziert die Schwierigkeit auf ein leistbares Maß. Das wird so lange besprochen, bis es ganz verstanden ist. Nun ist die Folge eines neuen Fehlers nicht Schimpf oder gar Strafe, sondern die vertraglich vereinbarte Konsequenz wird eingefordert. Das klappt meistens erstaunlich gut, besser als vieles andere.

Eine Folge daraus ist, dass der Mensch mit der eigenen Behinderung umzugehen lernt, ein Vorgang, der besonders wirksamen therapeutischen Erfolg hat. Das so Gelernte dringt tief ins Bewusstsein und wird zum Eigentum. Man kann nur mit Würde leben,

- wenn man sich selbst und den Mitmenschen als Freie erkennt,
- wenn man einen Raum schafft zwischen Menschen, in dem ein jeder einen eigenen Ort hat,
- wenn man als Handelnder uneigennützig für andere arbeitet.

Von dem angesprochen Raum unter Menschen wird in einem späteren Kapitel gesprochen. Dieser Raum ist einer des Rechts, das zwischen Menschen zu schaffen ist. Dieser wird gewöhnlich am Unrecht erkennbar, das ein Mensch einem anderen antut. Da wir es aber mit Menschen zu tun haben, die ganz besonders empfindsam auf Unrecht reagieren, kann der Raum nicht erst durch geschehendes Unrecht, also an einem Negativum entstehen. Er muss als positiver Rechtsraum geschaffen werden, ehe er eingefordert werden kann. Ein solcher Raum entsteht als soziales Ereignis und ist ein rein geistiges Geschehen. Das Zusammenleben mit Menschen mit Behinderung führt den aufmerksamen Begleiter dorthin.

Im Verband anthroposophischer Einrichtungen für Heilpädagogik, Sozialtherapie und soziale Fragen, gab es eine Arbeitsgruppe «Rechtsleben». Viele Fragen des Rechts zwischen Menschen, zwischen Einrichtungen und unserer Zeit wurden bewegt. Die Arbeitsgruppe sammelte Rechtsfragen, prüfte sie, gab sie dem Vorstand des Verbands bekannt, veröffentlichte sie. Darunter sind allgemein geltende Probleme, aber auch ganz aktuelle. Darüber hinaus werden Gedanken erörtert, die aus der Gegenwart weit in die Zukunft weisen. Sie werden wach an Menschen und an Ereignissen, die Menschen betreffen. Einige Beispiele sollen angesprochen werden.

Die Einrichtungen des Verbands sind weitgehend autonom. Sie nehmen eine Erdenaufgabe an, die sich Menschen zuwendet, die Hilfe benötigen. Sie sammeln Menschen um sich, die helfen wollen, die helfen können und sie wenden sich denen zu, die Hilfe zum Leben brauchen. Sie entwickeln die Formen ihres Wirkens selber. Sie legen Wert darauf, dass sie nach eigenem Planen Menschen ansprechen und in der Einrichtung aufnehmen. Solche Einrichtungen treten zusammen im Verband anthroposophischer Sozialarbeit. Zu ihrem Selbstverständnis gehört volle Autonomie in allen Punkten der Zielgedanken und der Menschenführung. Dort liegt die Stärke der Arbeit, denn die Autonomie hat die Verbindlichkeit des Tuns zur Folge.

Aber eine jede Entwicklung unter Menschen hat neben Vorteilen auch Schattenseiten. Eine solche liegt in der nicht ausreichenden Planung, wenn man nicht zu einer übergreifenden Schau von Fragen kommt, die in und unter den Einrichtungen entstehen.

Ein Kind mit Behinderung wird in eine unserer Schulen aufgenommen und beschult, therapiert und gefördert. Das Kind wächst heran, nähert sich dem Erwachsen-Sein. Die Eltern und Angehörigen sorgen sich um die zukünftige Betreuung ihres Kindes. Sie suchen nach einer Folge-Einrichtung, die das Kind in der bewährten Weise weiterhin betreut. Die meisten

Eltern finden einen Ort, der das Kind annimmt. Aber manche suchen vergeblich, suchen an vielen Orten und erhalten Absage nach Absage. Der Weg dieser Eltern und ihrer Kinder ist überaus schmerzbeladen. Vom Gesichtspunkt eines Rechts-Denkens ist diese Tatsache nicht akzeptabel. Man wird von hier aus feststellen, dass ein Kind, das einmal in einer unserer Einrichtungen lebte, und das im Älterwerden eine Folgeeinrichtung wünscht, einen inneren Rechtsanspruch hat auf eine solche. Der Anspruch kann sich nicht auf die Schuleinrichtung richten. Er muss sich an alle Einrichtungen im Verband wenden, die erwachsene Menschen mit Behinderung annehmen. Das kann nur der Verband als Ganzer sein.

Das Problem verschärft sich, wenn ein Mensch mit Behinderung eine unserer Einrichtungen verlassen muss. Es kommt vor, dass jemand durch sein Verhalten ein Engwerden erzeugt. Das kann sich gegen andere Betreute wenden, aber auch gegen Betreuer. Es kommt – selten – einmal vor, dass ein Mensch eine Einrichtung verlassen muss. Danach ist es aber besonders schwierig, eine Folge-Einrichtung zu finden. Aber auch hier muss das oben Gesagte gelten: Jeder Mensch, der in einer unserer Einrichtungen angenommen wurde, hat ein moralisches Recht darauf, in einer anderen Einrichtung des Verbands leben zu können.

Dieser Gedanke wurde noch einen Schritt weiter gedacht. Der begleitete Mensch sollte ein Wahlrecht haben, in welcher Einrichtung des Verbands er leben möchte. Das setzt voraus, dass er Einrichtungen kennenlernen sollte, und dass er im weiteren Leben seine Wahl ausüben darf.

Diese Überlegungen schränken die Autonomie der im Verband zusammengefassten Einrichtungen ein. Sie führen dahin, dass sie nicht mehr allein auswählen und entscheiden, wer bei ihnen leben wird. Die begleiteten Menschen ihrerseits nehmen einen Teil dieses Rechts in Anspruch.

Der Gedanke ist ungewohnt. Er widerspricht einem Grundsatz, der bisher nie in Frage gestellt wurde: Die Schule, die sozialtherapeutische Lebensgemeinschaft bestimmen selber, und sie allein, wer bei ihnen lebt. So empfindet man den Karma-Gedanken. Das Schicksal soll sprechen über die Menschen, die beteiligt sind. Nicht ein anonymer Vorgang soll einwirken.

Man muss sich allerdings klar sein darüber, dass die Kostenträger der Wohlfahrtsbehörden bereits in diese Vorgänge einwirken. Manche fordern die Aufnahme von Menschen, die auf ihren Listen stehen. Die Behörden haben einen entsprechenden Rechtsanspruch verbunden mit Zusagen von Baugeldern, die sie früher einmal bewilligt haben. Gegen eine solche Forderung gibt es nur selten ein Rechtsmittel. Es ist aber sehr schwer, Teile des bisherigen Rechts freiwillig aufgeben zu sollen.

Gehen wir zurück zu einem jungen Menschen, der einen Folgeort sucht, nachdem er oder sie aus der Schule herausgewachsen ist. Wenn Eltern und Kind vergeblich suchen, wird das als Unrecht empfunden. Aber nicht nur unmittelbar Betroffene erleben das Unrecht, sondern auch Vertreter des Verbands, oder auch andere Menschen unserer Zeit, denen das Schicksal abhängiger Menschen zu Herzen geht. Es ist Unrecht.

Die Frage kann man nur von Grund auf fassen, wenn man eine Gesamtplanung aller Betreuten im Verband vornimmt. Man erfasst die Aufnahmezahlen, erfasst die zu erwartende Entwicklung und kommt damit zu einem Überblick. Dieser zeigt, wie viele weiterführende Plätze gesucht werden und wie viele Plätze vorhanden sind. Wenn es Lücken gibt – und nur auf diese Weise können sie erfasst werden – muss das bekannt gemacht und für eine Erweiterung geworben werden, oder es müssen neue Orte geschaffen werden. All das verlangt eine sorgfältige Planung.

Auch solche planenden Stellen sind erörtert worden. Sie sollten im Kleinen als regional arbeitende Gruppen beginnen. In den Gruppen sollten zusammentreffen: Mitarbeiter aller Einrichtungen der Region. Außerdem sollten Elternvertreter beteiligt sein. Die regionalen Planungsstellen sollten durch Ländergruppen vertreten werden und diese wieder zusammengefasst werden im Verband.

All das kann nur geschehen, wenn unsere Einrichtungen dem Vorgang zustimmen und ihn mittragen. Die Folge wäre eine übergreifende Begleitung der Menschen im Verband. Die Rechtsstellung der begleiteten Menschen würde ein Stück weit realisiert. Und die Menschen des Verbands würden zusammenwachsen. Wenn man das Karma der beteiligten Menschen bisher nur innerhalb der Einrichtungen sah, dehnt es sich nun aus über alle Einrichtungen des Verbands. Diese Vorstellung wird gestützt durch manche Erfahrung. Mehrere begleitete Menschen haben schon einen Ort des Lernens und des Lebens gewechselt und das geschah fast immer mit bestem Erfolg.

Ein weiterer planender Gedanke wird entwickelt. Der Berichterstatter hat zwölf Jahre lang in St. Petersburg in Russland an einem Seminar für Heilpädagogik und Sozialtherapie unterrichtet. Die Seminare konnten während mehrerer Jahre in den Räumen des Petersburger Waldorf-Seminars stattfinden. Zwischen den Seminaren und den Menschen entstand eine Verbindung. In dieser Zeit gingen mehrere Waldorfschulen in St. Petersburg zugrunde. Andere wurden entscheidend geschädigt.

Den Einrichtungen wurde ohne eine Erklärung oder einer Möglichkeit des Einspruchs das Haus genommen. Das Waldorf-Seminar konnte eine neue Wohnstätte finden. Die heilpädagogische Schule fand unter großen Schwierigkeiten ein Unterkommen in einer staatlichen Schule. Die anderen Schulen starben. Man verfolgte die Vorgänge mit großer Anteilnahme.

Die Menschen in Russland leben in einem rechtlich ungesicherten Raum. Auch die genannten Ereignisse geschahen unter Missachtung dessen, was Menschen als Recht ansehen. Im wirtschaftlichen Bereich tritt hinzu, dass die meisten der Lehrer arbeitslos wurden, was in Russland noch sehr viel schwieriger zu meistern ist als in Deutschland.

All das ist wahrscheinlich von Gegnern der Anthroposophie herbeigeführt worden. Die Einrichtungen wurden einzeln, unabhängig voneinander, angegriffen, aber alle nach demselben Muster. Sie hatten keine Möglichkeit sich zu wehren.

Die Waldorflehrer, und später auch wir Heilpädagogen, haben die Arbeit von unten begonnen, von Menschen ausgehend. Man sprach Eltern von Kindern an, man hielt Vorträge, gab Schriften heraus. Man versammelte interessierte Menschen und entwickelte daraus die Ideen der Gründungen. Der Weg ist der des Freien Geisteslebens. Es ist ein gut gegründeter Weg.

Wenn man jedoch die inzwischen gemachten Erfahrungen einbezieht, würde man sich ein zweites Mal für ein anderes Vorgehen entscheiden.

Die oben angeführten Einrichtungen wurden Waldorfschule oder «Anthroposophische Heilpädagogische Schule» genannt. Die Bezeichnung wurde allgemein anerkannt, auch von den deutschen Verbänden für anthroposophische Waldorf- und Heilpädagogik. Dadurch wurden sie in der eigenen und der öffentlichen Bewertung als solche verstanden. Als sie aber in Bedrängnis gerieten, standen sie allein. Es kam sogar vor, dass man Kritik äußerte an den Einrichtungen, an dem Verhalten ihrer Lehrer. Man warf ihnen vor, durch internen Streit die Angriffe von außen erst möglich gemacht zu haben. Man muss aber annehmen, dass kein Kollegium solch rechtliche und wirtschaftliche Eingriffe übersteht, ohne das innere Gleichgewicht zu gefährden. Eine Rechtsinstanz fehlte, die die Sache der gefährdeten Einrichtungen kompetent vertreten hätte.

Deshalb ist zu bedenken, ob zwei rechtliche Schritte zu prüfen sind. Der erste soll die anthroposophische Arbeit in anderen Ländern rechtlich in das Land einbinden. Das heißt, in Deutschland sollte das Auswärtige Amt, sollten die Botschafter zur Beratung gebeten werden. Im anderen Land sollte man auch über die Behörden und die Medien bekannt machen, was geplant ist, sollte einen Rechtsträger gründen, in den die Behörden einbezogen sind. Das ist ein Weg von oben, über die Öffentlichkeit.

Die Verbände in Deutschland sollten ihrerseits so viel an Rechtsgestalt erwerben, dass schon aus einer solchen ein einzelner Träger im fremden Land eine gewisse Sicherheit gewinnt. In Streitfällen sollte ein Sachverständiger verfügbar sein, der der bedrängten Einrichtung zur Seite steht.

Rechtsvereinbarungen gehen immer nach zwei Seiten. Der angesprochene Sachverständige sollte nicht nur nach außen Kompetenz haben, sondern auch nach innen zur Einrichtung, die ihrerseits angeschaut werden muss. Das wiederum hat zur Voraussetzung, dass auch in Deutschland eine vergleichbare Rechtsverbindlichkeit gelten muss. Bis dorthin ist es noch ein weiter Weg.

Von der Rechtsstellung des Menschen, der mit Behinderung lebt

Es gibt in der Dorfgemeinschaft Lautenbach eine Konferenz der behinderten Mitarbeiter, die sogenannte Monatskonferenz. Dorthin tragen alle Menschen des Dorfes ihre Fragen, Beiträge und Anliegen, die das gemeinsame Leben betreffen. Viele fanden die Kraft nach längerer Zeit, dort vor allen Menschen eigene Anliegen vorzutragen und zu vertreten. Das ist ein gewaltiger Schritt. Diese Betrachtung wendet sich der Gruppe behinderter Menschen zu, die von sich aus nicht wagen, sich als Zeitgenossen in unsere Welt zu stellen. Sie brauchen eine Umgebung, die ihnen diesen Weg eröffnet.

Um Zeitgenosse durch Selbst-Orientierung zu werden, braucht es den Menschen, der diesen Schritt tun will. Es braucht aber ebenso in der Umgebung begleitende Menschen, die diesen Schritt ermöglichen. Damit grenzen wir den Personenkreis aus, der zwar körperbehindert lebt, aber sich in eigener Zielsetzung als Zeitgenosse erlebt.

Es ist das Verdienst der Lebenshilfe, die Rechtstellung des Menschen mit Behinderung erarbeitet zu haben und dieser

Stellung in unserer Gesellschaft Geltung verschafft zu haben. Das kann nicht hoch genug gewertet werden.

Anthroposophische Heilpädagogen und Sozialtherapeuten denken, dass das eine Leben mit Behinderung in einer Reihe weiterer Erdenleben steht, die vor und nach dieser Inkarnation stattfanden und stattfinden werden. Die jetzige Inkarnation mit Behinderung lebt im Zusammenhang mit anderen, aber mit einer ganz besonderen Daseinsaufgabe.

Ferner denken sie, dass die Behinderung sich über den Hintergrund einer ganz anderen, gesunden Individualität legt und diese weitgehend verdeckt. Es gilt für den Begleiter eines solchen Menschen, hinter den Vordergrund zu blicken und den verborgenen Menschen wahrzunehmen.

Behinderung ist auf der einen Seite eine schwere Last. Auf einer anderen ist sie eine Maske, die den eigentlichen Menschen verbirgt. Sie ist aber auch ein Opfer, das diese Menschen auf sich nehmen.

Die anthroposophische Heilpädagogik und Sozialtherapie hat sich weitgehend der geistigen Seite dieser Frage zugewendet. Sie hat dort manches erarbeitet, was heute allgemein Geltung hat. Sie ist damit aber nicht in ähnlicher Weise hervorgetreten wie die Lebenshilfe auf ihrem Wege. Es gab aber immer wieder Bestrebungen, den Rechtsort der Menschen mit Behinderung zu bestimmen und in die Gemeinschaft der zusammen Lebenden einzubeziehen.

Die Dorfgründung von Karl König steht unter diesem Zeichen. Die sozialtherapeutische Lebensgemeinschaft verstand sich selbst und ihre Aufgabe derart, dass ein heilendes Element aus dem Leben der Gemeinschaft heraus entsteht, das aber Begleiter und Begleitete umfasst. Von daher wird das Geschehen als Rechtstellung des Menschen mit Behinderung verstanden.

In der Dorfgemeinschaft Lautenbach gilt seit Anbeginn, dass nur dann ein junger Mensch, der mit einer Behinderung lebt, aufgenommen werden kann, wenn er oder sie selbst erklären, dass sie gerne in Lautenbach leben möchten. Der erwachsen gewordene behinderte Mensch wählt nach seiner Schulzeit den Ort des Lebens in der Gemeinschaft und den Arbeitsort, die Werkstatt, selbst in freier Wahl. Man wählt die Familie, in der man leben möchte und auch die Art der Arbeit in einer Wahl, die zum Abschluss der Schulzeit gehört. Die schon beschriebene Monatskonferenz gehört dem Rechtsleben an. Sie ist ein Organ der Satzung der Lebensgemeinschaft.

Es gibt seit Jahren im Verband eine Arbeitsgruppe «Lebensorte», die den Ort und die Stellung der Menschen in der Gemeinschaft «auf Augenhöhe» definiert. Das bedeutet, jeder der Mensch steht als Gleichberechtigter neben anderen Menschen. Das bezieht den Menschen mit Behinderung ausdrücklich ein.

Der Weg der anthroposophischen Heilpädagogik und Sozialtherapie führt dahin, dass:

> Jeder Mensch als Schwester und Bruder angenommen wird.
> Der Mitmensch gibt dem Menschen Erkenntnis des
> eigenen Seins.
> Das führt im Zusammenleben unmittelbar zu einer
> Rechtsordnung.
> Wer Menschen behindert nennt und dadurch einstuft,
> tut Unrecht.

Nicht der Mensch, der so behandelt wird, soll sich auf die Gesellschaft zubewegen, sondern die Gesellschaft muss sich auf den Menschenkreis, der mit Behinderung lebt, zubewegen.

Anthroposophische Lebensgemeinschaften stellen sich diese Aufgabe.

2009 ist die Bundesrepublik Deutschland der UN-Behindertenrechtskonvention (BRK) beigetreten. Die BRK verändert die Rechtslage des Menschen mit Behinderung von Grund auf. Der Mensch mit Behinderung besitzt nun die gleichen Rechte wie alle anderen Menschen und genießt weitgehenden Schutz und Förderung.

Die Konvention will das Dasein der Menschen mit Behinderung bis in ferne Zukunft prägen. Der Grundgedanke ist ein hohes Ideal: Gleiches Recht für alle Menschen. Das heißt, dass vordergründige Kriterien wie Behinderung, Zugehörigkeit zu einer Religionsgemeinschaft, Rasse oder andere Kennzeichen nichts über das Menschsein an sich aussagen. Vielmehr blickt das Gesetz auf den Menschen hinter allem Vordergrund. Damit ist ein hohes Ideal erreicht, das auf lange Sicht zum Erzieher der Menschheit werden wird. Es steht vor dem Hintergrund so mancher aus vergangener Zeit übernommenen und diskriminierenden Vorstellung. Der Fortschritt von heute ist vor dem Hintergrund der Ereignisse seit Mitte des zwanzigsten Jahrhunderts von einer nicht zu überbietenden Dramatik gekennzeichnet.

Damit ist ein Ziel vorgegeben, auf das man sich zubewegen wird. Dabei sind mit Sicherheit noch mehrere Stolpersteine zu überwinden. Der Ausblick auf das Ziel wird manche Mühe rechtfertigen.

Geschwisterlichkeit und Wirtschaften

Behinderte Kinder empfangen während der Kindheit unendlich viel an Hilfe, an Trost, an Therapie und an heilpädagogischem Rat. Sie empfangen viel, können aber nur ganz wenig geben als aktiven Beitrag. Sie beschenken die Menschen der Umgebung durch das Wesen, das sie ausstrahlen. Sie dürfen aber nicht über die Stränge schlagen wie jedes andere Kind.

Jeder Mensch, auch jedes Kind, sucht einen Ausgleich zu schaffen, zwischen dem Annehmen und dem Geben, dem sozialen Grundereignis.

Das gewöhnliche Kind folgt der Mutter mehr oder weniger, so lange es Daheim ist. Es wäscht Hände, was kleine Jungen überflüssig finden. Sie sitzen still bei Tisch. Sie kämmen Haare und sprechen manierlich. Auf der Straße geschieht das Gegenteil dessen, was Mutter eben noch sagte. Das Kind schreit so laut es kann. Es klettert und rauft. Die Nase läuft, die Hände sind schmutzig, die Haare wild durcheinander. Der Mutter gehorcht es zu Hause. Es nimmt Erziehung an. Draußen teilt es selber der Welt mit: Hier bin ich und tue, was ich mag.

Das behinderte Kind darf all das nicht tun. Die Mutter umsorgt es, beschenkt es mit kostbaren Gaben. Aber es darf nicht oder es kann nicht seine Daseinsfreude herausschreien. Es darf nicht auf Bäume oder über Zäune klettern. Es darf nicht ohne Aufsicht spielen, und es darf ganz sicher nicht ein anderes Kind verhauen. Das Geben und das Nehmen sind im Ungleichgewicht. So wächst das behinderte Kind heran. Es ist empfangendes, aber nur selten aktiv gestaltendes Wesen.

Das ändert sich von Grund auf, wenn das Kind älter wird, wenn es darauf zugeht, als erwachsen zu gelten. Die Schulzeit wird abgelöst von einer Lehre. Der junge Mensch wird geprüft, welche Art des Arbeitens für ihn möglich ist. Die Menschen in der Dorfgemeinschaft Lautenbach sind der Ansicht, dass auch ein jeder Mensch mit Behinderung das Recht haben sollte, den eigenen Beruf frei zu wählen. In Lautenbach wird eine Vielzahl von Berufen angeboten, alle so gewählt, dass sie weit gestreuten Wünschen Raum geben, und so zusammengestellt, dass sie einem Lehrplan entsprechen, der seine Inhalte über das Tun mit der Hand vermittelt. Die Lehrwerkstätten sind zugleich der Ort, den der Herangewachsene sich als Arbeitsplatz frei wählen wird. In den Werkstätten arbeiten nebeneinander Jugendliche und erwachsene Menschen mit Behinderung. Die Jüngeren lernen von den Meistern, aber auch von den älteren Mitschaffenden.

Das Arbeiten kann nur gelingen, wenn der Lernende sich bestimmte Verhaltensweisen aneignet. Wenn man diese Verhaltensarten auflistet, zeigt sich eine erstaunliche Vielzahl von Arbeitstugenden. Das Arbeiten erzieht die Lernenden.

Man muss pünktlich sein, sauber, muss still sein und zuverlässig, muss tun, was angesagt wird. Der Mitarbeiter soll aufpassen, sorgfältig handeln, soll auf andere achten, den Fluss der Arbeit beobachten und in Bewegung halten. All das und mehr wird verlangt und geübt. Das Ziel allen Tuns ist es, ein Produkt herzustellen, das andere Menschen brauchen und kaufen. Der Werkmeister lobt den Mitarbeiter nicht mehr, wenn er lieb war und nicht gestört hat. Er lobt, wenn der Arbeitsschritt sich auf einem direkten Weg zum fertigen Produkt befindet. Maßstab ist nicht mehr der Tätige selbst, sondern der Empfänger des Arbeitsergebnisses. Das schlägt sich nieder in dem, was man Markt nennt und seine Gesetze.

Als Schüler war man selbst der wesentliche Teil allen Interesses. Das ist nun nicht mehr so. Die Welt wird wichtig. Der Mitmensch – insofern er Empfänger der hergestellten Ware wird – bestimmt das Tun der Schaffenden.

Die Gesamtstimmung verändert sich. Die jungen Menschen mit Behinderung verstehen rasch, dass der Wertmaßstab sich verlagert und ihr eigenes Tun zu diesem objektiven Geschehen beiträgt. Sie entwickeln sich vom Nehmenden zum Gebenden. Die Tatsache bedeutet viel.

Eine Tugend der Arbeit wurde noch nicht erwähnt: Die Geschwisterlichkeit. Rudolf Steiner nennt sie Brüderlichkeit und folgt damit einer der drei grundlegenden Ideale der Französischen Revolution.

Wir unterscheiden das Arbeiten von einer Hobby-Tätigkeit. Wer etwas tut oder schafft aus eigenem Interesse, der übt ein Hobby aus. Wer aber tätig ist, weil ein oder mehrere Mitmenschen etwas brauchen, den nennen wir Arbeitenden. Hobby-Tätigkeit kann unter Umständen äußerst anstrengend sein, so sehr, dass kein Arbeitgeber solche Mühsal verlangen könnte. Trotzdem bleibt es auf den Handelnden bezogen. Nur dann, wenn das Arbeitsergebnis anderen Menschen zugute kommt, und diese Tatsache alles Tun bestimmt, verdient es den Namen Arbeit. Es gibt Grenzbereiche dieser Unterscheidung. Sie verzeichnen aber nicht dieses Bild. Die begriffliche Trennung lässt erkennen, wie hoch die Arbeit als Ereignis des Sozialen zu werten ist.

Wer ernsthaft arbeitet, stellt das Eigene zurück und wendet sich ganz dem Schaffen zu, und dieses ist auf den Bedarf der Menschen ausgerichtet. Der Impuls dazu kommt aus dem freien Geist des Handelnden. Wer genau hinschaut, sieht, dass die meisten Menschen mit Behinderung mit Hingabe arbeiten und ihr Tun aus der genannten Quelle entspringt.

Arbeit wird durch Lohn entgolten. Man kann sagen, man arbeitet, um Geld zu verdienen. Man kann aber auch sagen, man arbeitet, weil Menschen das Ergebnis der Arbeit, die Ware, brauchen. Das eine stimmt wie das andere. Denkt man den zweiten Grund, dann verliert der erste den egoistischen Teil, der leicht daran haftet. Die Bezahlung wird zum Rechtsvorgang. Umso deutlicher kommt heraus, dass Arbeit uneigennützig ist und dem Mitmenschen dient.

Die Überlegungen sind wichtig, weil in der Lebensgemeinschaft gearbeitet wird. Jeder trägt bei, so gut er kann. Jeder hilft dem anderen, so weit er Hilfe braucht. Das ist Wirtschaften im besten Sinne.

Die Erwägungen zur Freiheit im Geiste, zur Gleichheit im Rechtlichen und zur Geschwisterlichkeit in allem Wertschaffen, rücken scheinbar in den Hintergrund, sobald die Wirklichkeit des Lebens vor einem steht. Aber in der Tiefe des Bewusstseins sind sie stets vorhanden. Deshalb wird der nachdenkliche Betrachter sie ausführlich bedenken und aus der Erkenntnis heraus behandeln. Um das geht es uns hier.

Kollegiale Führung

Menschen treten als freie Mitgestalter ein in eine Gemeinschaft. Sie arbeiten nicht auf Anweisung. Sie unterstehen nicht einem Vorgesetzten. Sie tragen starken und heilsamen und guten Willen ins Ganze der Gemeinschaft. Sie sind, rechtlich gesehen, nicht Angestellte, sie sind Genossen einer freien Genossenschaft oder sie sind freie Unternehmer. Diese rechtliche Form einer Gemeinschaft freier Menschen ist noch nicht erarbeitet worden.

Zur Freiheit gehört Verantwortung. Das eine kann nicht leben ohne das andere. Der freie Unternehmer gestaltet und bewegt die Bausteine seines Unternehmens. Er verantwortet die Produktion der Ware, die hergestellt wird. Er verantwortet Qualität und Preis. Er verantwortet aber auch die Führung der Mitarbeiter und ihr Wohlergehen. Schließlich verantwortet er die wirtschaftliche Seite des Unternehmens. Wenn Fehler auftreten, steht er dafür gerade.

Der freie Mitarbeiter in einer unserer Einrichtungen muss sich erst dahin entwickeln, Verantwortung zu tragen für sein Wort im Kollegium, für seine Tat, für sein Arbeitsgebiet und für das Ganze der Gemeinschaft. Dorthin ist ein Weg zurückzulegen.

Der Beginn einer solchen Gemeinschaft ist, dass Menschen nebeneinander stehen. Sie betrachten zusammen die Arbeitsaufgabe, die sie sich stellten. Sie erkennen die Bausteine des Gebildes: heilpädagogische Schule, sozialtherapeutische Lebensgemeinschaft. Jeder Beteiligte nimmt eines der Arbeitsgebiete in freier Weise an. Jeder gestaltet die Aufgabe nach eigenem Vermögen. Jeder verantwortet das Getane vor dem Ganzen des Kollegiums.

Zu solch einer Haltung wird man nicht geboren. Man erlernt sie, man erzieht sich selber zu ihr hin. Man lernt, den anderen

Menschen neben sich im Willen frei zu lassen. Das Wort «frei lassen» allein trifft den Sachverhalt nicht. Man kann den anderen nicht einfach frei lassen, man muss im eigenen Inneren so daran bauen, dass Freisein entsteht. Auch das ist ein Weg. Die lebendige kollegiale Führung wird zum Schulungsweg.

Wer in freier Weise kollegiale Führung tragen will, muss Sympathie und Antipathie zurückstellen. Er muss so auf den Menschen neben ihm lauschen, dass dessen innerstes Wesen zu wirken beginnt. So beginnt Vertrauen des einen in den anderen. Daraus wächst mit der Zeit ein Zutrauen, das den Mitmenschen zu den Quellen des eigenen Seins führt.

Es gibt Sozial-Genies, die derart auf Menschen schauen können. Karl König war ein solches Genie. So werden Zukunftskräfte wach. Einer weckt sie im anderen.

Einzelne nehmen Teilaufgaben an. Sie arbeiten daran mit den Kräften der Persönlichkeit. Da dies in freier Weise geschieht, wird mehr geleistet, sehr viel mehr, als ein Vorgesetzter verlangen kann.

Kräfte der Persönlichkeit sind individuelle Kräfte. Deshalb kann man sagen, dass das Arbeitsgebiet durch-individualisiert wird. Das trägt Menschlichkeit in die Handhabung hinein. Es gibt nicht Dienst nach Vorschrift, Handhabung nach Regeln, sondern es steht immer der Mensch da. Das Unternehmen gewinnt an Kraft.

Jeder Beteiligte erzieht sich dazu, den eigenen Aufgabenbereich zu überschauen und zugleich das Ganze zu sehen. Dazu gehört, den einzelnen Menschen wahrzunehmen und gleichzeitig wie in einem Seelenspiegel, das vollständige Bild dessen zu sehen, was alle zusammen tragen.

Wilhelm-Ernst Barkhoff riet den Menschen in einem Vortrag auf dem Lehenhof: Ihr müsst den Einzelnen neben Euch ganz groß herausbringen!

Es ist unerlässlich, die Zuständigkeiten der einzelnen Mitarbeiter genau zu sehen, sie zu respektieren. Das heißt, den Menschen neben sich im Willen frei zu lassen.

Die Entwicklung bringt Fehler mit sich. Wenn ein führender Geist neben anderen auftaucht, kann man ihm Raum geben. Man kann ihn aber auch herabziehen auf das eigene Niveau.

Im ersten Falle nimmt er bedeutende Aufgaben an und führt sie souverän aus. Im zweiten Falle blockiert man ihn, tut ihm Unrecht. Man wird ihn verlieren.

Im ersten Falle gewöhnt man sich daran, dass er seine Aufgaben auf das Beste erarbeitet. Man schaut nicht mehr hin. Man überlässt ihm die Verantwortung. Damit erdrückt man ihn und macht sich selbst ein Stück weit unfrei.

Erinnern wir uns: Zur Freiheit gehört volle Verantwortung! Das *Wir* wird wichtig! Nicht der Einzelne steht vor der Gemeinschaft. Das Wir scheint an seine Stelle zu treten. Ergänzen wir:

Nur die volle Verantwortung des Einzelnen vor dem Ganzen rechtfertigt das Freisein. Dazu gehört das unverbindliche Wort in der Konferenz, das aber doch mitgestaltet. Es gestaltet, aber niemand trägt Verantwortung.

Dazu gehört die nebenbei getane Handlung oder auch die unterlassene Handlung. Dazu gehören auch Neben-Konferenzen, wo in Gruppen, Fragen der Konferenz ohne Wissen anderer behandelt werden. Dazu gehören Meinungen, Ansichten, Sorgen, die man nur mit wenigen teilt, die man nicht offen anspricht. Dazu gehört auch das Nicht-Sprechen, das den Beitrag des Einzelnen verbirgt. Neben Fehlern entwickeln sich heilsame Kräfte.

Die Kinderkonferenz der Heilpädagogischen Schule wird zum tragenden Element der Einrichtung. Man bewegt Sorge um ein Kind. Man schaut es liebevoll – Anteil nehmend – an. Man trägt Sorge in das Kollegium. Gemeinsam schaut man Sorge und Freude an. Dieser Vorgang ist in sich selbst ein Therapeutikum. Kinder reagieren mit erkennbaren Entwicklungsschritten darauf.

Etwas Vergleichbares gibt es in sozialtherapeutischen Einrichtungen. Dort gibt es manchmal eine sogenannte Biografie-Konferenz. Einer der begleiteten Menschen tritt in den Mittelpunkt. Um ihn herum versammeln sich die Eltern und Angehörigen. Wenn möglich, kommen ehemalige Lehrer und Therapeuten dazu. Weiter versammeln sich Menschen, die nahe bei dem Begleiteten stehen, ihm Freund sind und Begleiter.

Sie alle zeichnen ein Bild dieses Menschen, aber nicht über ihn sprechend, sondern gewissermaßen mit ihm lebend. Man spricht Eindrücke aus, die er oder sie dem Freund vermitteln. Man spricht neben ihm, nicht über ihn. Es wird ein Bild des ganzen Lebens gezeichnet. Das Bild zeigt, wie der Betrachtete auf Menschen neben ihm wirkt. Solch ein Bild sagt Wahres. Es lässt frei. Es macht die Zukunft des Menschen erahnbar.

In vielen sozialtherapeutischen Lebensgemeinschaften gibt es die Dorfversammlung, die alle begleiteten Menschen der Gemeinschaft umfasst. Eine Vorbereitungsgruppe sammelt Fragen und Beiträge zur nächsten Versammlung. Sie erarbeitet ein Programm und lädt zur Konferenz ein. Sie leitet die Konferenz.

Punkte der Konferenz sind: – Sorgen Einzelner – besondere Vorkommnisse – Veranstaltungen – Familienfragen – Werkstattfragen – Feriengestaltung – die Vorbereitung von Festen – finanzielle Sorgen – Wechsel von Menschen in der Gemeinschaft – die weitere Entwicklung.

Die Beschlüsse der Konferenz werden ausgeführt. In Lautenbach und im Tennental sind diese Konferenzen sogar Bestandteil der Satzung der Gemeinschaft. Sie wecken in den Menschen das Bewusstsein des eigenen Ortes neben anderen Menschen. Sie lernen, einen solchen Ort des Rechtslebens wahrzunehmen und sich selbst darin zu erkennen. Sie beginnen, eigene Verantwortung zu erfahren für die Gemeinschaft, in der sie leben.

Das Ganze einer Gemeinschaft

Ein Zimmer besteht aus Wänden, Decke und Boden, aus Holzmöbeln und textilen Geweben wie Vorhang, Tischdecke und manchen anderen Gegenständen. Stellt man die Dinge einfach zusammen, entsteht ein kaltes Bild. Es wird zu einem warmen Leben erweckt, wenn Menschen darin wohnen, wenn jemand sich um die Pflege derselben kümmert, wenn jemand sorgt und den Dingen einen guten Ort gibt. Die Sorge und das Kümmern machen aus den Wänden und den Gegenständen dieses schwer zu erklärende Gebilde, das man Daheim nennt.

Die Kinder laufen heim, der Mann geht nach Hause, wenn die Arbeit getan ist. Daheim ist mehr als Wand und Gegenstand. Daheim ist ein seelischer Raum. An diesem Raum kann man gestalten. Man kann ihn pflegen und bereichern. Man kann ihn beschädigen. Hinter diesem Raum steht als Idee etwas Umfassendes, etwas Ganzes.

Hauseltern oder Hausverantwortliche leben fast immer mit einem halbbewussten Bild eines Ganzen ihrer Familie. Dieses Bild ist, nahe betrachtet, eine Imagination. Das Bild bleibt nicht in der Ruhe, die Bilder sonst haben, es führt in innere Bewegung, es beginnt die Menschen zu impulsieren. Damit gelangt es in den Bereich der Inspiration.

Werkstatt-Leiter erleben die Menschen der Werkstatt in denselben Erscheinungen. Ihre Gedanken richten sich nach diesem Bild. So gliedern sich die Elemente der Familie, der Werkstatt. Aber nicht nur die Verantwortlichen leben damit, auch die Mitglieder der Familie, die Menschen, die mit einer Behinderung leben, ordnen sich so ins Ganze, dass auch hier dieselbe Kraft zu spüren ist. Menschen, auch die, die mit Behinderung leben, stellen sich, jeder Mensch auf seine Art, in diese Imagination und Inspiration hinein. Sie suchen einen individuellen Ort in diesem Sozialgebilde.

Wer in unserem Dorf andere begleiten will, tritt hinein in den Raum einer Gemeinschaft und lernt, sich in den dort lebenden Formen zu bewegen. Es handelt sich immer um Persönlichkeiten, die im Herzen angerührt wurden von den Menschen, die man Begleitete nennt. Es sind Menschen unserer Zeit. Es sind keineswegs solche, die als besonders Ausgezeichnete gelten wollen. Sie bringen alle Fragen unserer Zeit mit und gehen auf ihre eigene Weise damit um. Deshalb ist untereinander größte Toleranz angezeigt, die das Anderssein eines jeden zulässt. Die Folge ist, dass jede Familie einer Lebensgemeinschaft ein eigenes Gepräge hat. Sie entwickelt sich gewissermaßen zu einem Individuum. Das Individuelle der Familie ist zugleich das eigentlich Therapeutische, das im Zusammenleben entsteht.

Hausverantwortliche gehen mit Menschen um, aber auch mit einem Sozialgebilde, das wir Familie nennen. Wenn es gelingt, Individuen so zusammenzuführen, dass einer am anderen etwas lernt, etwas vom eigenen Wesen an ihm entdeckt, beginnt eine Gemeinschaft. Behinderungen können den Lebensweg erschweren, sie können aber auch das Gegenteil bewirken, sie können ihn erleichtern.

Verantwortliche der Familie führen Menschen zusammen, oft aus extremen Einseitigkeiten. Dabei kommt ihnen zu Hilfe, dass Menschen mit Behinderung auf einer tiefen Ebene ihres Daseins die Einseitigkeit spüren und aus ihrer Gefangenschaft finden wollen. Die Behinderung liegt – von den Tiefenschichten eines Menschen her angeschaut – nah an der Oberfläche. Das Wichtige des Menschseins entfaltet sich in Tiefenschichten.

Menschen finden sich – Schicksal-stimmig – in einer Familie zusammen. Sie ordnen sich zu einem Ganzen zusammen.

Wesensglieder einer Gemeinschaft

Es gibt so manche Lebensgemeinschaft in der Welt und in jeder gibt es mehrere, manchmal sogar viele Familien. Leider besuchen die Menschen solcher Familien nur ganz selten Familien in anderen Gemeinschaften, aber wenn es vorkommt, entdeckt man vieles Vertraute, aber auch jedes Mal ganz Eigenes. Jede Familie entwickelt eine individuelle Art des Zusammenlebens. Wo aber ein Individuum ist, gibt es auch Wesensglieder. Dem eigenen Wesen der Familie wollen wir nachgehen.

Eine Familie braucht eine *Lebensordnung*, die zuerst die Dinge des Hauses erfasst, dann die zeitlichen Ereignisse, und schließlich die Menschen. Die Ordnung wird zum Teil von außen vorgegeben, zum größeren Teil jedoch von den Menschen der Familie herbeigeführt. Daran wird immer wieder etwas geändert, Neues hinzugefügt, Überaltertes weggelassen.

Eine Lebensordnung wird mit der Zeit und immer neuer Ausgestaltung, zu einem Lebensleib der Familie, einem Organ, das dem Ätherleib des Menschen entspricht. Es ist wichtig, diese Wesenshülle sauber und gut erlebbar zu gestalten. Nach Möglichkeit sollten alle Familienmitglieder mitbauen können an der Ausgestaltung dieses Sozialorgans.

Elemente der Gestaltung sind die Gebräuche der Familie, die Gewohnheiten und das Atmosphärische. Jede Familie entwickelt einen Charakter, eine besondere Art das Leben zu führen. Die Tischsitten, die Ordnungen bei den Mahlzeiten und die Art der Gespräche, gehören in dieses Feld. Ein bedeutendes Mittel solcher Gestaltung ist die Handhabung all dessen, was man Religion nennt oder eine spirituelle Haltung. Gebete bei Tisch – oder auch Tischsprüche, haben die Neigung, mit der Zeit zu verflachen. Man spricht sie aus Gewohnheit, verbindet aber nicht mehr ein klares Gefühl und noch weniger mitgehendes Denken damit. Es ist gut, solche Gebräuche bewusst zu machen, indem man darüber spricht. Es ist auch gut, wenn nicht immer derselbe Mensch den Spruch sagt. Man sollte nach einiger Zeit wechseln.

Zur Atmosphäre gehören die angesprochenen Elemente, aber die Grundlage ist die Haltung, in der Menschen miteinander umgehen. Spricht Achtung mit vor dem Wesen des Anderen, wenn man ihm begegnet? Freut man sich spontan, wenn man ihm am Morgen begegnet? Oder wird das Treffen ein wenig gleichgültig, unbeachtet? Gewohnheit und Routine verdunkeln das Helle, das an diesem Ort leben kann.

Es wurde erwähnt, dass in einer Familie unserer Gemeinschaften eine ganz neue Sozialordnung einsetzt. Der Einzelne nimmt eine Aufgabe frei an. Er füllt sie aus und gewinnt damit für sich den Status der Identität. Für die Familie werden die angenommene Aufgabe und der darin tätige Mensch, zu einem Organ, das mit anderen zu einem Organismus zusammentritt. Die Familie wird zu einem Sozialorganismus. Dieser ist auch im Ätherischen zu Hause.

Was hier beschrieben wurde, ist oft nur in Ansätzen vorhanden. Es ist aber notwendig, dass die Richtung der Entwicklung erkannt wird. Das wird hier versucht.

Das nächste Sozialgebilde ist eine *Seelenhülle*, von der alle Menschen der Familie umfasst werden. Die Hauseltern wirken an ihr und alle die, die sich verantwortlich fühlen. Sie haben manche Möglichkeit in der Hand, um dieses Gewebe herzustellen, es zu verdichten und doch wieder zu öffnen. Eine Seelenhülle schließt ein, sie schließt aber nicht ab von der Welt. Sie lässt auch Einströmendes zu und ist doch ein Gebilde, das die

Familie erst zusammenfasst. Mehrere Komponenten können an der Hülle bilden.

Die Grundstimmung sollte Heiterkeit sein, eine Haltung, die die Seelenhülle durch die Lebensgestaltung unterbaut. Eine gute Einteilung der Aufgaben und der Geschehnisse baut daran mit. Die Tischsitten mit gedecktem Tisch und vor allem das Tischgespräch bilden wesentlich daran. Der Einzelne kann Raum finden für sich selbst, aber dieser Raum ist vor allem einer der Wahrnehmung. Jeder wird gesehen, jeder wird anerkannt in seinem besonderen Wesen. Die Eigenart jeder Familie ist unverwechselbar. Sie ist individuell und eben deshalb entsteht an diesem Ort die Gemeinschaft.

Das Seelenwesen einer Gemeinschaft lebt in der Art des Denkens, des Empfindens und des freien Willens. Es lebt aber auch in den Kräften Antipathie und Sympathie. Und das Seelische bewegt sich in Bildern, die unter Menschen gepflegt werden. Das können Kunstwerke sein, die die Wände schmücken. Hier sind vor allem Seelenbilder gemeint, die Menschen im Sich-Selbst-Erfassen verbinden. Seelenbilder müssen gepflegt werden und damit sind wir wieder an dem Ort der Lebensgestaltung, denn Pflege hat ihren Ort im Ätherischen. Die Wesensglieder fließen stets eines in das andere. Wir müssen lernen, Seelenpflege durch Ätherpflege zu unterbauen.

Sympathie und Antipathie – die Letztere als Erkenntnisgrund gedacht – brauchen stete Aufmerksamkeit. Sie neigen dazu, ins Halbbewusste zu sinken, doch dort ist die Gefahr gegeben, dass sie das Zusammensein verdunkeln. Deshalb ist es wichtig, ihre Gaben und Bewegungen bewusst zu machen.

In jeder Menschenseele leben mannigfache Bilder. Wenn ein innerer Zusammenhalt entstehen soll, muss dieses Seelengebiet gemeinsam begehbar gemacht werden. Man muss im

Gespräch, in Worten, in den Gesichtern, in den Augen der Menschen lesen, ob man sich gegenseitig in den Bildern wahrnimmt und sich im anderen erkennt.

Ein nächster Schritt ist es, stets neue Seelenbilder gemeinsam zu malen. Das Leben bringt sie nahe. Eindrücke aus der Welt sprechen hinein. Vor-Seelenbilder treten auf und erfüllen die Herzen der Menschen. Das sind gute Tischgespräche! Seelenbilder, an denen man arbeiten kann sind:

– Den anderen achten, auch wenn man anderer Meinung ist als er oder sie.
– Anderen Menschen Freude machen.
– Bekanntschaften und insbesondere Freundschaft pflegen.
– Dem anderen zuhören.
– Dem Nachbarn Speisen anreichen.

Die Liste lässt sich fortführen.

In einer bestimmten Familie wird oft über Biografien gesprochen. Es gibt ein Mitglied der Familie, das regelmäßig an Biografien bedeutender Menschen arbeitet und bei Tisch davon spricht. In einer anderen wird Musik gepflegt, und wieder eine andere ist aufmerksam auf die bildende Kunst und Kunstausstellungen, die man besuchen wird. Das Gebiet der Seelenbilder ist so weit und so reich, wie das Bewusstsein des Menschen sich dehnen kann.

Religiosität lebt als Grundstimmung im Ätherischen, wirkt aber unmittelbar ins Seelische hinein. Die Bilder der Bibel, vor allem die des Lukasevangeliums, können ins innere Leben der Familien hineinwachsen. Man kann diese Bibel-Bilder bis in Einzelheiten, bis ins ganz Äußerliche malen. Welche Art von Sandalen trugen Maria und Josef? Wer hat kleine Sandalen gemacht für das Kind Jesus? Wie waren die Gewänder angeordnet? Aus welchem Material waren sie gesponnen und gewoben. Man kann auch hinter den Vordergrund blicken und sich fragen, was die Jünger von Jesus wahrnahmen und was sie ihrerseits als Gabe hineintrugen. Wie wirkte Johannes, wie Petrus, wie Jakobus im Kreise der anderen?

Und schließlich kann man betrachten, wie Jesus sich zu der Frau stellte, die eine schwere Verfehlung begangen hatte. Hat er geurteilt? Tat er das nicht? Was geschah denn nun, wenn er nicht urteilte? Geschah nichts? Oder geschah gerade deshalb höchst Bedeutsames? Spricht all das zu uns heute Lebenden? Was sagt es uns in unserer Sprache?

Gebräuche leben zunächst im Feld der Lebenskräfte, sie werden aber gespeist aus dem Seelenraum einer Gemeinschaft. Dort werden sie auch erlebt. Von dort aus bildet man an ihnen.

Die Seelenhülle einer Gemeinschaft ist kostbar und sollte ständig gepflegt werden. Sie gibt den Menschen des Ortes sicheren inneren Halt. Sie bezieht alle ein und nimmt auch einen Gast mit in die Hülle hinein. Die Seelengestaltung einer Gemeinschaft ist ein Therapeutikum.

In unserer Zeit ist es notwendig, den Begriff und die lebendige Tatsache der Seelenpflege, zu erweitern in das Gebiet der Lebenskräfte. In der Jugend der heute Alten war dieses Gebiet noch getragen von Sitte und Gebrauch. Man kann auch sagen, hohe Wesen haben sich des Gebietes angenommen. Heute ist es in die Hand der Menschen gelegt. Es muss bewusst gepflegt werden. Anthroposophische Gemeinschaften pflegen die Lebensgestaltung und die Seelenhülle der Familien. Damit erweitern sie die Seelenpflege.

Menschen, die mit Behinderung leben, haben oft große Mühe, einen eigenen Seelenraum zu bilden. In der Sprache der

Menschenkunde ist zu sagen: Die Geburt des Astralleibes gelingt nur unvollständig. Der gepflegte Seelenraum der Gemeinschaft bietet eine Seelengestaltung an, die das Seelenwesen der beteiligten Menschen dahin führen kann, sie als eigenes anzunehmen.

Die Führung der Seelengestaltung und ebenso die des Lebensraumes, wird impulsiert, und von Ideen getragen durch das Ich der Menschen.

Hier muss man beachten, dass es ein höheres und ein niederes Ich gibt. Das Letztere wurde hier auch das Seelen-Ich genannt. Das niedere Ich ist nicht in der Lage, die genannte Führung zu leisten. Die Menschen einer Gemeinschaft können hinlauschen auf die Sprache des höheren Ich. Diese vernimmt man zuverlässig, wenn der eine den anderen in der Familie als Persönlichkeit achtet.

Es gibt Menschen, die starke prägende Kraft entfalten. Andere können den Eindruck gewinnen, dass sie übergangen werden. Beide Extreme können zusammenleben, wenn der eine auf den anderen hinhört. Man kann die starke Prägekraft wirken lassen, denn Unzuträgliches wird sich im Laufe der Zeit abschleifen.

Ein Kennzeichen eines gesunden Ich ist Heiterkeit, innere Ausgeglichenheit. Ein zweites ist das Bewusstsein für das Werdende, für das Entstehende im Eigenwesen und in der Gemeinschaft. Die Pflege guter Sitten und Gebräuche ist ein Drittes. Das Lauschen des einen auf den anderen kann diesen Raum erreichen. Religiosität und Spiritualität sind Helfer. Andacht ist die Grundstimmung des Ich-Umkreises einer Gemeinschaft.

Mitte des Gemeinschaftswesens

Wir haben die Äthergestaltung einer Gemeinschaft angedacht, wir haben einen Seelenraum betrachtet, und in der Folge stellt sich die Frage nach dem Mittewesen einer Gemeinschaft.

Das Denken führt zu dieser Frage hin. Das Erleben hat es schwerer. Wer in einer Menschengemeinschaft lebt, hat zwar das Gefühl der inneren Identität, aber er wagt es nicht leicht, dieses Gefühl mit einem Ich-Erleben in Beziehung zu setzen.

Ein solches Wesen wird aber spürbar, wenn man eine andere Lebensgemeinschaft besucht und mit wachen Sinnen und offenem Herzen wahrnimmt. Man erspürt etwas in sich Stimmiges, etwas, was eine eigene Aussage hat. Man versucht zu vergleichen, was Daheim lebt und was hier zu spüren ist und merkt rasch, dass solches Vergleichen nicht hilft. Dieses Gefühl führt, weiter erlebt, zum Erfassen eines eigenen Wesens am anderen Ort. Man erfährt, dass es zur sozialen Aufgabe wird, die Mitte des anderen Wesens zu erkennen und dies als Geschenk zu geben.

Rudolf Steiner erwähnt bei der Darstellung der Engelreiche, dass Erzengel die Aufgabe annehmen, sich einer Menschengruppe oder Gemeinschaft zu widmen. Mit der oben gestellten Frage nähern wir uns einem solchen Wesen und erfahren, dass man das eigene Bewusstsein heben muss, um dem nahezukommen. Wie pflegt man ein solches Bewusstsein?

- Durch Devotion.
- Durch Zurücknehmen des Eigenseins.
- Durch Andacht zum Kleinen.
- Durch hingebungsvolles Arbeiten.
- Durch ein Zusammenstimmen des Eigenen mit dem der Anderen.
- Durch aufmerksames Achten der anderen Menschen.

Die Wesensmitte ist der Ort des Verzichts auf das Alltags-Ich. Damit bewegt man sich bereits auf einem Weg des Wandels. Man verwandelt das Niedere im Ich und der Seele in ein Höheres. Man begibt sich auf den Weg zum Geistselbst. Das Ich ist der Ort des Wandels.

Die neue Sozialordnung

Wir kehren zurück zu der Darstellung des Menschenbildes (Seite 111), um das herum die verschiedenen Behinderungen angeordnet sind. Vom Kopf her bauen die mütterlichen Kräfte am Menschen, und wie sie am einzelnen Menschen gestalten, so auch an einer Gemeinschaft. Bei Gesprächen haben viele Hausverantwortliche davon gesprochen, dass ihre entscheidende Aufgabe darin besteht, Formen des Zusammenlebens zu entwickeln, dass sie Gedanken, Ideen finden, die das Zusammenleben erst möglich machen. Sie stimmen darin überein, dass sie extreme Situationen nicht durch ein paralleles Verhalten auflösen können, sondern durch Neugestaltung. Das erreicht man durch eine aufbauende Form. Man findet es durch das Gegenüberstellen eines anderen Poles des Extremen. Rudolf Steiners Gedankenbau im *Heilpädagogischen Kurs* lehrt es uns.

Man kann Formlosigkeit ins Leere laufen lassen. Wir erkennen, dass es vorwiegend weibliche Kräfte sind, die gebraucht werden. Dabei ist wichtig zu wissen, dass solche weiblichen Kräfte im Manne so gut wie in der Frau wirken. Die männlichen impulsierenden Kräfte gibt es ebenso bei Frauen wie bei Männern. Beide Kraftfelder wirken am Menschen. Von den Hausverantwortlichen werden oft – das sehen wir – die formenden weiblichen Gestaltungsideen verlangt.

Väterliche Kräfte, also solche, die Initiative und Impulse vermitteln, werden selten genannt. Sie wirken trotzdem, denn sie bringen Bewegung ins Leben. Sie führen Neues herbei, sie reißen den Trägen aus der Schwere seines Leibes und Daseins. Sie kommen dann zum Tragen, wenn es darum geht, den Einzelnen zum Individuellen hinzuführen. Das ist eine besonders wichtige und höchst aktuelle Aufgabe, die viele Gespräche erforderlich macht.

Es gibt Persönlichkeiten, die als verantwortlich Gestaltende in der Gemeinschaft wirken. Sie treten ein wie alle anderen. Nach einiger Zeit des Zusammenlebens fühlen sie sich zugehörig und nehmen mehr an Aufgaben an, als zunächst gedacht. Sie gliedern sich ein in den Organismus der Gemeinschaft. Zugleich tragen sie ein Element in das Zusammenleben hinein, das man umschreibend die Handschrift ihrer Individualität nennen kann. Diese persönliche Note ihres Wesens gehört zum Kostbarsten, das Menschen einander geben können.

Aber auch Menschen, die mit Behinderungen leben, stellen sich aktiv in die Gemeinschaft hinein. Sobald sie längere Zeit in einer Familie mit anderen zusammenleben, sobald sie in einer Werkstatt mitarbeitend angekommen sind – der Vorgang des Ankommens kann verschieden lange dauern – nehmen sie eine soziale Rolle an.

Man muss herkömmliche Vorstellungen solcher Rollen zurückstellen, wenn man fassen will, was hier entsteht. Man muss ohne Urteil hinschauen, nur die Phänomene beobachten. Es zeigt sich an vielen Orten, dass Rollen eingenommen werden.

Die soziale Bedeutung des Vorgangs schätzen wir besonders hoch ein. Was hier eine Rolle genannt wird, ist eine selbst angenommene Aufgabe, die dem Ganzen dient. Sie wird auf individuelle Weise gestaltet. Sie schenkt dem Inhaber einen Ort

im sozialen Ganzen. Dieser Ort dient der Selbst-Orientierung, der Selbsteinschätzung. Schließlich besteht das Leben einer Gemeinschaft fast vollständig aus solchen Rollen-Ereignissen. So führt man das gemeinsame Leben zusammen.

Es gibt den Schmücker, der den Tisch schön macht, der für Blumen sorgt. Es gibt den Helfer, der immer jemanden bei sich hat, der Hilfe braucht. Manchmal gibt es auch einen Schenkenden, der immer etwas Schönes zu geben weiß. Es gibt den Reiniger, der nach dem Spülen noch einmal alles säubert. Es gibt den, der den Hauseltern zuschafft, der alles herbeiholt, was sie brauchen werden. Es gibt den Ordner, der dafür sorgt, dass die Hausordnung und die des Tages eingehalten werden. Dieser kann manchmal einen Feldwebel-Ton annehmen. Es gibt auch den Pascha, den Genießer, der alle Ereignisse freudig begrüßt, annimmt, aber selber nichts beiträgt – außer anerkennendem Lob, wenn es ihm gut geht. Es gibt jemanden, der alle Termine im Kopf hat. Es gibt den Schweifenden, der immer weiß, wer nebenan zu Besuch ist, was dort gekocht wird. Er oder sie hat die ganze Lebensgemeinschaft im Bewusstsein.

Formen von Gemeinschaften

Eine sehr alte Form des Zusammenlebens von Menschen ist das Matriarchat. Es bedeutet aber nicht, dass Frauen herrschen und Männer sich unterordnen. Es ist das weibliche Wesen in jedem Menschen, das die Ordnung bestimmt.

Das Mütterliche oder das Weibliche begabt den Menschen mit dem Denken und damit verbunden mit der Antipathie-Kraft. Diese bewirkt, dass sich der Mensch erkennend der Welt und ihren Einzeldingen gegenüberstellt. Das Erkennen setzt das Sich-Absetzen in Antipathie voraus. Diese Kraft synthetisiert, sie verbindet Einzelnes zu einem übergeordneten Ganzen. Das Weibliche gibt zugleich Form und Leibgestaltung. Männer fühlen sich sehr wohl in dieser Sozialgestalt. Das Wesen des Weiblichen ordnet den Einzelnen ein in einen Zusammenhang, es stellt ihn in eine höhere Ordnung.

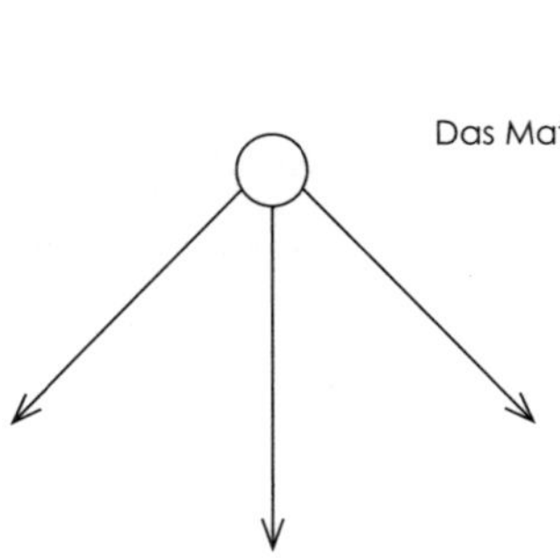

Das Matriarchat

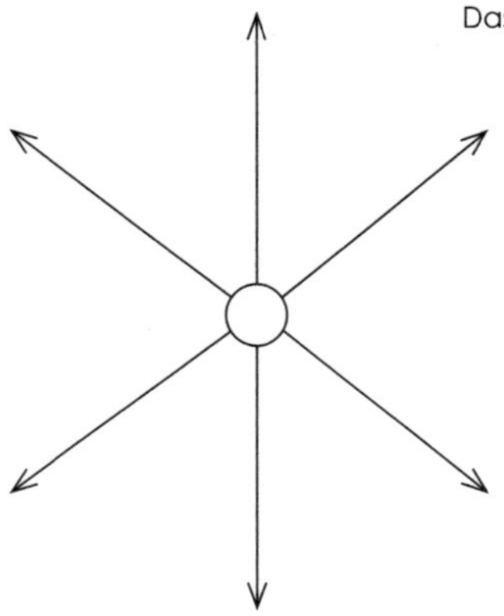

Das Patriarchat

Das Patriarchat dagegen entspricht dem Väterlichen, dem Männlichen. Dieses schenkt dem Kind den Willen zum Dasein. Der Wille wirkt so in die Welt, dass er vereinzelt. Er ergreift das einzelne Teil und wirkt über dieses in die Welt.

Das Patriarchat stellt den Einzelnen über alles Gemeinschaftliche. Es individualisiert. Es stellt das individuelle Freisein über jeden anderen Wert. Die Menschen unserer Zeit sind ganz auf eine solche Sozialordnung – oder sollen wir sie eine Un-Sozialordnung nennen? – ausgerichtet.

Viele Bindungen von Menschen gehen auseinander. Viele leben als Einzelpersönlichkeit für sich allein. Sie stehen auf der Spitze des Selbstwertgefühls. Aber den Gewinn erkaufen sie teuer: Der nach dieser Form lebende Mensch vereinsamt. Das Patriarchat individualisiert, es begabt mit Freiheit und stellt zugleich seine Schüler in tiefe Isolation. Das ist die Klage vieler Zeitgenossen: Niemand versteht mich.

Die Lebensform Matriarchat ist aber nicht nur eine uralte Lebensform. Es gibt sie heute noch unter vielen Menschen und in vielen Ländern der Erde. Ein Freund heiratet eine Inderin. Die Familie plant, nach Indien umzusiedeln. Die junge Frau erzählt vom Leben in Indien. Sie sagt: Ich gehöre zur Familie X. Wenn wir nach Indien kommen, gehörst du – sie spricht den Mann an – zu dieser Familie und sie vereinnahmt dich. Du bist nicht mehr Einzelperson wie in Deutschland. Du gehört zu unserer Familie. Unsere beiden Kinder gehören auch dem großen Klan an. Wir wohnen alle beisammen in einem Häuserkomplex. Alle Erwachsenen betrachten sich als erziehungsberechtigt – und zur Erziehung verpflichtet. Das bedeutet, dass unsere Kinder allen gehören. Jeder Onkel, jede Tante erzieht. Das kannst du nicht verhindern. Es geht nicht. Es kann aber auch nicht passieren, dass eins der Kinder einmal der Aufsicht ausbüxt. Das kommt nicht vor. Immer ist jemand da, der das Kind wahrnimmt und für es sorgt.

Wir werden aufmerksam. Das Matriarchat engt zwar den Raum der Einzelpersönlichkeit ein, es schafft aber zugleich einen Sozialraum, in dem jeder zu Hause ist. Die Menschen in einem großen Teil Asiens leben in dieser Gesellschaftsform. In Afrika verliert sie an Bedeutung. Aber die dort lebenden Menschen leiden sehr unter der Auflösung, denn von jetzt an sind sie ohne inneren Bezug zu anderen.

Ein überraschendes Phänomen ist, dass Männer sich in matriarchalischen Gesellschaftsformen wohlfühlen, Frauen jedoch stärker als Männer zu patriarchalischem Dasein streben.

Die Artus-Tafelrunde bildete eine weitere Sozialgestalt. An der Tafel hatte ein jeder den gleichen Platz wie alle anderen. Auch der König bildete keine Ausnahme. Alle sind gleich vor Gott. Das war die Grundidee dieser Ordnung.

Der Gedanke entsprang edlem Rittertum, das im Gral die Grundlage alles künftigen Menschseins fand. So großartig sie dem heutigen Menschen erscheint. Sie kann doch nicht unserem Wesen nahekommen. Denn sie entindividualisiert den Einzelnen.

Die Artus-Tafelrunde

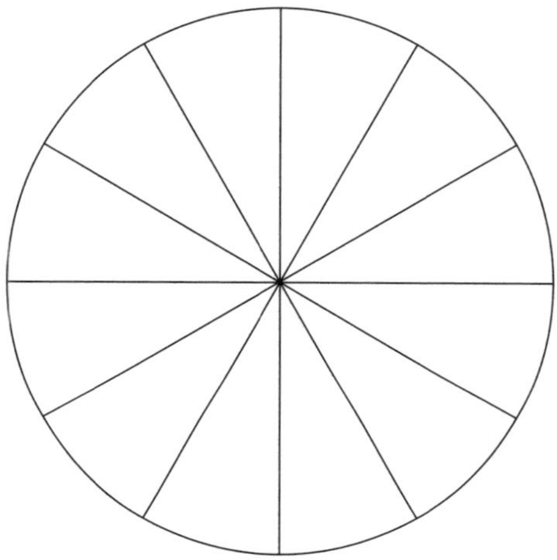

Die sozialtherapeutische Gemeinschaft wendet sich Menschen zu, die mit einer Behinderung leben. Das Wort Behinderter kennzeichnet jemanden an einem Merkmal, das mit seinem Menschsein wenig zu tun hat. So nennen manche Krankenpfleger jemanden eine «Gallenoperation» oder einen «Blinddarmdurchbruch». Der Fachmann weiß, wer gemeint ist. Der Verwandte eines solchen Kranken ist jedoch entsetzt, wenn die Großmutter so genannt wird.

So sollte es uns auch gehen, wenn Menschen angesprochen werden, die an einer Behinderung gekennzeichnet werden. Die Gesellschaft unserer Tage gliedert sie aus ihrer Reihe heraus, wenn sie sie an einer Äußerlichkeit benennt. Es ist deshalb Zweifel angebracht, ob es möglich ist, sie in diese Gesellschaft, die diese Menschen aussonderte, einzugliedern. Wir fragen, ob nicht vielmehr die Gesellschaft einen Schritt tun muss, damit die Ausgegliederten in ihr einen Ort des Daseins finden können.

Anthroposophische Gemeinschaften unternehmen den Versuch, eine neuartige Sozialform zu entwickeln, die beidem dient:

Die Gesellschaft tut einen Schritt und der Mensch mit Behinderung findet einen Ort des Lebens. Das Unterfangen ist nicht ungewöhnlich. Die Gesellschaft befindet sich in dauerndem Wandel. Ein Wandel geht meistens von kleinen Gruppen aus.

Wir stellten oben bereits dar, wie in unseren Lebensgemeinschaften eine neue Sozialform entsteht. Wir betrachten sie hier wieder von einer anderen Seite.

Manfred Schmidt-Brabant dachte nach über solche Fragen und entwickelte den Gedanken, dass es vor langer Zeit, in einer Periode, die Rudolf Steiner Atlantis nennt, sieben große Weisheitsschulen gab, die jeweils einem der Planeten des Himmels zugeordnet waren.

Die Weisheitslehrer begaben sich in der Meditation in die Sphäre des ihnen zugeordneten Planeten und fanden dort Orientierungen, die sie der Menschheit vermittelten. Manche Gaben wurden geschenkt, die heute noch unser Leben bereichern. Es waren dies Mysteriengeheimnisse, die der Menschheit geschenkt wurden. Zugleich formten sich diese Gaben zu Sozialgeschenken. Heute sind diese Gaben allen Menschen verfügbar, die sich ihrem Einfluss gegenüber offen verhalten. Die genannten Orientierungen sind:

Wärme, Innigkeit, Intimität, Innenraum	Saturn-Mysterium
Sauberkeit, Klarheit, Ordnung	Mars-Gaben neben kriegerischen
Weisheit, Stimmigkeit	Jupiter-Geheimnis
Das Innen-Außen. Die Verbindung zur Welt	Merkur-Geschenke
Das Licht – Spiel – Spaß – Freude – Heiterkeit – Frömmigkeit	Venus-Wesen
Die Begabung, das Talent. Das Weibliche, Männliche	Sache des Mondes
Der Zusammenklang aller Wesen und Gaben	Die Sonne

Diese Sozialgeschenke entdeckte Manfred Schmidt-Brabant im Leben unserer Groß-Familien. Sie wirken aber nicht so, dass man über sie verfügen, sie verplanen könnte. Sie lassen sich nicht in eine Art von Ordnung einfügen. Sie treten vielmehr auf, wie die schon besprochenen Seelenbilder der Engel in unserem Astralleib. Sie wirken über den aufmerksamen Gemeinschafter, der im Leben der Familie einen Mangel spürt und die Ereignisse so lenkt, dass ein Ausgleich stattfindet.

Schmidt-Brabant führte als Beispiel an, dass eine Familie eine Zeit lang besonders die Intimität, das Frommsein gepflegt haben kann. Dann wird es aber Zeit, wieder einmal so richtig ausgelassen zu spielen, zu lachen, Freude zu haben. Das Erstere war eine Saturnzeit, das Zweite eine der Venus gewidmete. So lösen die Gaben der Planeten einander ab und führen zu einem harmonischen Leben.

Wenn diese Beobachtung angenommen werden kann, entwickelt sich eine Gemeinschaft aus der Ordnung des Matriarchats heraus und gewinnt etwas ganz Neues. Wir nennen sie, Manfred Schmidt-Brabant folgend, einen Sozialorganismus.

Wir schließen weitere Betrachtungen an den Gedanken an. Welche Eigenschaften müssen vorhanden und gepflegt sein, ehe solche Aufmerksamkeit Platz findet? Die Beobachtung so mancher Familie in der Sozialtherapie zeigt: Der Hausverantwortliche will nicht Spitze einer Pyramide sein. Er will nicht anordnen, bestimmen. Er möchte vielmehr den Menschen so nahekommen, dass sie selbst den Ort finden, der ihnen entspricht. Sie sind nicht Hüter einer vorgegebenen Ordnung. Sie sind so etwas wie ein Wahrnehmungsorgan. Dazu gesellen sich Eigenschaften:

- Uneigennutz: Man wirkt nicht aus seinem Eigensein. Man öffnet sich dem, was aus der Familie entstehen möchte.

–Freiwilligkeit: Man achtet darauf, dass man selber nicht in Zwänge des Getriebenseins kommt, dass man innerlich frei bleibt, dass aber auch jeder Mitbewohner die Aufgaben und den Ort seines Lebens frei findet.
– Schicksal-Stimmigkeit: Man sucht Menschen nicht aus nach eigenen Kriterien. Man lauscht auf das Schicksal. Die Menschen finden sich aus eigenem Antrieb zusammen. Das entdeckt nur, wer dem Weg des Mitmenschen nachsinnt.

Wenn solche Situationen das Zusammensein ordnen, kann man von einem Sozialorganismus sprechen. Das heißt, die Ordnung wird nicht von außen gegeben wie im Matriarchat und auch nicht vom Eigensein des Einzelnen bestimmt, wie es im Patriarchat geschieht. Es scheint wie von selbst zu gehen und folgt doch einer Ordnung. Deshalb erscheint der Begriff *Organismus* angebracht.

Jeder findet einen Ort im Ganzen, aber so, dass er selber diese Stelle annimmt und ausgestaltet. Die Ordnung stellt sich ein im freien Zuspruch der Beteiligten.

Dafür gibt es Beispiele aus der Praxis. Viele Hauseltern berichten, dass sich mit der Zeit unter den behinderten Mitbewohnern Begabungen herausstellen.

Das Finden solcher Orte gestattet auch dem Menschen, der mit Behinderung lebt oder als schwer oder gar schwerst Behinderter im Leben steht, einen Beitrag zu geben. Ein derartiger Beitrag wirkt nicht nur in die Umgebung, die Familie. Sie wirkt stark nach innen in den Menschen, der diesen Ort entdeckt und gestaltet. Die soziale Rolle setzt ihn in die Lage, sich selbst als Gestaltenden zu erleben. Das freie Selbst der Menschen entwickelt sich.

Ein Außenstehender findet nur ganz selten einen sozialen Ort, den Menschen unter solch einem Schicksal einnehmen können. Lässt man diese aber frei und beobachtet sorgsam, dann stellt man nach einiger Zeit fest, dass ein organisch stimmiger Ort gefunden oder entwickelt wurde. Bei dem letzten Gedanken muss man einbeziehen, dass auch Helfer und Hilfe-Empfänger zusammen einen solchen Organ-Ort finden können. Oft sind es ebenfalls behinderte Menschen, die das als Aufgabe annehmen. Wir nennen so begabte Helfer unter den Behinderten Sozial-Genies.

Die Familie, eine Gemeinschaft, ist ein Ort des Lernens, des Findens eines eigenen Ortes. Es gibt einen anderen Weg, sich dem Wesen der neuen Gemeinschaftsform denkend zu nähern. Die Behinderungen der beteiligten Menschen haben oft die Tendenz, sich in extremen Situationen zu verlieren. Jeder verantwortlich Denkende in einer Großfamilie kennt das Problem. Wir denken nun das oben gegebene Schema (Seite 111), in dessen Mitte der Mensch skizziert ist. Auf der rechten Seite zeigen sich Behinderungen, die zur Verhärtung neigen, auf der linken solche, die zur Auflösung tendieren. Von oben wirken weiblich-mütterliche Kräfte (Strahlen), von unten strömen väterliche Willens-Wirkungen (Pfeile) ein. Die Zeichnung auf Seite 298 zeigt diese Anordnung.

Nun stehen je zwei Behinderungsarten einander gegenüber. In der Gegend des Hauptes sehen wir auf der linken Seite Zwangskrankheit, auf der rechten Gedankenflucht. Darunter, in der Körpermitte, sieht man links Epilepsie, rechts Hysterie. Und in der Nähe der Glieder, der Beine findet man links Unbeweglichkeit und Sinnesschwäche. Rechts dagegen ist Überbeweglichkeit vermerkt.

Von oben wirken mütterliche oder weibliche Kräfte auf den Menschen ein. Sie geben dem werdenden Kind die Gestalt, die Formkraft. Zugleich stellen sie den Menschen in einen überge-

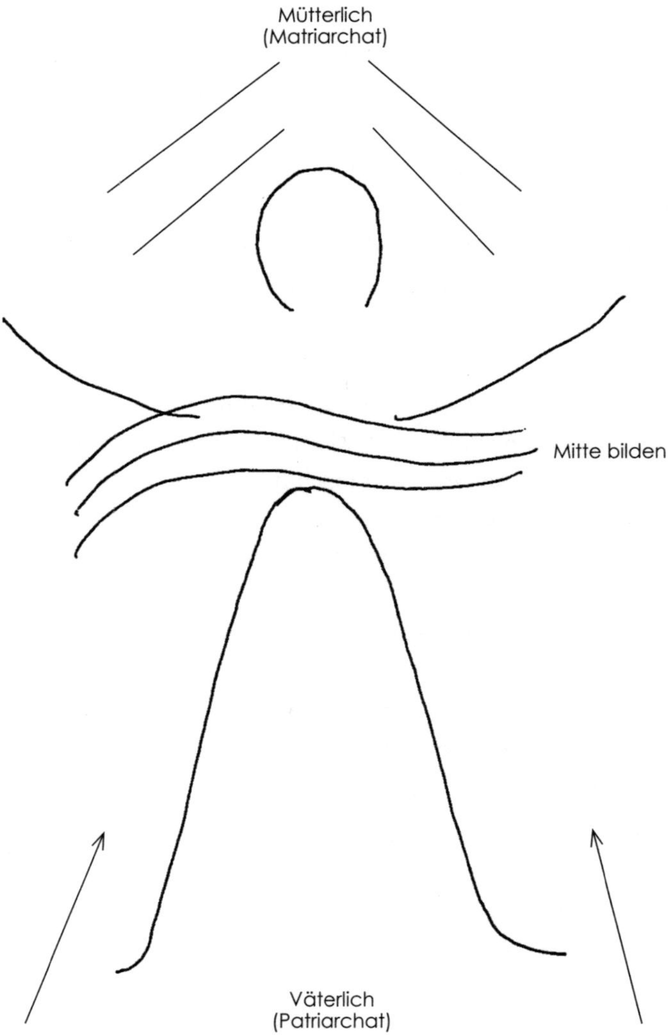

ordneten Zusammenhang. Das gilt im sozialen Feld ebenso wie beim Einzelnen. Dabei generalisieren sie mit dem Blick auf die Ordnung, der sie sich verpflichtet fühlen oder auch einer übergeordneten Idee.

Das väterliche oder auch das männliche Element strahlt

von unten durch die Glieder in den Menschen ein. Es impulsiert, strömt Willen ein. Zugleich wird der Mensch individualisiert. Sozial betrachtet wirkt das Letztere zur Vereinzelung hin und fast unausweichlich zur Vereinsamung. Wenn mütterliche Kräfte überwiegen – väterliche zurücktreten, neigt das Kind dazu, einen Großkopf zu entwickeln. Wenn dies zur Behinderung wird und eine extreme Form annimmt, wächst der obere Teil des Köpfchens und wird zum Hydrozephalus.

Sobald die väterlichen Wesenskräfte stärker sind als die der Mutter, tritt die gegenteilige Erscheinung auf. Das Kind neigt zum Mikrozephalus, das Köpfchen bleibt klein. (Siehe auch Abschnitt «Großkopf und Kleinkopf».)

Man darf nicht annehmen, dass die Behinderungen sich in der Praxis so einfach ordnen lassen. In der Wirklichkeit gibt es individuelle Verwandtschaften, sogar bei entgegengesetzten Behinderungen. Zum Beispiel können Epileptiker deutliche hysterische Züge zeigen. Das Schema dient ausschließlich dem Erkennen der Behinderungen. Es ist eine Denk-Hilfslinie, wie Zeichner sie brauchen, um eine Skizze in die Raumrichtungen einzubauen.

Wir haben ein Denkschema gezeichnet, das der Erkenntnis hilft. Im Leben ereignen sich solche Zusammenhänge nicht so einfach. Sie vollziehen sich oft unter Schmerzen, die, wenn sie angenommen werden können, auf der einen Seite zu einer neuen Sozial-Fähigkeit werden, auf der anderen ein echtes individuelles Opfer sind. Das gehört zum Leben einer Gemeinschaft.

Die Familie kann der Ort eines therapeutischen Geschehens werden. Einseitigkeiten von Behinderung ergänzen sich, sie gleichen sich aus. Andere schleifen sich gegenseitig ab. Wieder andere bringen Leben ins Dasein, wo andere einschlafen möchten. So entsteht auch ein Organismus der Gemeinsamkeit. Solange jemand ein behindertes Kind ist, suchen Therapeuten und Lehrer ihm zu Entwicklungsschritten zu verhelfen. Die Kinderkonferenz umschreibt alle Seiten des Kindes, so wie sie sich dem Wahrnehmen und Erkennen der Erzieher erschließen. Jeder trägt das Seine bei. Im Laufe der Konferenz entsteht durch das Zusammenschauen der verschiedenen Beiträge ein umfassendes Bild des Kindes, das einerseits den Jetztzustand zeigt, andererseits therapeutische Wege erkennen lässt. Es kommt vor, dass ein Kind, ohne dabei zu sein, schon durch das Geschehen einer liebevollen Konferenz einen Entwicklungsschritt tut.

In Lautenbach war ein Mädchen zu Besuch, ein Mädchen, das nicht sprach, obwohl es gut verstehen konnte, was gesprochen wurde. Auch alle Sprachorgane waren in Ordnung. Das Nicht-Sprechen hatte seelische Ursachen, die schon lange zurücklagen.

Das Kind war zu Besuch, aber es war die Frage, ob es aufgenommen werden könnte in Lautenbach. Vieles sprach dafür. Das Kind fühlte sich wohl. Es fügte sich ein, begann in der Schule zu lernen. Aber es gab ein Bedenken: Man war sich im Kreis der Konferenz darüber klar, dass dieser Besuch eine Signalwirkung hat. Wenn das Kind jetzt, bei uns und durch uns, in der Sprachverweigerung verblieb, dann würde es voraussichtlich während des ganzen kommenden Lebens nicht mehr sprechen. Die Erzieher in Lautenbach hatten sich viel Mühe gegeben, liebevoll gesprochen, geholfen. Das Mädchen blieb bei der Verweigerung. Man kam schweren Herzens überein, das Kind nicht aufzunehmen, weil es an einem neuen Ort vielleicht eine Chance hatte, den Schritt zu tun, der bei uns nicht gelungen war. Damit schloss die Konferenz. Die Beteiligten waren traurig. Man ging auseinander und der Hausvater des Kindes ging durch den Flur in den Gemeinschaftsraum. Das Kind kam ihm entgegen, strahlend, sprach ihn an, sprach mehr. Es lebte seit dem Ereignis fortan in Lautenbach.

In einem anderen Fall ging es um eine junge Frau, die unter starken Zwängen leidet und sich und anderen das Leben schwer macht. Sie war bisher nie in der Lage gewesen, bei einem entsprechenden Anlass zu weinen oder zu lachen. Die Mitarbeiter in der Konferenz erwogen ihre Entwicklung und waren sicher: Wenn sie lachen lernen könnte, wenn sie einmal weinen könnte, wäre ein Durchbruch möglich. Nach der Konferenz kam sie der Hausmutter entgegen. Sie hatte auf sie gewartet. Sie fasste sie um und weinte. Solche Erlebnisse kennen Heilpädagogen. Therapeutische Schritte sind oft biografische Ereignisse, die sich einschreiben in das Bewusstsein der Beteiligten.

Mitleid und Liebe

Rudolf Steiner legt den Heilpädagogen ans Herz: Euer Weg ist der des Mitleids und der Liebe. Er variiert diese Aussage und spricht von tiefem Mitleid, von herzlichem Mitleiden. Eine weitere Aussage steht ganz in der Nähe: Du musst wissen: Du kannst das!

Die zweite Aussage ist erstaunlich. Jeder Fachmensch der Caritas, der Lebenshilfe oder Wissenschaft sagt: Du kannst es nicht, wenn Du nicht das Fach sorgsam studiert hast, wenn Du nicht das Gelernte in der Praxis erprobt, neu angeschaut, geprüft und wieder geprüft hast. Erst wenn Du das alles wieder und wieder getan hast, kannst Du sagen: Ich kann das! Rudolf Steiner ist anderer Meinung. Was steht hinter diesem Wort?

Wir schauen einem Heilpädagogen oder einem Sozialtherapeuten zu. Wir sehen, wie er ein Kind, das mit Behinderung lebt, anleitet, wie er es führt, wie er Steine aus dem Weg räumt. Wir sehen den Blick des Kindes zum Erzieher und den Blick des Erziehers zum Kind. Wir erkennen die tiefe Zuneigung des einen, sein Mitleid, seine Liebe. Wir sehen das tiefe Vertrauen des Kindes. Dieses Bild prägt sich ein.

Wir begleiten denkend Kind und Heilpädagogen in den Schlaf. Wir denken und erahnen, wie beide ihren Engeln begegnen, wie diese sie in den Schlaf führen. Wir sehen vor uns die Planetensphären. Wir wissen von Rudolf Steiner, dass man im Tiefschlaf diese Welt durchwandert und ihre Besonderheiten eratmet. Nun wagen wir zu schauen, wie Kind und Heilpädagoge den Ort erreichen, wo vor langer Zeit das Kind, das Geistwesen des Kindes, im Durchwandern vor einer neuen Geburt, nicht wahrnehmen konnte, was hohe Hierarchien ihm an Geschenken mitgeben wollten. Solche Geschenke sind Geistkräfte, die im kommenden Erdenleben die neuen Leibesorgane aufzubauen helfen. Das Kind konnte sie in der Geistwelt nicht wahrnehmen, konnte in der Folge den neuen Leib nur unvollständig aufbauen. Der Vorgang spiegelt sich im Haupte des jungen Menschen. Diese Erscheinungen nennen wir Behinderung.

Nun weilen beide im Schlaf an dem Ort der damaligen Blindheit. Kann es sein, dass das Mitleiden des Heilpädagogen und das tiefe Vertrauen des Kindes dahin führen, dass die hohen Geistwesen Kind und Heilpädagogen beraten? Beide erwachen und bei der kommenden Begegnung fällt dem Heilpädagogen blitzartig ein, wie er die Therapie einzurichten hat. Beide erkennen sie als stimmig. Kind und Erzieher sind glücklich. Dieses Geschehen lässt sich auf die Sozialtherapie übertragen. Hier spielt das Gemeinschaftsleben eine bedeutende Rolle.

Ich frage: Sind Mitleid und Liebe das entscheidende Medium, das das Wahrnehmen und Annehmen der Gabe möglich macht?

Ich wende mich einem anderen Thema zu: Ich betrachte ein Wahrbild, das Rudolf Steiner uns schenkte! Ich schaue auf den Menschheitsrepräsentanten. Ich sehe den ungewöhnlich geformten Kopf und nehme dann hinzu die Worte, die Rudolf Steiner in Vorträgen dazu aussprach.

Zunächst schauen wir: Über den Augen wölbt sich die Stirn weit, weit nach vorne. Die Nase zeigt von der Seite nicht die kleine Vertiefung zwischen den Brauen. Sie ragt weit nach vorn. Die Augen liegen tief in den Höhlen. Sie stehen ungewöhnlich nahe beisammen. So kennt man Augen nicht!

Der Bildhauer-Schüler lernt die Maßverhältnisse des menschlichen Körpers kennen. Er lernt, dass zwischen den Augen – die Nase denkt man sich weg – ungefähr der gleiche Abstand besteht, den eine Augenlänge ausmacht. Stehen die

Augen ein wenig weiter auseinander, dann spricht man von Augen-Weitstand. Das ist ein Kunstgriff der Bildhauer, die Augen einer Plastik ein wenig weiter auseinanderzustellen, denn damit erhält der plastizierte Kopf das Aussehen des Weiten, des Kosmischen, des Über-Individuellen. Das ist bei vielen Plastiken sehr erwünscht. Fast alle ägyptischen Plastiken zeigen Augen-Weistand.

Rudolf Steiners Christus-Haupt weist Augen-Nahstand auf. Das ist äußerst ungewöhnlich. Edith Maryon, die Bildhauerin, hat Rudolf Steiner mit Sicherheit auf den üblichen Weitstand der Augen hingewiesen. Rudolf Steiner hat gegen ihren Hinweis den Nahstand der Augen mit voller Absicht gewählt und durchgeführt. Was sagt das aus?

Das Haupt des Menschheitsrepräsentanten ist nicht nach physischen Formen gebildet. Es zeigt ein Ätherhaupt mit Formen des Ätherleibes. Wer sie anschaut und in sich hineinnimmt, nähert sich dem Äther-Christus.

Rudolf Steiner sprach verschiedentlich über das Haupt des Menschheitsrepräsentanten. Er sagte sinngemäß:

> Die Stirn ist gebildet, Weltgedanken denkend.
> Die Augen erstrahlen in reiner Güte, in Mitleid und Liebe.
> Der Mund spricht Geistesworte.
> Der Astralleib Christi lebt im Staunen, in Ehrfurcht vor
> der Größe von Gottes Werk.
> Der Ätherleib Christi webt in tiefem Mitleid, in Liebe zu
> den Menschen.
> Der physische Leib Christi entsteht in dem, was man
> das Gewissen nennt.

Nehmen wir die Worte vom Mitleid und der Liebe in unser Herz. Erleben wir zu diesen Worten hinzu, was Rudolf Steiner den Heilpädagogen riet: Euer Weg ist der des Mitleids und der Liebe.

Können wir die beiden Aussagen zusammen schauen?

Wir nehmen wahr: Heilpädagoge und Kind wandern zusammen einen Erdentag. Beide mühen sich um die Behinderung. Der Heilpädagoge lebt in tiefem Mitleiden, in Liebe zum Kind.

Was erlebt man an sich selber, wenn man mitleidet? Wer sich selbst – mitleidend – erlebt, der erlebt sich selbst mehr als den Leidenden. Das Gleiche geschieht, wenn jemand die eigene Liebe zum anderen stark empfindet. Wer jedoch ganz im anderen – mitleidend und liebend – aufgeht, verlässt sich selbst. Er lebt im anderen und weiß nur: Ich habe nichts Besonderes getan. Ich habe dem Kind bloß geholfen. Das tun wir alle. Das bedeutet, er oder sie hat kein Bewusstsein von dem eigenen Mitlied, der eigenen Liebe. Das sagt viel.

Beobachten wir ein solches Bild im Leben. Wir sehen eine Frau, die sich einem Kind zuneigt. Das Kind schaut auf zu ihr, blickt in die Augen der Frau. Diese schaut in die Augen des Kindes. Die Köpfe der beiden sind einander zugeneigt. Die Körper stehen aufrecht, aber die Schultern beginnen schon mit der Zu-Neigung. Die Augen suchen einander, finden sich. Es ist ein wunderbares Bild des Mitleids, der Liebe.

Wenn man das der Frau zu sagen versucht, zeigt sie sich ganz verwundert: Ich habe dem Kind die Nase geputzt, die Haare gerichtet. Das tun wir alle. Das ist nichts Besonderes. – Ähnlich ergeht es Liebenden. Der eine erlebt den anderen, aber nicht sich selbst.

Nun schauen wir zurück auf die Augen- und Nasenpartie des Menschheitsrepräsentanten. Wir sahen: Der Augen-Weitstand sagt Kosmos, sagt Unendlichkeit. Was sagt der Augennahstand?

Sehen wir die vorgewölbten Brauen, die tief darunterliegenden Augen. Sehen wir die Augen nahe beieinanderstehen. Kann man empfinden, dass der Nahstand der Augen die andere Seite ist, des unendlich Weiten, des Über-Individuellen? Dann kann man denken, empfinden, dass er das ganz Individuelle zeigt. Der Blick Christi schaut in das Herz des Einzelmenschen. Du und Ich sind in dem Tiefsten ihres hellen Ich angeschaut und erkannt.

Denken, empfinden wir uns hinein in solches Schauen: Ich frage: Kann es sein, dass Mitleiden und Lieben sich im Haupte dieser Form zeigen?

Wir vernehmen auch, dass der Ätherleib des Christus mit tiefem Mitleid und Liebe verbunden ist. Er ist gewoben aus solcher Substanz. Wir ahnen: Das tiefe Mitleid und die Liebe des Heilpädagogen und Sozialtherapeuten kann man denken und erleben als Christi Lebenskraft. Das ist der Äther des lebendigen Christus. In diesem Äther lebt und wirkt Raphael. Das ist der Heiland. Er durchweht das Tun des Helfers.

Das Böse in mir

In einem Gebiet des sozialtherapeutischen Wirkens kann man eine Zeit lang mitarbeiten aus geschenkten Kräften. Das entspricht dem Weg der Andacht. Die mitgebrachten Hingabekräfte lassen nach mit der Zeit. Die Wanderer des Andachtsweges brauchen die Hilfe und das Wahrgenommensein der Erkenntnis-Strebenden auf dem Schulungsweg.

Wer auf dem Schulungswege wandert, bewegt sich auf hohe, helfende Wesen zu, aber auch die Menschen des Andachtsweges tun das Gleiche. Zugleich öffnen sich Tore in die dunkle Welt. Das eine geht zusammen mit dem anderen. Es gibt jedoch einen entscheidenden Unterschied. Das Helle muss man erzeugen, erwerben, um es wahrnehmen zu können. Das Dunkle stellt sich von selbst ein und nicht nur das, es drängt sich auf. Es schleicht sich ein, ist aber schwer zu erkennen als das, was es ist.

Gewöhnlich denkt man das Böse als Bild. Oder man denkt es in anderen Menschen. Beide Arten sind ungeeignet, das Wesen des Bösen zu erfassen.

Man erkennt erst seine besondere Art, wenn man es nicht im Gegenüber, sondern in sich selbst zu denken lernt. Aber auch hier kann man es auf eine innere Wand werfen, um es zu erfassen. Auch das ist der ungeeignete Weg. Man kommt ihm erst nahe, wenn man es als Kraft in sich selbst erleben lernt. Es zeigt sich in mehrfacher Gestalt:

- Man handelt gegen das eigene Lebensziel. So verstehen wir das Wesen der Sünde.
- Es gibt die Polarität von Luzifer und Ahriman. Jeder der beiden Hochgeister bemüht sich, den Menschen auf seine Seite zu ziehen. – Der freie Mensch sucht und findet Mitte.
- Es gibt dunkle Kräfte aus der Tiefe; die Leidenschaften, Triebe, Gewaltbereitschaft. Wer diese nur bekämpft, gewinnt

nicht Unabhängigkeit. Wer sie nicht beachtet, wird bald von ihrer Gewalt überrascht. Man muss sie erkennen und ihnen einen Ort zuweisen. Der Freie kennt sie und geht darum einen guten Weg.

– Das gewöhnliche Denken, Fühlen und Wollen enthält Gegenkräfte gegen das wahrhaft Geistige. Diese Gegenkräfte sind dunkel. Der Erkenntnisweg hilft.
– Man kann Freude empfinden am Ausüben von Macht. So beginnt Grausamkeit. Das gibt es im Kleinen, das gibt es im Großen. Wehre den Anfängen.

Das Böse im Menschen kann man nicht bekämpfen im üblichen Sinne des Kampfes. Kampf geht immer einher mit Aggression. Aggression ist ihrerseits böse. Man kann sich aber im inneren Gleichgewicht halten. Wie die Tiere im roten Fenster des Goetheanum aus dem Abgrund steigen, wenn man sich ihnen zuneigt, so sinken sie, wenn man den Weg ins Geistige wandert.

Im gewöhnlichen Leben hat man stets im Hintergrund des Erlebens ein Grundgefühl für die Existenz und das Einwirken des höheren Ich. Diese Empfindung ist Grundlage des guten Willens im Menschen.

Wenn Menschen in Streit geraten, und wenn sie sich selbst im Recht glauben, den anderen im Unrecht, dann wandeln sich die Wesensglieder. Das höhere Ich zieht sich im Streitenden zurück. Das niedere Ich begibt sich in den Seelenraum. Dieser wirkt in den des Äthers, dort werden Wesen frei, die auf der Stufe der Lebenskräfte stehen. Sie wirken hinauf in die Seele und wirken dort mit starker Überzeugungskraft.

Wir wissen, das Reich des Elementaren ist das Reich einer bedeutenden Weisheit. Diese übernimmt die Lenkung. Der Streitende lässt Bilder dieser Welt in die eigene Seele eintreten. Sie bestimmen nun den Verlauf des Streits.

Man kann auf jeder Ebene der Wesensglieder Ungleichgewicht entdecken: Im Physischen ist es kausales Denken über die Hoheit des Leibes. – Im Ätherischen kann man Wesen wachsen lassen, die vom Menschen gehoben werden sollten ins Licht. Wer sie erkennt, kann sie heben, wer sie im Unbewussten belässt, begibt sich unter ihre Herrschaft. – Im Seelischen kann man das Wirken der Engel herbeibitten. Zugleich wird das Tor zur Welt der unbewussten Seelenkräfte weit geöffnet. Dämonen treten ein. Wer das Geistige verehren kann, schafft den Maßstab, der Erkennen herbeiführt.

Im Vaterunser, in der vierten der vier Bitten, wird erfleht, dass der Vater uns vom Bösen erlösen möge. Wo Ich-Wesen ins Dunkle sinken, braucht es höchste Hilfe, um ein Gleichgewicht zu halten.

Man erkennt Dunkelwesen daran, dass sie ungeheuer klug erscheinen, dass sie aber den Menschen nicht frei lassen. Sie nehmen Besitz von seinem Empfinden und Denken. Sie sind immer anwesend. Lichte Kräfte dagegen muss man erbitten, muss sie pflegen, muss an ihnen arbeiten, muss sie sogar wandeln in Höheres.

Elementarwesen sind nicht böse. Sie sind moralfrei. Aber ihr Wirken wird böse, wenn man ihnen erlaubt, vom Menschen Besitz zu ergreifen.

Es gibt mannigfache Dunkelwesen. Es gibt reichlich Gelegenheit, ihr Wirken zu studieren. Wer sich ernsthaft auf den Weg begibt, das Böse in sich zu erkennen, verliert die Möglichkeit, Böses in anderen Menschen zu beurteilen. Er hat reichlich zu tun mit dem eigenen. Hilfen sind:

– Das Denken schulen durch das Studium der Geisteswissenschaft.
– Andacht zum Kleinen üben. Verehrungskraft entwickeln gegenüber dem Engelfreund.

– Das innere Gleichgewicht üben bei Fragen, die das Leben heranträgt, die andere Menschen nahebringen, die aus dem eigenen Wesen aufsteigen. Das eigene Schicksal annehmen. Schicksal des Menschen neben mir annehmen, mittragen. Den Frieden des Christus in sich bauen.

Was behindert mich?

Es gibt individuelle Behinderungen auf dem esoterischen Wege, es gibt Behinderungen in Gruppen und es gibt Behinderungen, die die Zeit dem Einzelnen auferlegt.

Die erste Gruppe betrifft den Menschen in individuellen Fragen. Jeder Zeitgenosse und ganz gewiss jeder Sozialtherapeut erfährt tiefe Seelenbilder, die hohe Wesen in ihn hineinsenken. Man lebt mit solchen inneren Bildern, erkennt aber nicht, dass sie Geistgeschenke sind. Man versteht sie als Bestandteil des eigenen Inneren. Man schreibt sie sich selbst zu.

Es ist jedoch nicht leicht, diese starken Seelenbilder in der Höhe wachzuhalten, in der sie geschenkt wurden. Sie werden Gewohnheit, man behandelt sie achtlos, und damit sinken sie aus dem Seelenraum in den der Lebensbereiche. Dort verwandeln sie sich in dunkle Bilder. Sie sind gekennzeichnet dadurch, dass sie vom Menschen Besitz ergreifen. Sie erzeugen Denkbilder, die etwas Zwingendes haben. Solches Denken stellt sich wie von selbst ein. Es lässt nicht frei. Es ergreift Besitz vom Menschen.

Es gibt solche Fehlbilder auch im Bereich des Fühlens. Man entwickelt von sich selbst ein hohes, ein bedeutendes Bild. Man träumt sich in verführerisch schöne Wunscherlebnisse hinein.

Diese führen den Menschen hinweg von den Mitmenschen und den Erdenaufgaben.

Im Fühlen sind wir meistens unkritisch. Wir prüfen nicht, aus welcher Tiefe ein Gefühl emporsteigt. Wir unterscheiden nicht Gefühle, die anderen helfen von solchen, die andere stören. Wir nehmen die Gefühle, wie sie kommen. Wer hier unterscheiden lernt, nimmt eine gewaltige Aufgabe an, denn die Quelle dieser Welt ist unendlich weit und bedeutsam.

Es gibt Fehlverhalten im Willensbereich. Der Wille hat eigene Gewalt. Er schießt über das hinaus, was der Mensch sich vornahm. Es wird schwer, den Willen zu führen. Er folgt seinen eigenen Gesetzen, nicht denen, die der Mensch ihm geben will.

Ein gut geführtes Herz findet einen Weg. Man beobachte: Der Gewaltbereite verschließt sich dem Wort seines Herzens. Der Gewalt-Denkende bleibt im Denken nicht frei. Das Gewalt-Denken nimmt Besitz von ihm. Er handelt schließlich gegen das eigene tiefere Wissen.

Ein Wort Rudolf Steiners wurde in diesen Gedanken-Kreis einbezogen. In dem Vortrag «Was tut der Engel in unserem Astralleib?» beschreibt er Geschenke, die hohe Geistwesen den schlafenden Menschen in die Seele legen. Der wachende Mensch lässt sein Denken, sein Fühlen und sein Handeln bestimmen von solchen Engel-Gaben. Man kann diese Geistgeschenke erkennen als Gaben hoher Wesen. Man kann sie aber auch für reine Eigenleistung halten.

Im ersteren Falle führt das Leben den Aufmerksamen dahin, dass er solche Geistgeschenke ohne Eigennutz in etwas Höheres verwandelt. Im letzteren Falle – der Mensch nimmt die Geistgaben als selbst Geleistetes an, sinken die Bilder und werden im Feld der Lebenskräfte böse.

Wer diese Angabe nahe bedenkt und an Zeitereignissen misst, erkennt in so manchem Bösen unserer Zeit einen entsprechenden Ursprung. Das Böse nährt sich von enttäuschten Seelenbildern. Diese Einsicht zeigt zugleich Wege des Helfens.

Behinderungen in Gruppen treten auf, wenn das innere Band einer Gemeinschaft verloren geht und wenn an seiner Stelle elementare Erscheinungen auftreten. Damit treten Spaltungen auf in der ehemaligen Gemeinschaft. Man bildet Parteien. In diesen werden Dinge heimlich besprochen. Denkbilder fließen durch Menschenseelen, die ein Einzelner nicht an sich heranlassen würde, die aber in den Spaltgruppen die Menschen bestimmen. Es ist schwer, in einer solchen Gruppe einen klaren inneren Weg zu gehen. Damit wird ein Tor geöffnet für Fehlverhalten der Menschen.

Es gibt Behinderungen in der Zeit. Der Mensch nimmt sich selbst wahr und misst sich eine hohe Bedeutung zu. Er entwickelt das Eigenerleben an dem Gegenüber der anderen, die er

mindert, um selbst hoch zu stehen. Er misst – wenn er solcher Behinderung folgt – alle Ereignisse daran, wie sie ihn selbst bedeutend erscheinen lassen. Das Eigenerleben überdeckt alle anderen Geschehnisse. Es kann kein Gespräch mehr geben, da der andere nicht wahrgenommen wird.

Eine Nebenerscheinung ist, dass man Menschen in hohen Positionen misstraut, dass man sie von ihrem Sockel stoßen möchte.

Diese Behinderung verdeckt und verzeichnet die Lebensaufgabe, der man folgen will. Die eigene Person und deren Selbstgefühl sind wichtiger als der Mensch nebenan. Aus solcher Situation entsteht nahezu mit Sicherheit Hochmut, der den Träger scheinbar über andere stellt.

Unsere Zeit und ihre Vertreter legen dem Ich-Menschen – wir rechnen den Sozialtherapeuten zu solchen Ich-Menschen – mehrere Behinderungen in den Weg, wie Steine, die man übersteigen muss. Zu diesen gehört manches, was von außen als Forderung herantritt.

Wenn es gelingt, solche Hindernisse im Entstehen zu bemerken und ihnen positiv-gestaltend zu begegnen, kann es gelingen, sie in ein gesundes Fortschreiten einzubinden. Dazu gehören Wachheit und Geschicklichkeit, aber auch die Gewissheit des inneren Weges. Wer diese nicht genügend hat, steuert ohne Richtung von einem Anstoß zum nächsten.

Das Leben zu führen ohne innere Richtung, ist eine ernsthafte Behinderung der Einzelnen und des Ganzen einer Einrichtung. Unsere Zeit legt den Menschen eine Behinderung auf die Schultern, die zunächst wie ein Geschenk aussieht. Jeder Zeitgenosse erlebt sich selber ungemein intensiv. Er steht gewissermaßen auf der Spitze der eigenen Persönlichkeit. Alle Begegnungen, alle Ereignisse, alle von außen herantretenden Geschehnisse, werden auf die eigene Person bezogen und errichten in dieser jedes Mal ein Denkmal der eigenen Bedeutung. Das trifft auch zu auf das Innenleben. Man erlebt das eigene Menschsein so, dass es alles und jedes beurteilen kann, sodass das Selbst in strahlendem Glanze dasteht. Das geht schon kleinen Kindern so, Jugendlichen und Erwachsenen.

Wer das bei sich selbst entdeckt und ins Gleichgewicht rücken möchte, lernt zuerst Bescheidenheit. Als Nächstes wird er die wahren Werte der Menschen um ihn herum würdigen. Aber er selbst tritt zurück, es sei denn, er hat zu zeugen für eine geistige Wirklichkeit.

Die Bescheidenheit wird aber von Mitmenschen als Rückzug gedeutet und der offen werdende Raum wird okkupiert. Das gehört zu den Schmerzen derer, die den Schulungsweg gehen.

Eine Besonderheit unserer Zeit ist es, dass man nicht episch leben möchte, sondern dramatisch. Man lebt gewissermaßen von einem Höhepunkt zum nächsten außerordentlichen Ereignis. Das Leben zwischen solchen herausragenden Geschehnissen wird wenig beachtet. Die Behinderungen der begleiteten Menschen werden verhärtet, werden karikiert, wenn dergleichen im Kollegium überhand nimmt. Epileptische Anfälle nehmen zu.

Die Grenzen zwischen dem Bösen in mir und den Erscheinungsformen der Behinderungen fließen ineinander. Man lernt, die Zeichen zu erkennen. Man lernt, solche Situationen im Entstehen so zu führen, dass ein guter Weg gegangen werden kann. Das Zusammensein mit Menschen, die mit Behinderung leben, wird zum eigenen Schulungsweg.

Es gehört jedoch zum esoterischen Gesetz, dass man dergleichen nur bei sich selbst, nicht bei anderen beobachten darf. Wer sich einem Mitmenschen zuwendet, darf nicht einen diagnostisch-antipathischen, er wird einen helfend-heilenden Blick entwickeln. Wer dies versäumt, verletzt den anderen.

Verstorbene aus dem Strom der Heilpädagogik und der Sozialtherapie

Eine der intimsten Mitteilungen Rudolf Steiners an die Heilpädagogen sind die beiden Meditationen, die am Morgen und am Abend zu pflegen sind. In der Meditation am Morgen sagt der Heilpädagoge: *Ich bin in Gott*. Des Abends, vor dem Schlafengehen verinnerlicht er das Wort: *Gott ist in mir*.

Die beiden Meditations-Stimmungen stellen den Heilpädagogen unmittelbar in den Atem Gottes, nur strömt der Atemzug des Abends im Meditierenden, er lebt in ihm, füllt sein Wesen aus und führt ihn auf diesen Wogen in den Schlaf. Am Morgen umfließt der Hauch Gottes, ihn, den Meditanten aus dem Umkreis. Er spricht aus der Welt zu ihm hin.

Man spürt bei den beiden Meditationswegen, dass der Erlebende das Herz öffnet zu den Geistwesen hin, die das behinderte Kind und ihn selber begleiten, sie beide beraten. Es ist eine Engel-Meditation. Es ist eine Schicksal-Meditation.

In den Karma-Vorträgen spricht Rudolf Steiner von Geschehnissen, die vor sehr langer Zeit stattfanden. Er berichtet von dem Konzil von Nicäa im Jahre 325 nach Christus.

Zu dieser Zeit gab es viele kleine und größere christliche Gemeinden im ganzen Raum um das Mittelmeer. Sie alle hatten gemeinsam, dass sie sich dem Christus zuwandten, dass sie seine Lehre, vor allem sein Herzenslicht zu ihrer Sache machten. Es gab aber noch keine Gemeinsamkeit in der Lehre, in den Riten und Gebräuchen. Die großen Kirchen, die heute das christliche Leben bestimmen, gab es nicht.

Es lebte eine ungemein reiche und vielfältige Ausgestaltung dessen, was man Christentum nannte. Jede Gemeinde, klein oder groß, wählte aus ihren Mitgliedern einen Anführer. Sie nannten ihn Presbyter oder Bischof. Diese Vorsteher waren nicht geweiht, aber sie hatten eine starke Ausstrahlung. Das Konzil versammelte die Bischöfe der vielen Kleingemeinden. Man nahm sich vor, Gemeinsamkeiten zu entdecken und zu einer verbindlichen Lehre zu kommen.

Die Unterschiede waren beträchtlich. Es gab in Ägypten, unter den Kopten, die Anschauung, dass Christus mit den Jüngern tanzte, wenn er einen Weisheitssatz verkündet hatte. Die Worte wurden gesprochen und zugleich in Bewegung umgesetzt. Unsere heutigen Eurythmisten werden jubeln, wenn sie das vernehmen. Mani, der große christliche Lehrer, war kurz vor dem Konzil gestorben. Viele seiner Anhänger gehörten zu den Eingeladenen des Konzils. Es wird noch mehr an Unterschieden gegeben haben – eine reiche Vielfalt.

Unter den Teilnehmern des Konzils ragten zwei Bischöfe heraus. Da war Athanasius, der strenge. Neben ihm stand Arius, der Liebe-getragene. Sie vertraten verschiedene Lehrmeinungen, die neben anderem zu folgenden Anschauungen kamen:

Arius lehrte: In jedem Menschen lebt Gottes Wesen, ein jeder ist von Gott geschaffen und trägt das Zeichen dieses Ursprungs in seinem Herzen.

Athanasius widersprach ihm, er stellte dagegen: Ein jeder Mensch ist sündig, ein jeder Mensch verfehlt den Weg zu Gott, wenn er nicht durch die christliche Gemeinde auf den rechten Weg gebracht wird.

Das Konzil schloss sich der Lehre des Athanasius an, es verurteilte die des Arius als unzutreffend. Er selber wurde exkommuniziert und starb vereinsamt. Erst später wurde er rehabilitiert.

Es gab in diesem Konzil einen anderen Bischof, der mit Nachdruck vertrat, dass beide Lehrmeinungen Berechtigung hätten. Aber auch er wurde nicht angenommen. Aus Kummer darüber wanderte er in die Wüste, wurde einer der ersten Einsiedler und starb als solcher.

Weiterhin wird von ihm berichtet, dass er als selbständig und unabhängig denkende Nonne im Mittelalter wiedergeboren wurde. Leider kennen wir nicht den Namen! War es Hildegard? Auch diese Nonne starb und wurde wiedergeboren in Russland. Sein Name ist weit bekannt. Es war der russische Philosoph Solowjow.

Uns interessiert die gegensätzliche Lehrmeinung der beiden Bischöfe von Nicäa. Die eine sieht in jedem Menschen etwas vom Wesen Gottes. Die andere erkennt den Menschen als mit Sünde Beladenen und weist ihm den Weg zur christlichen Gemeinde, die ihn zu Gott führen kann. Gott lebt im Umkreis des Menschen, so sprach Athanasius.

Die Menschen unserer Gegenwart wurden fast ausnahmslos im Sinne des Bischofs Athanasius erzogen. Seine Lehre bestimmte die Entwicklung der Kirche. Sie lebt hinter vielen Hinweisen, die Erwachsene Kindern geben. Du bist Kind. Du machst Fehler. Wir, deine Eltern, deine Lehrer, führen dich auf den guten Weg. Arius hätte anders gesprochen. Er würde bei dem Fehler eines Kindes, eines erwachsenen Menschen sagen: Du hast dein eigenes Bild verdunkelt. Kannst du es wieder hell machen?

Wir erleben den Unterschied der beiden Strömungen. Wir bemerken – als Heilpädagogen – die Nähe der beiden Meditationen des Abends und des Morgens zu den Lehrmeinungen von Athanasius und Arius. Wir verstehen die Ansicht des von Rudolf Steiner genannten Bischofs, der die Teilnehmer des Konzils von Nicäa beschwor, beide Ansichten gelten zu lassen. Sein Ruf wurde nicht angenommen.

Aber Rudolf Steiner vernahm ihn und gab den Heilpädagogen die Aufgabe, ihn in ihr Leben zu übernehmen und damit die beiden gegensätzlichen Lehren miteinander zu versöhnen. Ferne Vergangenheit verbindet sich mit der Gegenwart. Wie in einem Gobelin auf der Vorderseite das schöne gewobene Bild zu sehen ist, wie die farbigen Fäden zu einem erkennbaren Muster sich zusammenfügen – so auf der Rückseite ein ganz anderes Bild, das ganz ungeformt wirkt und doch erst die Harmonie der anderen Seite bewirkt. Hier laufen Fäden ohne Muster über kurze oder lange Strecken scheinbar ohne Aufgabe nebeneinander. Erst die Vorderseite offenbart, welchen Sinn der Lauf hat. So verläuft ein Geschehen der Geistgeschichte scheinbar ohne weitere Folge und wird nun doch aufgegriffen. Wir Heilpädagogen stehen durch Rudolf Steiner in der Aufgabe der Geistgeschichte.

Wenn ein Mensch die Erde verlässt, nehmen das Denken und Erleben der Hinterbleibenden eine Wendung. Der Blick auf den Toten wandelt sich. Solange ein Mensch lebt, blickt man ihn in der gewohnten Weise an. Man legt in das Anschauen Denkgewohnheiten, Urteile, Erlebtes und meint, damit den anderen recht gut zu erfassen. Das Sterben ändert diesen Blick.

Man schaut nun wie durch eine bisher unbekannte Türe in eine Landschaft der Seele des anderen. Man übt sich im Erkennen des Besonderen, des Lichtes des anderen. Man schaut auf ihn von der anderen Seite.

Die Blickwendung schult den Wahrnehmenden. Sie hilft auch dem Verstorbenen auf der Reise, die er antritt. Der Erstere lernt zu sehen, ohne die Zäune des so lange Gewussten, des Bekannten, des zusammen Erlebten. Er nimmt Lichtes wahr, er sieht Schönes, das er bisher nicht erkennen konnte. Der Zweite ist auf einem Wege, auf dem das Wahrnehmen der Freunde der Erdenwelt ungemein helfen kann. Wie im Märchen das Kind im wilden Wald sich verirren kann, so verstrickt sich der Suchende im Totenreich in Undurchdringliches, nicht zu Fassendes, in einen Dschungel von Leidenschaft und Trieb, Erlebtem und Übersehenen des Vergangenen. Hier scheint das liebevolle Schauen der Freunde wie ein Licht im Finsteren. Man findet einen Weg, ist ein wenig getröstet.

Rudolf Steiner hat viele, sehr viele Meditations-Hinweise gegeben für Verstorbene. Darin kommt oft ein Motiv vor: Lindere die Hitze, lindere die Kälte des Toten. Er ist der Hitze, der lähmenden Kälte ausgeliefert. Das Liebe-getragene Hindenken des Freundes hebt ihn aus der Kälte, führt ihn aus dem Feuer. Dieses macht einen Weg erkennbar.

Der Lebende bedeutet dem Verstorbenen etwas. Gilt das auch umgekehrt? Die Betrachtung zum Gegensatz Athanasius – Arius und der Verbindung zur Meditation der Heilpädagogen weist in diese Richtung: Rudolf Steiner gibt mit der Beobachtung des *fortwirkenden Karma* einen Hinweis darauf, wie Verstorbene und ihr Wirken dem Lebenden helfen können.

Man kann an sich selbst beobachten, wie eines Freundes Tod eigene Lebensaufgaben von einer neuen Seite anschauen lässt.

So fragen wir im Herzen nach Ita Wegman und ihrem Wirken aus der Geistwelt. Rudolf Steiner legte ihr den heilpädagogischen Strom ans Herz und wir wollen für möglich halten, dass Ita Wegman auch im jenseitigen Dasein dem Strom verbunden bleibt. Ihr Wirken wird nicht auf äußerlichem Wege einfließen, aber es kann leben in Menschen des Stromes, denen sie im Schlafbereich begegnet.

Wir wollen auch für möglich halten, dass ein weiterer Weg offen bleibt zwischen Menschen im Diesseits und im Jenseits. Bedenken wir: Der Heilpädagoge führt das Wirken fort, das hohe Geistwesen an Menschen übten im Bereich vor der Erdengeburt. Dies öffnet dem Kind mit Behinderung einen Weg in die Zukunft. Der Sozialtherapeut wirkt noch unmittelbarer in die Zukunft – die eigene und die der Menschen, mit denen er sich verbindet.

Im Zusammenleben werden Kultur und Religion so gepflegt, dass sich Zukunft öffnet.

Das Arbeiten für andere führt ebenfalls in eine zukünftige Verbindung zwischen Arbeitendem und dem Verbraucher der Ware. Vor allem aber die Sozialgestalt, die man zusammen schafft, ist an die Zukunft hingegeben.

Menschen, die mit einer Behinderung leben, scheinen anderen eingeschränkt im Wahrnehmen, im denkenden Erfassen der Situation ihres Daseins. Im nahen Zusammenleben werden jedoch manche Zeichen erkennbar, die Anderes sagen: Vor einigen Jahren hatte eine Frau einige Tage Urlaub, die sie bei der Mutter verbrachte. Sie galt als ungemein schwierig in jeder Form des Zusammenlebens mit anderen. Sie freute sich ungemein, die Mutter ebenfalls. Aber schon bei der Begrüßung sagte sie der Mutter: Ich werde bald sterben. Die Mutter beschwichtigte: Du bist ein bisschen krank. Leg dich ins Bett. Der Arzt wurde gerufen, bestätigte: Grippe. Aber die Frau beharrte: Ich sterbe. Und wie sie sagte, so kam es. Sie wurde sehr hinfällig und es dauerte wenige Tage und sie kam zum Sterben, die Mutter war bei ihr. Sie sagte kurz vor dem Tode: «Ich hätte gerne noch ein bisschen gelebt, aber nun ist endlich die Behinderung vorbei!»

Es ist ein besonderes Erlebnis, einen vertrauten Menschen in seinem Sterben zu begleiten. Das trifft noch verstärkt zu, wenn ein Mensch, der mit Behinderung lebte, diesen Weg nimmt. Es ist meistens so, dass Behinderung, die bisher

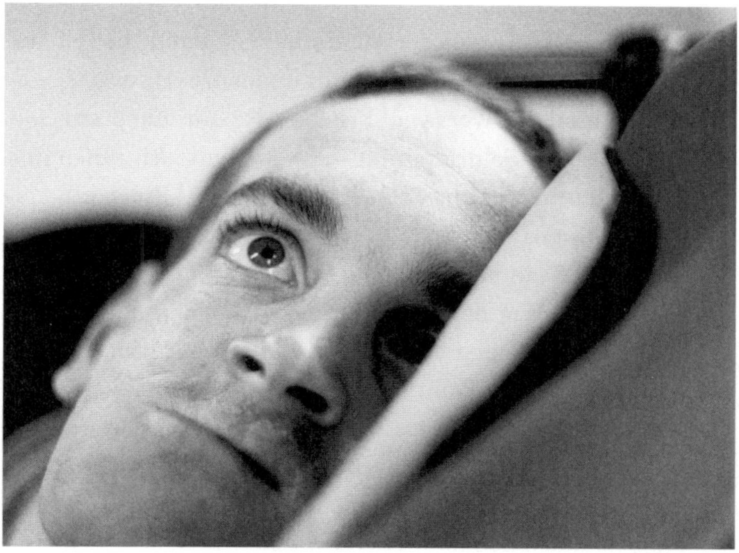

das Dasein bestimmte, in der Bedeutung zurücktritt und das Leiden des Menschseins an die Stelle rückt.

In den etwas älteren sozialtherapeutischen Lebensorten sind schon mehrere Menschen den Weg gegangen. Und nun kommen die Zurückbleibenden zusammen und begleiten den Freund, die Freundin. In Lautenbach ist es Sitte, den Verstorbenen drei Tage lang aufzubahren und an dem Lager zu wachen. So ist immer ein Mensch neben ihm, so lange er das Lebenstableau erlebt. Man liest aus dem Evangelium. Man bedenkt gemeinsam Erlebtes. Man spricht in Gedanken zum Freund.

Menschen mit Behinderung tragen einen der ihren auf dem letzten Wege. Sie wachen an dem Lager. Sie erleben die Kulthandlung, die ihn in die andere Welt führt. Sie sind dabei, wenn er, wenn sie bestattet wird. Auch hier tritt unmittelbar hervor: Behinderung wird Nebensache. Reines Menschsein tritt hervor.

In Johannes (19, 21) tritt der Auferstandene unter die Geistesschüler, Frauen und Männer. Er gibt ihnen drei Hinweise. – Er spricht zweimal das Wort vom Frieden, der mit ihnen sein soll. Er haucht sie an. Sein Atem umweht sie, teilt sich ihnen mit. Er spricht das Wort vom Erlassen der Schuld. Einer schenke das dem anderen.

Das dritte Wahrwort vollendet die zweite der vier Bitten im Vaterunser. Wie der Mensch dem Mitmenschen verzeiht, so nimmt Christus den Teil der Verfehlung auf sich, den der Mensch nicht erlösen kann.

Die zweite Handlung ist die Fortführung des ersten Anhauchs eines Gotteswesens, das dem Urmenschen Atem schenkte und freie Seele mit Sprache und Bewegung. Der zweite Anhauch macht den Menschen zum Sozialwesen. Einer trägt des anderen Schicksal. Das ist der Weg der Sozialtherapie.

Das erste Wort vom Frieden erfüllt sich, wenn der Sozialtherapeut die Meditationen des Abends und des Morgens lebt. Am Abend und in die Nacht hinein erlebt er das Wesen des Göttlichen in sich. Das ist Friede in Ruhe.

Am Morgen erlebt er sich selbst im Wesen des Göttlichen, das zeigt sich in Mitmenschen, in Ereignissen, im eigenen Planen und Tun. Das ist Friede in Bewegung. Das ist der Weg der Seele zum Geistselbst.

Christus ist der immer Bewegte. Die Emmaus-Geistesschüler empfingen die Gnade, das Wort zu finden: Herr, bleibe bei uns. Er blieb, brach Brot und an der Bewegung erkannten sie ihn. Wir alle brechen Brot.

Sakramentales Geschehen in der Gemeinschaft

Eine Gemeinschaft beginnt durch Menschen, die es unternehmen, zusammenzuleben, gemeinsam eine Aufgabe anzunehmen und dabei ihre Kräfte verbrüdert wirken zu lassen. Die Aufgabe darf aber nicht dem eigenen Wohle dienen, sie darf nicht Selbstzweck sein. Es gibt verschiedene Arten der Verbindung von Menschen. Man schließt sich zusammen, um wirtschaftliche Werte zu erzielen. Das ist ein Zweckverband, aber nicht eine Gemeinschaft. Die Letztere beginnt damit, dass jemand ein hohes Ziel anstrebt. Er berichtet seinen Freunden davon und diese verbinden sich mit ihm. Der Ursprung einer Gemeinschaft ist ein ideales Ziel, das uneigennützig angestrebt wird.

Es gibt Gemeinschaften mit verschiedenen Aufgabenstellungen. Man kann sich eine begrenzte Aufgabe stellen, deren Gemeinsamkeit nur so weit reicht, wie die Aufgabe es verlangt. Wenn Menschen sich verbinden im geistigen Studium, kann eine Erkenntnis-Gemeinschaft entstehen. Es gibt Gemeinschaften von Heilern, Ärzten und Therapeuten, die vereint wirken, um Kranken zu helfen. Es gibt Landwirte, Lehrer und Sozialtherapeuten, die sich eine Erdenaufgabe vornehmen. Von Letzteren ist hier die Rede.

Menschen kommen zusammen, um Bedürftigen zu helfen. Menschen, die mit Behinderung leben und Menschen unserer Zeit, treten zusammen in eine Gemeinschaft. Innerhalb einer solchen bilden sie Familien.

Die bekannteste Form der Familie ist die Blutsfamilie, die in unserer Zeit fast immer nur wenige Personen umfasst. In anderen Ländern gibt es sie auch als großen Klan, dem viele Menschen angehören. In Indien und Pakistan gibt es diese Familien-Gesellschaften. In unserem Land gab es früher die

Großfamilie im Bauernhaus, im Werkstattbetrieb. Sie umfasste die Blutfamilie und nahm zu dieser hinzu alle am Betrieb beteiligten Menschen. Sie lebten unter einem Dach, versammelten sich zur Mahlzeit.

Die Familie in der sozialtherapeutischen Gemeinschaft kann sich um eine kleine blutverwandte Familie zusammenfinden. Es gibt sie aber auch ganz ohne nahe Verwandtschaft. Die beteiligten Menschen stellen sich aus freiem Entschluss in die Familie und in die Aufgabe hinein.

Es gibt darin Menschen, die Verantwortung empfinden für das Ganze, die es überschauen und pflegen. Andere erreichen auch Verantwortung, können aber nur einen Teilbereich überschauen. Neulinge lassen sich zunächst mittragen, bis auch sie in eine Verantwortung hineinwachsen.

Ein eigentümliches Phänomen tritt auf: Die Hauseltern oder die Hausverantwortlichen erleben das eigene Tun und ihre Rolle in der Familie nicht als eine bestimmende, eine anordnende. Sie wollen wahrnehmen, sie wollen wirken, wo es nötig ist. Sie wollen ordnen, ausgleichen, Mitte bilden. Sie räumen Schwierigkeiten aus dem Weg. Es ist ihnen wichtig, zu erkennen, welchen Beitrag jeder Beteiligte geben möchte. Sie hören hin, sie lauschen auf das, was entstehen kann. Dahin wirken sie – sie sind nicht die Spitze einer Pyramide. Sie erleben sich selbst als Teil des Kreises.

Der kritische Beobachter kann einwenden, dass man sich täusche. Die Hauseltern weisen sehr wohl an, denn sie überschauen die Teile und das Ganze der Familie. Die anderen Mitglieder der Familie werden zwar gut behandelt, aber sie müssen den Anweisungen folgen. Wer diese Ansicht unvoreingenommen anschaut, sieht die Berechtigung, aber ein Phänomen wird nicht berücksichtigt: Die Hauseltern streben ein Ziel an, sie richten sich danach aus und können es doch nicht ganz erreichen. Von außen angeschaut sieht man Unvollkommenes. Blickt man ins Innere der Menschen, nimmt man anderes wahr. Dort ist ernsthaftes Streben nach einem hohen sozialen Bild. Es wird Sozialorganismus genannt.

Dazu gehört, dass manche der Menschen, die als behinderte angesehen werden, sich ebenfalls in der Verantwortlichkeit gegenüber dem Ganzen der Familie fühlen. Sie nehmen das als ihre Aufgabe an. Die Hauseltern sind gut beraten, wenn sie der Haltung Raum geben.

Bei solchen Entwicklungen passiert auch Spaßiges. In einer der sozialtherapeutischen Familien fordert die Hausmutter während einer Mahlzeit einen besonders Schweigsamen auf, ein wenig zu erzählen, was am Vormittag in der Werkstatt geschehen ist, was gearbeitet wurde, was der Werkmeister gesagt hat. Sie tut das mit einer Stimme, die dem schweigsamen Herrn angepasst ist. Dieser möchte gerne essen. Es schmeckt ihm so gut. Die Hausmutter bittet ihn um einen kleinen Beitrag, es braucht nicht viel zu sein. Jeder wartet mit Spannung auf die Antwort.

Bei einer der nächsten Mahlzeiten kommt die Hausmutter nicht dazu, den Genießer anzusprechen. Dafür tut es eine kleine Dame, die ihrerseits so manches Problem damit hat, sich in die Familie und deren Gespräche einzufügen. Sie nimmt die Stimme der Hausmutter an, was schon komisch klingt, braucht dieselbe Redewendung und braucht auch den leisen Tadel, den er verdient hat. Das Genießen ist ihm wichtiger als die unerbetene Störung.

Man lächelt ein wenig über den Vorgang. Das Schauspielen der Dame ist lustig. Aber dahinter bemerkt man einen Menschen, der versucht, eine der Rollen einzunehmen, die in der Familienszene vorkommen. Sie ahmt zunächst eine solche nach. Später wird sie, so hofft man, eine ganz eigene entwickeln.

Die Vorgänge gelingen nicht immer so vollständig, wie hier dargestellt. Aber innere Ziele leben darin. Der kritische Beobachter wird einwenden, dass solch ein ideales Geschehen Gegenbilder erzeugt. Wenn es mendelsche Gesetze im Sozialen gibt, dann muss neben dem Gelingen oft und sogar häufig Misslingen entstehen. Aber das trifft nicht zu! Familien in der Sozialtherapie sind fast immer sozial gesund, dabei aber ungemein individuell. Das ist erstaunlich und führt zu der Frage, welche Kräfte hinter den Erscheinungen wirken.

Rudolf Steiner erwähnt in seinem Vortragszyklus *Das Karma des Berufs des Menschen*, dass das Arbeiten in der Zukunft den Charakter verändern wird. Heute ist das Arbeiten weitgehend auf die messbare Menge der Produktion ausgerichtet. In Zukunft wird aber in das Arbeiten *Frommheit* einziehen und die Arbeitshandlung wird zum heiligen Vollzug. Er geht so weit zu sagen, dass das Arbeiten einen sakramentalen Charakter annehmen wird, dass der Werktisch zum Altar werde.

Als Beispiel für solches sakramentales Handeln nennt er zwei Geschehnisse: Das Erkennen der Idee in der Wirklichkeit wird zum Sakrament der Kommunion und das Erziehen und Unterrichten von Kindern zum Sakrament der Taufe.

Er sagt nicht, welches der sieben Sakramente das Arbeiten annehmen wird, auch nicht, welches soziale Tun die anderen Sakramente erfüllen wird. Wir fragen, ob das Wesen Gemeinschaft auch erfüllt sein kann von einem der Sakramente. Die oben genannten Elemente einer Gemeinschaft leiten den Gedanken ein.

Dieter Brüll stellt in seinem Buch *Bausteine für einen sozialen Sakramentalismus*[18] überzeugend fest, dass der heute Lebende ein Sozialsakrament in reiner Form noch nicht erreichen

kann. Aber er kann Schritte in diese Richtung tun. Vielleicht gelingt es uns, einen solchen Schritt zu erkennen.

Beobachten wir eine Hausmutter, einen Hausvater in einer sozialtherapeutischen Familie. Sie sind tätig im Kreise der Mitbewohner. Der Tisch wird gedeckt, man geht zu Tisch. Alles geschieht unauffällig. Der eine trägt Geschirr, ein anderer Bestecke. Die Butter wird gebracht. Jemand schneidet das Brot. Alle sind beteiligt. Es kommt vor, dass jemand an der Seite steht und nicht beiträgt: Doch, er gibt die Aufmerksamkeit hinzu. Er beobachtet die Vorgänge, sieht alles und identifiziert sich damit. Er ist im Geschehen enthalten.

Jeder geht auf seinen Platz am Tisch. Die Sitten sind je nach Familie verschieden. Aber allen ist gemeinsam, dass die Reihenfolge der Handlungen genau eingehalten wird. Man steht hinter dem Stuhl und spricht ein Gebet. In einer anderen Familie sitzt man und spricht von dort aus. Manche singen ein Lied, andere haben einen bestimmten Spruch.

Die Mahlzeit beginnt. Das Brot wird verteilt, man nimmt von den Beilagen, was man wünscht und nun beginnt das Tischgespräch. Auch hier gibt es beträchtliche Unterschiede. Es gibt Familien, in denen die Gesprächsbeiträge rasch und engagiert vorgetragen werden. In anderen ist man eher schweigsam, die Hausmutter, der Hausvater, fordert die Speisenden auf, etwas zu berichten. Im Prinzip soll jeder etwas sagen, keiner darf ausgeschlossen werden.

Die meisten der Familienmitglieder haben früher in Kleinfamilien gelebt und, da sie als behinderte Kinder viel Hilfe brauchten, waren sie es gewohnt, dass sie Mittelpunkt des Geschehens waren, dass jeder ihnen vorbereitete und anreichte, was sie brauchten. In der Großfamilie ist das anders. Man erwartet, dass jeder Speisen weiterreicht und sogar selbst bemerkt, wenn ein Nachbar etwas braucht. Man hilft jedem gerne bei schwierigen Handreichungen. Wenn man aber selbst sorgen kann, wird das zugemutet. Sie sollen auch Beiträge geben zum Tischgespräch und sind zuerst erstaunt und bestürzt, dass ihnen Derartiges zugetraut wird. Aber sie wachsen hinein in die Aufgaben und gewinnen an Selbstverständnis und Sicherheit.

Die einzelnen Elemente lassen sich aufzählen, sie ergeben aber aus sich nur eine Summe, noch nicht ein Ganzes. Aber eben dieses entsteht in der Familie. Sie wächst zusammen. Sie wird ein eigenes Wesen. Das wird ganz deutlich, wenn man einen Hausabend besuchen kann. Alle sitzen beisammen. Es gibt leise Musik. Manche schreiben, andere spielen ein Brettspiel, wieder andere handarbeiten. Die Hausmutter sitzt in der Mitte, einige Mädchen um sie herum. Sie hilft, eine Masche im Gestrickten aufzuheben. Sie sagt dem Briefschreiber ein Wort, das fehlt. Es gibt Süßes, das herumwandert. Man kann wieder die einzelnen Geschehnisse aufzählen und erhält doch nicht die Stimmung, die Intimität, die den Hausabend beherrscht.

Wir erinnern. Die Hauseltern wollen nicht die Bestimmenden sein. Sie wollen neben den anderen stehen. Aber sie fühlen sich verantwortlich. Wir nehmen das Bild der zweifachen Ich-Wirkung hinzu, mit der der Mensch in die Welt wirkt. Wir nehmen wahr, dass das Ich, die Wesensmitte der Hauseltern, unmittelbar enthalten ist in den Vorgängen. Aber das geschieht nicht beherrschend, sondern beitragend. Hauseltern wirken, wir haben es oben gelesen, Freiwilligkeit achtend, sie wirken uneigennützig, und sie lassen das Schicksal sprechen, wenn ein Mensch anklopft. Die Vorgänge nähern sich der Haltung, die Rudolf Steiner dem Arbeiten für die Zukunft ansagte. Es herrscht eine fromme, eine heilige Stimmung.

Ein Gespräch in dem Sinne, wie es im Abschnitt «Vom Wesen des Gesprächs» bereits angesprochen wurde, beginnt zunächst im Feld der Sympathie, die zur Empathie gesteigert wird. Solche Gespräche sind der Mutterboden der sozialtherapeutischen Gemeinschaften. Sie werden geführt unter den Mitarbeitern der Familien und mit den begleiteten Menschen. Die Letzteren lernen durch sie den Ort wahrzunehmen, den sie als Mensch neben anderen einnehmen können. Sie erfahren Identität des Eigenseins. Zugleich erfahren sie den Mitmenschen, der sich ihnen zuwendet.

Im zweiten Vortrag des *Heilpädagogischen Kurses* ist ein Hinweis erwähnt, der für die Sozialtherapie von entscheidender Bedeutung ist. Es ist denkbar, dass sich die Behinderung über den eigentlichen Karma-Impuls legt und diesen zudeckt. Die Aufgabe des Sozialtherapeuten ist es, den verborgenen Karma-Impuls und den noch verborgenen Ich-Menschen dahinter stets im Hintergrund des eigenen Bewusstseins zu haben und ihn nach Möglichkeit hervortreten zu lassen. Das ist die innere Haltung des Sozialtherapeuten. Es gehört zur heilpädagogischen Gesinnung, was Rudolf Steiner für unerlässlich hielt. Das Gespräch ist der soziale Ort, an dem sich dies auch entfalten kann.

Viele Menschen, die mit Behinderung leben, sind überaus freundliche Zeitgenossen. Andere tragen jedoch Spannungen in sich, die zu Zeiten gewaltsam nach außen drängen. Einige haben mit Zwängen zu kämpfen, die ihnen selbst und den Menschen in der Umgebung das Leben schwer machen. Mit solchen Menschen gibt es auch Gespräche. Rudolf Steiner gab Hinweise über die Art, wie das Wort des Heilpädagogen wirken kann. Das fließt hinein in die Unterhaltung zwischen Begleiter und Begleitetem. Aber Sympathie ist hier nicht der Träger und Antipathie darf es nicht sein.

Sozialtherapie ist nur teilweise eine freundliche, von spontaner Zuwendung getragene Aufgabe. Viele Hauseltern, nein anders gesagt, fast jedes Hauselternteil hat bitteren Schmerz erlebt durch Menschen, die in der Familie mitleben. Solches Leiden am anderen gehört zum Beruf hinzu.

Auch hier gibt es Lösungen und Erlösungen. Aber diese werden erst möglich durch den gemeinsam getragenen Schmerz. Dieser wird zum Katalysator des gegenseitigen Erkennens. Und von hier aus stellt sich die Frage, ob nicht eine verziehene Schuld vom Verzeihenden mitgetragen wird.

Es wurde weiter oben bereits dargestellt, wie eine Geistseele auf dem Wege zur Inkarnation anderen Seelen begegnet und darunter auch solchen, die sich im vergangenen Leben durch Schuld mit der Erde verstrickt haben und nun nicht von ihr loskommen. Nun geschieht es, dass die sich inkarnierende Seele von starkem Mitleiden ergriffen wird und freiwillig einen Teil der Schuld der leidenden Seele auf sich nimmt. Die exkarnierte Seele findet nun den Weg in die Geistsphären.

Dieser Bericht erschüttert den Wahrnehmenden tief. Er ist ein wesentlicher Baustein einer Seminar-Ausbildung. Er stützt zugleich den Gedanken, dass ein Mensch des Nächsten Schuld annehmen und mittragen kann.

All das wird betrachtet, um erkennbar zu machen, welche Tiefen unter dem Phänomen *Leben mit Menschen mit Behinderung in Gemeinschaft* verborgen liegen. Man ahnt, dass viele helle Geistwesen mitwirken und man tritt dem Gedanken nahe, den Rudolf Steiner im Vortragszyklus *Das Karma des Berufs des Menschen* ausspricht.

In jedem Beruf gibt es eine nüchterne, dem Alltag zugewendete Seite. Diese tritt in das Vorderbewusstsein. Über diese Seite macht man sich Gedanken, gestaltet sie aus. Es liegt aber dahinter verborgen eine andere Seite, von der Rudolf Steiner sagt, dass sie sich einem Sakrament nähert.

Man beobachte einen hingegeben arbeitenden Menschen. Nehme man an, dass dieser Arbeitende sich nicht unter Druck fühlt, dass er hingegeben arbeitet, sich dabei offen erlebt, frei in den Handlungen. Nehmen wir weiter an, dass dieser Schaffende geübt ist, dass er oder sie über die erforderlichen Fähigkeiten verfügt. Der Beobachter nimmt die Arbeitsbewegungen wahr und erlebt: Sie stimmen, sie treffen die Situation.

Zwei Fragen schließe man an die Beobachtung an: Welche Kraft, welcher Impuls wirkt hinter dem Tun? Und welche Kraft bewirkt das Erlebnis: Der Hammerschlag sitzt, er stimmt. – Welche Kraft spricht sich darin aus?

Das zweite Erlebnis entspricht der Tatsache, dass das Tun des Arbeitenden übereinstimmt mit einem hohen Gesetz. Man erkennt, dass es ein solches Gesetz gibt und dass wir – Arbeiter und Beobachter – das Gesetz kennen. Wir nehmen hinzu, dass in der Natur das angesprochene Gesetz häufig vorkommt:

Bienen und Wespen bauen sechseckige Zellen für die Brut und den Honigvorrat. Vögel bauen Nester. Ameisen errichten einen Organismus in ihrem Staat und Vögel wandern weite Wege auf ihren Zügen. Überall ist solche Weisheit zu spüren. Die des Menschen wirkt grau, wirkt unvollständig gegenüber der erahnten Weltenweisheit.

Der Schlafende durchlebt – rücklaufend – die Erfahrungen und seine eigenen Handlungen des vergangenen Tages. Er blickt während der Rückschau in das wahrnehmende Auge hoher Geistwesen. Aus dem Blick in das Auge solcher Wesen entsteht der Eindruck, den wir Moral nennen, der als Gewissen auftritt am Tage. Dieser Eindruck wird nicht als Urteil von den Geistwesen vermittelt. Der Schlafende ist es selber, der das Urteil erkennt. Zugleich mit diesen Vorgängen erlebt man eine treibende Kraft, einen Impuls, der ins Tagesleben führt und dort als Arbeitswille auftritt. Man kann das an sich selbst beobachten: Am Morgen, oft noch kurz vor dem Aufstehen, gibt es im Inneren Bilder all dessen, was man am Tage tun wird. Man blickt auf die Aufgaben und nimmt sich vor, welche davon man annehmen wird und wie man sie ausführen kann. Solche vorschauende Willensbilder sind unmittelbarer Ausfluss des Individuums und deshalb eine ungemein stark motivierende Kraft.

Das Arbeiten des einen nährt den anderen. In solchem Tun fließen unmittelbar Gaben des tiefsten Teiles im wirkenden Menschen. In das Arbeiten fließen Kräfte, die – im gelungenen Werk – dem Empfänger ein Bild schenken, das ihn weiterführt. Das Arbeiten des einen nährt nicht nur äußerlich, es vermittelt seelische und geistige Werte, die als Geschenk erlebt werden.

Durch Arbeit werden Erdenstoffe verwandelt zum Wohle der Menschen. In der Arbeit leben Impulse der Tätigen. Es leben Fähigkeiten, die der Weltenweisheit nahekommen. Arbeit nährt den Menschen und beschenkt ihn mit kostbaren Gaben.

Stellen wir eine ältere Hausfrau vor den inneren Blick oder einen alten Bauern, einen Handwerker, während sie arbeiten. Das Tun solcher Menschen ist in der Regel bedächtig, oft langsam und doch überaus wirksam. Der Handgriff hat viel von der Stimmigkeit, die oben angesprochen wurde. In dem Bild dieses tätigen Menschen wird frommes Tun erkennbar. Für kleine Kinder ist es ein heilendes Medium. Wir beginnen zu erahnen, was Rudolf Steiner im Sinn hat, wenn er vom Sakrament der Arbeit spricht.

Das Erkennen einer Idee in der Wirklichkeit geht derart vor sich, dass der Erkennende mit der Idee eins wird. Das Erkennen wird zur Wesens-Situation. Im gewöhnlichen Leben spricht man von Erkennen, wenn man einer Wahrnehmung gegenübersteht, sie mit Abstand anschaut und dabei einordnet in einen Begriffs-Zusammenhang. Die Haltung des derart Erkennenden ist antipathisch, trennend. Man stellt das Objekt sich selbst gegenüber und kann jetzt erst vornehmen, was man gewöhnliches Erkennen nennt.

Dieser Vorgang ist es aber nicht, den Rudolf Steiner meint. Er spricht von der Wesensverbindung, vom Einswerden der Idee mit dem denkend-erlebenden Menschen. Damit erreicht der tief Erkennende die Ebene des lebendigen Denkens in der Geistwelt. Hier sind Erkennen und Erkanntes ein Vorgang und ein Wesen. Wenn das geschieht, erlebt der Mensch ein hohes Glücksgefühl, das in sich selbst Liebe ist. Erkennen wird zum Liebewesen und erreicht damit die Ebene der Agape. Damit ist unmittelbar verbunden, dass das Erlebte, Erarbeitete, zum Gnade-Erlebnis wird. Der strebende Mensch öffnet sich einem Wesen, das ihn beschenkt.

Solche Erlebnisse kann der heutige Geistesschüler erfahren. Sie können sich aber so steigern, dass man ein sakrales

Erleben erahnt. Die Erziehungskunst wird in dem Zusammenhang erwähnt. Auch sie wird sich einmal steigern bis in die Ebene eines Sakralelements.

Im Kinde wirken Kräfte, die es ins Leben führen. Es geht mit großem Einsatz auf das Dasein zu, wirkt so intensiv, wie es später nie wieder der Fall sein kann.

Diesen Kräften gesellen sich die der Erzieher hinzu. Sie wirken von außen auf das Kind. Rudolf Steiner nennt die von innen arbeitenden Kräfte plastische, die von außen hinzukommenden Kräfte musikalische. Beide zusammen ergeben das, was man Erziehung nennt.

Das Ergebnis zeigt sich im jungen Menschen, wenn das seelische Innenleben sich entfaltet und auf der Grundlage dessen hervortritt, was man Erziehung nennt. Wenn man den Vorgang als Ganzen zu überschauen versucht, bemerkt man die Intimität auf der einen, die Größe auf der anderen Seite. Wer diese beiden Kräfte erfasst, wird bescheiden. Kind und Erzieher wirken zusammen, aber was beide zusammen tun, ist wie eine Schale, in die eine Gabe gesenkt wird. Diese ist es, die die Erziehung in den Rang eines Sozial-Sakramentalismus heben kann.

Die Angaben werden als Beispiele genannt für das Wesen der Arbeit, die auch einmal in die angesprochene Ebene gelangen wird. Nicht erwähnt wird, um welches der sieben Sakramente es sich handelt. Wir beobachten, was das Arbeiten im zwischenmenschlichen Bereich bewirkt.

Auf der einen Seite gibt es den Handelnden, den Produzenten. Ihn zeichnet aus, dass er mit tiefem Interesse wahrnimmt, was der Mitmensch braucht, um sein Menschsein leben zu können. Er braucht Nahrung, Kleidung, Behausung und alle Dinge, die zum modernen Leben gehören. Der Arbeitende gibt in den Vorgang des Produzierens hinein:

– Fleiß, Hingabe an die Aufgabe:
  Ichkraft, Mittewesen
– Aufmerksamkeit, Interesse, Arbeitstugenden:
  Seelenreichtum
– Fähigkeiten, Begabung, Uneigennutz:
  Lebensbildekraft
– finanziellen Einsatz, Produktionsmittel:
  Physisches

Er nimmt Dinge der Welt – das Material – und gestaltet es um, wertet es auf zum Geschenk für Menschen, eine Gabe, die dem aufhilft, was man Bedürfnis nennt. Ohne das Arbeiten des Mitmenschen kann kein Mensch leben. Der eine ist des anderen Ernährer. Der Impuls zum Arbeiten entsteht im Schlafbereich und tritt als Geschenk aus dieser Wesenswelt in das Tagesbewusstsein. Rudolf Steiner nannte den Vorgang heilig. Wir verfolgen den Gedanken und erkennen: Hier liegt der Quell dessen, was man Geschwisterlichkeit nennen darf. Er weist hin auf das Wesen des Sakralen.

Schließlich sei die Frage angeschaut, wie man sich dem Wesen dessen nähern kann, das man Gemeinschaft nennt. Die Urform des Miteinanders ist die Partnerschaft, die in der Ehe zum Sakrament gehoben wird. Bei beiden wird auf Erden bewusst, was zwei Menschen – einer am anderen – erleben.

Von der Seite der geistigen Welt her sind fast immer Geistseelen von Kindern beteiligt, die den Weg suchen ins Erdendasein. Es ist nicht übertrieben zu denken, dass diese Kinderseelen die Eltern zusammenführen und das oft auf erstaunlichen Umwegen.

Diese Form des Miteinanders ist vom Blut gegeben und auch die nächste große Sozialgestalt, die eines Volks, ist vorgeprägt. Man wächst hinein als Kind und bestätigt sie durch das Dazugehören.

Es gibt aber auch freie Formen des Miteinanders, die zu menschlicher Nähe führen. Goethe prägte den Begriff der Wahlverwandtschaft und leitete mit diesem Wort das Bewusstwerden ein, an dem wir heute arbeiten. Sozialtherapeutische Gemeinschaften wollen Wahlverwandtschaften werden und sein.

Die Identität als Mensch erfährt man nur ganz selten auf rein geistigem Wege, hier in dem Sinne gemeint, dass jemand aus geistiger Kraft den eigenen Ort im Dasein bestimmt.

Die Regel ist, dass man sich erst durch die Heimat, die landschaftliche und vor allem die soziale Heimat, des Eigenseins bewusst und sicher wird. Man gewinnt Sicherheit der eigenen Identität durch die Menschen, die einen als Mitmenschen wahrnehmen und annehmen.

Das ist eine der Ebenen, die in der sozialtherapeutischen Gemeinschaft erreicht werden. Der Vorgang weist aber aus sich heraus auf eine weitere Ebene, die die angesprochene Stufe überhöht. Gemeinschaft wird in sich selbst zum geistigen Ort.

Wer das erfassen kann, erfährt ahnend das Wirken eines Erzengel-Wesens. Ein solches wurde bereits angedeutet, als der Gedanke entwickelt wurde, dass in den sozialtherapeutischen Gemeinschaften eine ganz neue Sozialgestalt erscheint. Wir nannten sie einen Sozialorganismus.

Ein Organismus ist in sich selbst ein Ganzes, dessen Teile oder Elemente wiederum Ganzheiten sind. Ein Organ ist mehr als ein Baustein. Es ist ein Wesen in sich, es birgt auch eine Welt in seinem Dasein. Es stellt sich jedoch neben andere Wesen – oder Organe – hin und bestimmt das Eigene durch das Nebeneinanderstehen mit anderen. Wie die Sterne einen den anderen tragen, so die Organe einander im Ganzen eines Leibes und ebenso die Organe des sozialen Wesens Gemeinschaft. Jedes steht an einem Ort der Gemeinschaft und wie je zwei trigonometrische Punkte in der Landschaft einen weiteren einmessen, so die Sozialorgane ein jedes die anderen. Wir erleben im Betrachten unmittelbar das Wirken hoher Wesen, die das Einzelne zum Ganzen hinzutreten lassen. Durch Gemeinsamkeit entsteht mehr als die Summe der Einzelwesen ergeben kann. Das Mehr weist wiederum hin auf eine mögliche Sakrament-Qualität.

Man kann nicht solche Gedanken bewegen, ohne die dazu gehörenden Gegenbilder einzubeziehen. Wir sprechen bisher fast ausschließlich von Bildern der Licht-Wesen. Wir erfahren aber im Alltag verschieden gestufte Dunkel-Wesen, die den Vorgang des Erkennens gegenbilden. Solche Gegenbilder sind Erkenntnishilfe. Wie man die Tugend erst vor dem Hintergrund der Untugend genau wahrnehmen kann, so bewirken auch die Gegenbilder des Gemeinschaftlichen das Erkennen des guten Weges.

Das bemerkt nicht der, dem ein Gegenbild nahekommt. Wie das Licht des hellen Bildes den Wahrnehmenden ganz in sich hineinzieht, so auch das dunkle Bild. Wer nicht darin ertrinken will, muss inneren Abstand schaffen. Das ist eine große Mühe, die wiederum den Betroffenen beansprucht. Erst nach einiger Zeit gewinnt er die Überschau, die oben angesagt wurde.

Zunächst aber ist die Gemeinschaft der Ort, an dem Dunkles sich sammelt und seine Schatten vorausschickt.

Das Heilmittel ist die echte, die tiefe Hingabe an die Aufgabe, die in unserem Falle der Mensch ist, der mit Behinderung lebt. Wir erinnern: Wer in der Menschenbegegnung das Eigensein aufgibt, um den anderen in sich leben zu lassen, der gewinnt die Hilfe hoher Wesen. Wir nannten den Weg dorthin den der Andacht.

Der Schlafbereich ist es, aus dem die Zuwendung ins Dasein tritt. Die Hingabe an den Menschen, der Hilfe braucht, stellt das Eigenerleben des Betreuers zurück. Es zieht sich ins Unbewusste hinein und gelangt dort in den Schlafbereich oder den des Willens. Hier wirken hohe Wesen am Sein des Menschen und tragen ihre Gaben so in sein Wesen, dass er sie im Tagesbewusstsein als Idee erlebt, die den therapeutischen Weg zeigt.

Hinter dem jetzt Dargestellten verbergen sich bittere Leid-Erlebnisse. Sie sind so vielfältig, dass man sagen kann, sie sind das Fundament der Gemeinschaft. Wer dahin gelangt, Leid anzunehmen, weil es zum Dasein des Menschen gehört, wer es nicht abweist und erlittenes Unrecht beklagt, der kann durch ein Tor gehen und erkennen, wie viel an höchster Geistzuwendung in diesem Wesen geschieht.

Ein Weg zu einem umgekehrten Kultus

Ein Vortragender zeichnet aus der freien Hand einen Kreis an die Tafel. Der Kreis wird ein wenig bucklig. Der Zeichnende steht nahe vor der Tafel. Die Zuhörer sind weiter entfernt. Ihre Augen verfolgen die zeichnende Hand, den entstehenden Kreis. Sie seufzen, wenn der Buckel zu groß wird, sie stöhnen, wenn die Hand nach innen rutscht. Sie zeichnen auch einen Kreis mit den Augen, und dieser Kreis wird vollständig, er wird ohne Makel rund und gleich. Am Unvollkommenen entsteht im Wahrnehmenden das Vollkommene.

Warum ist die Waldorfpuppe gar so unvollkommen? Rudolf Steiner hat nicht die heute sehr schöne Waldorfpuppe gewollt. Er wollte für Kinder ein Lumpen-Lieschen. Ein Stück Stoff soll gebunden sein, ein knubbeliger Kopf entsteht, Ärmchen aus Stofflappen, Beinchen ebenfalls. Das ist für den Erziehungswissenschaftler ein armseliges Püppchen. Er wünscht für die Kinder eine möglichst vollständige Puppe, ein möglichst klares Bild des Menschen. Für Kinder, sagt er, ist das Beste gut.

Rudolf Steiner ist anderer Meinung! Weshalb möchte er das Unvollkommene für kleine Kinder? Das Kind hat die Puppe lieb! Es schaut sie an, herzt sie und in den Augen des Kindes entsteht am Unvollkommenen das Vollständige, das Heile, das Ganze. Diese Kraft ist kostbar. Es ist die Kraft, die das Kind den eigenen Leib bauen lässt, die es ins Leben führt, die es wachsen lässt. Es entfaltet am Lumpenpüppchen das Bild des Ganzen des Menschen.

Nennen wir diese Kraft die ergänzende, die heilende Kraft. Sie hat ihren Ort in den Lebensbilde-Kräften.

Was sieht man, wenn man in einem völlig dunklen Raum steht? Das Auge gewöhnt sich nur langsam an das ganz Dunkle. Es dauert etwa eine halbe Stunde, bis die Pupille die größte Ausdehnung erreicht hat. Nun blickt man ins Dunkle und sieht nichts. Sobald ein wenig Helligkeit aufscheint, beginnt die Seh-Wahrnehmung. Man erkennt Gegenstände, man ahnt den Raum, in dem man sich befindet. Man sieht nichts ohne ein wenig Licht.

Man kann das Phänomen ins Moralische übertragen und erkennt: Auch das moralisch Dunkle ist nur zu erfassen am inneren Licht. Dieses Licht wird fast immer übersehen, denn das Dunkle ist nicht nur ein in sich ruhendes Phänomen. Es drängt sich vor das Licht.

Im Moralischen wird das Dunkle zum Wesen, das in andere Wesen – Menschen – hinein will. Diese Wesen haben mehrere Kennzeichen: Sie treten hervor ohne des Menschen Ich-Beteiligung. Sie saugen das niedere Ich des Menschen auf. Sie

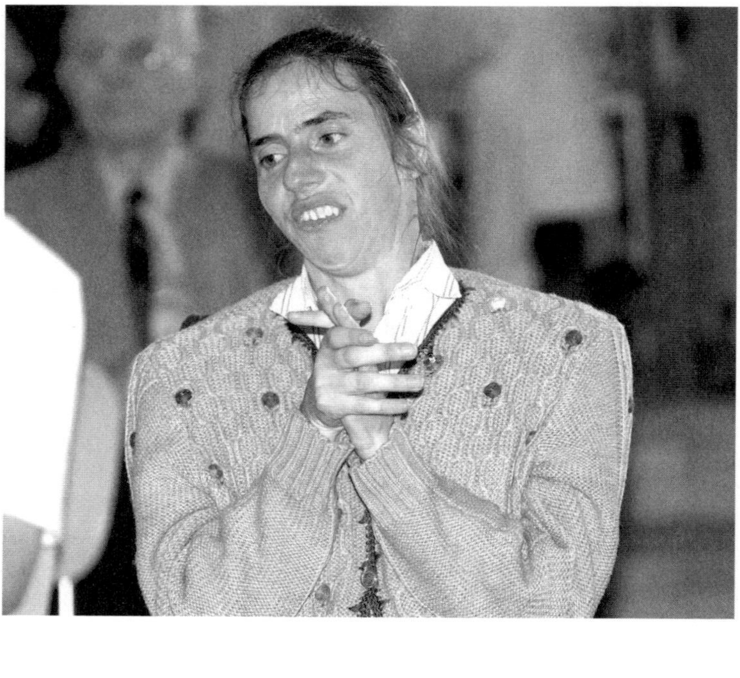

sind überaus aktiv und erfolgreich darin. Sie setzen sich an die Stelle des niederen Ich. Sie saugen. Sie sind überaus intelligent. Ihre Ratschläge wirken so überzeugend, dass das eigene Denken verblasst. Wer ihnen folgt, ist sicher: Ich habe recht!

Der Betroffene bemerkt nicht das fremde Wesen in sich. Er übernimmt die Gedanken, ohne sie am eigenen Urteil zu prüfen. Wer sich gegen sie stellt, sie gar bekämpft, vermehrt ihren Umfang und die Gewalt. Rudolf Steiners Rat: Sie aushungern (durch Nicht-Bekämpfen).

Wir sprechen von Dämonen. Dämonen sind anspruchsvolle Herrscher. Sie wollen nicht nur einen Teil des Menschen in den Gedanken. Sie wollen den ganzen Menschen besetzen. Dämonen machen den Menschen unfrei.

Man erkennt auch im inneren moralischen Feld nichts, wenn nicht Licht auftritt. Das Dunkle drängt nach vorne ins Bewusstsein, aber es verstellt sich geschickt. Es verdrängt das Licht. Man muss sich dazu erziehen, Licht wahrzunehmen. Gibt es einen Ort des Lichtes im eigenen Inneren? Paulus spricht davon.

Bemerken wir: Es gibt Tage, bei denen das Einschlafen begleitet wird von Sorgen, von Kummer und Schwerem. Man kann erkennen, dass das Einschlafen in der Regel in etwas ganz Helles hinein geschieht. Nur an sorgenvollen Tagen scheint das anders zu sein. Nun erziehe man sich, gerade an solchen Tagen in Licht hinein einzuschlafen. Nach einiger Zeit solcher Übung erfährt man: Das Licht bringt eine ebenso ergänzende Kraft in die Seele, wie das oben beschrieben wurde am gezeichneten Kreis und an der Waldorfpuppe. Das Licht ist ebenso ein eigenes Wesen wie das Dunkle. Es unterscheidet sich jedoch dadurch, dass es den Menschen frei lässt, ganz frei.

Zunächst durchdenken wir den Hinweis: Nicht bekämpfen. Kann man dem Dunklen begegnen und untätig bleiben? Es hinnehmen? Nein!

Christi Licht durchströmt den Michael. Er lässt es durchströmen in die Welt, in Menschenherzen. Er behält nichts von dem Licht für sich zurück. Luzifer erhält, lebt in demselben Licht, aber er nimmt es in sich hinein, gibt es nicht anderen.

Wer Michaels Licht begegnet, kann sich ihm öffnen. Dann erhält er Mut-Impuls und Wahrhaftigkeits-Impuls. Er öffnet sich zur Welt, zum Mitmenschen. Er trägt den Michael-Impuls zu anderen hin. Wer sich dem Licht nicht öffnen kann, empfindet es als Verletzung, als Angriff, als Schmerz. Er klagt sehr, wendet sich ab, bekämpft es sogar.

Michaels Schwert, die Lanze, ist Licht, Christi Licht. Nicht Schwert, nicht Lanze verletzt. Der erlebt den Schmerz tiefer Verwundung, der dieses Licht nicht erträgt, es abweist. Michaels Kampf ist ein nicht-aggressiver Kampf. Das ist zu meditieren.

Wir wenden uns dem Licht zu, das wir erkannten im Moralisch-Dunklen. Was erkennt man, wenn man in dieses Licht blickt?

Bisher haben wir unsere Fragen theoretisch betrachtet. Das tut nicht weh. Sobald man aber dieselbe Erscheinung in das Leben überträgt, tritt beträchtlicher Schmerz auf.

Wir stellen vor den inneren Blick: Es gibt einen Menschen, der einem das Leben schwer macht. Er trägt allem, was man denkt, spricht, handelt, ein Negativbild entgegen. Nicht genug damit: Er trägt diese Dunkelbilder in das Kollegium. Es wirkt in den Herzen der Menschen. Man spürt es an vielen Zeichen. Es ist aber nicht zu fassen ohne dramatisches Gegenhandeln. Das Letztere jedoch wird den Frieden der Arbeit tief stören. Was ist zu tun?

Wir gehen zurück zur oben gestellten Frage: Kann man im moralisch Dunklen Licht entdecken? Wir haben die Frage theoretisch bejaht. Gelingt das auch praktisch? Können wir in dem Unzufriedenen, der seine Art ins Miteinander der Menschen trägt, können wir dort Licht entdecken?

Wer es erlebt hat, weiß: Das gelingt nur, wenn man Elemente des Eigenseins hintanstellt, wenn man sie opfert. Solches Eigensein wird das niedere Ich genannt. Man muss dieses loslassen, herschenken. Das ist Überwindung. Dann erst entdeckt man Licht im Wirken des Gegenspielers. Er hat Gutes erreichen wollen und hat es vergeblich in mir gesucht. Dergleichen gibt es in mannigfachen Variationen.

Damit ereignen sich mehrere Umwertungen im eigenen Werte-Gefüge der Seele. Sie erfahren eine Wandlung. Das innere Licht wird zum Wegweiser in Gegenwart und Zukunft. Das Dunkle möchte sich breit machen. Man erlaubt es ihm nicht mehr. Das Dunkle kämpft. Man stellt sich außerhalb der Angriffe. Den Mitmenschen ärgert dies beträchtlich. Er spürt, er erreicht den anderen nicht mehr. Er greift an. Der Erstere scheint nichts zu bemerken, er bleibt ganz ruhig, freundlich. Der Zweite verstärkt die Angriffe. Das geschieht an mehreren Orten. Der Erste spürt die Angriffe als mannigfache Verletzung. Von allen Seiten dringen sie auf ihn ein. Wenn er sich wehrt, kann er dies nur tun in besonders ruhiger Art. Das wirkt aber als Schwäche. Wehrt er sich wirkungsvoll, dann verletzt er seinerseits. Das will er vermeiden. Der Eindruck von außen ist der eines etwas törichten Menschen.

Man sieht die Welt anders an. Man bemerkt an vielen, bisher als unbedeutend erschienenen Ereignissen, dass sie Tiefe erhalten, dass sie wie Zeichen auftreten. Man bemerkt sie an anderen, an Menschen nebenan.

Nun, nach der Umwertung der Werte, bekommen kleine

Zeichen eine bestimmte Aussage: Sie werden zu Zeichen des Menschlichen. Sie werden zu Aussagen, zur Verkündigung. Dem wollen wir nachsinnen.

Man erkennt Elemente solcher Verkündigung an manchen Orten. Bisher schienen sie unscheinbar, ohne besondere Aussage. Nun werden sie bedeutend.

Ein Schmied hat eine Arbeitsgruppe zusammengestellt. Drei Männer schmieden glühendes Eisen. Der Hammerschlag geht rhythmisch: Eins, zwei, drei, eins, zwei, drei. Einer der Männer kann nicht den Rhythmus halten. Er schlägt zu spät, zaghaft, er trifft ungenau. Der Schmied wird schneller, er korrigiert mit seinem Schlag den Fehler des Dritten. Das Geschehen wird zum Urbild des Schmiedens.

Ein Gärtner füllt Gemüse in den Korb einer Frau. Er nimmt Kohl, Möhren, Radieschen. Er nimmt die Dinge in seine Hände. Er hat im Frühjahr das Beet bereitet. Er hat gesät, pikiert, gejätet. Er hat geerntet. Nun nimmt er die Früchte in die Hand und gibt sie her.

Kennen wir das Bild von Emil Nolde, *Der große Gärtner*? Viel Blau und Grün sind im Umkreis, in der Mitte des Bildes ein alter Mann, er hält Blumen in der Hand. Die Blumen reflektieren Licht von unten, von der Seite, ins Antlitz des Gärtners. Sonnenblumen strahlen hellgelb. Mohn schenkt Rot.

Das Wirken der Menschen auf der Erde erhält tiefe Bedeutung. Es wird wesenhaft. Wer das wahrnimmt, erlebt Imagination.

Wir betreten das Reich der Verkündigung. Das erreicht man nicht ohne Opfer des Eigenseins, des Niedern im Ich. Man kann auch sagen: Das Seelen-Ich ist betroffen. Man muss hergeben, wie das Sternentaler-Kind alles herschenkt: Brot – Mantel – Kleid – Hemd. Das schmerzt ungeheuer. Das wird zu Opferung.

Fast zugleich tritt Wandlung auf! Die Wandlung der bisher

geltenden Werte bewegt das Herz. Das ist die Folge des Opferns, des Herschenkens. Das Sterntaler-Kind erhält ein neues Kleid, ein Sternenkleid. Das ist der Sternen-Leib, der Astralleib.

Die Wandlung lässt Dinge und vor allem menschliche Ereignisse zum eigenen Wesen werden. Das ist Inspiration. Es ist zugleich Wandlung als soziales Ereignis.

Das Erkennen der Idee in der Wirklichkeit wird zur Kommunion des Menschen, des einzelnen Menschen! Kann man dasselbe im Feld des Sozialen entdecken? Man blickt fragend.

Man entdeckt im Mitmenschen dieselbe Erkenntnis, die, obwohl ganz individuell, zum Allgemeinen wird. Man sieht Erkennen des Opferns und der Wandlung im Auge, im Herzen des Anderen. Das ist Kommunion. Das ist Intuition.

Das Geschehen wurde am Ereignis eines Konflikts entwickelt. Wir lernten Licht wahrzunehmen, wo man meistens nur Dunkles sieht. Man kann andere Wege gehen zum gleichen Ziel. Der umgekehrte Kultus ist soziales Ereignis, das die wesenhafte Quelle dessen wird, was wir Gemeinschaft nennen.

Der Übergang von Opferung zur Wandlung im sozialen Kultus

Der Gang von der Opferung zur Wandlung kann fließend erfolgen. Aus dem Wesen des Opferns scheint eine innere Wandlung fast von selbst hervorzutreten. Der Vorgang ist ein Geschenk aus der Geistwelt. Er wird erst bewusst, wenn er geschehen ist. Auch das Opfern selbst kann halb bewusst geschehen. Das Schicksal fügt die Wege derart, dass man entweder in Aggression fällt oder sich dahin fügt, dass man inneren Verzicht leistet, dass man etwas von sich selbst herschenkt. Das sind intime, das Herz anrührende Vorgänge.

Es kann aber auch geschehen, dass jemand ein solches Opfer in voller Freiheit und ganz bewusst vollzieht. Das kann so still geschehen, dass kaum jemand davon etwas ahnt, aber es gehört zum sozial Kostbarsten, das es geben kann.

Das Halbbewusste und das Vollbewusste sollen uns beschäftigen.

Man kann einen Sinneseindruck hinnehmen, wie er sich darbietet. Das Auge schweift über ein Stück Landschaft, nimmt auf und geht doch zu anderen Eindrücken über. Man hat gesehen und doch nicht wahrgenommen.

Man kann aber auch bei einem Eindruck verweilen. Dem Autofahrer ist das nicht anzuraten, dem Spaziergänger aber sehr wohl. Was geschieht? Dem ersten Sinnesvorgang gesellt sich ein zweiter hinzu. Der zweite geht vom Auge zum gesehenen Gegenstand, er umfasst ihn, ertastet ihn, macht ihn reich an Wahrnehmung. Der zweite Vorgang benimmt sich wie unsichtbare Arme, die zum Gegenstand hinwandern. Sie entfalten dort ein intensives Geschehen.

Ein Maler betrachtet ein Stück Landschaft. Er sieht, nein, er nimmt wahr: Grau- und Grüntöne. Dazwischen gibt es ein

Braun in Abstufungen. Der Schatten ist tiefblau. Aber dort leuchten orange Früchte aus dem Tief-Silbergrün. Er malt besessen. Das Silbergrün entsteht, das Braun in Tupfen und dazwischen springen Leuchtorte hervor: hell sprühende Orangen.

Der Maler möchte rufen, lachen, er ist begeistert, tief bewegt: Das Orange elektrisiert ihn. Die Orangen springen aus dem Bild. Man meint, den Geschmack zu spüren. Der Maler hat mehr gemalt als da ist, viel mehr. Er hat die Orangen zu einer neuen Wahrheit erhoben.

Es gibt mehrere Arten der Anrührung. In der Sixtinischen Kapelle sind Gott-Vater und der eben geschaffene Adam gemalt. Die Gestalten schweben. Das ist meisterhaft gemalt. Die Finger streben aufeinander zu, berühren sich fast, aber eben nicht ganz. Trotzdem ist die Verbindung evident.

Man kann zwei Handflächen zueinanderlegen. Das ist der bekannte Händedruck. Man kann aber auch den ungemein

festen Griff üben, dass zwei Menschen die Hände um das Handgelenk des anderen legen.

Alle drei Arten führen im Anschauen zu einer Imagination. Das sind das schwebende Anrühren, das Ineinanderfügen zweier Wärmepunkte und schließlich das Ineinanderübergehen.

Der zweite Wahrnehmungsvorgang ist das eigentliche Sehen – Vernehmen. Vom Menschen gehen Willensströme aus, umfangen Gesicht – Klang – Geruch – Geschmack und sogar nicht Sinnliches wie Liebe – Vertrauen – Zutrauen.

Der Mensch durch-menschlicht die Erscheinungen. Man kann von Durch-Ichen sprechen. Alle Kunst beruht auf dem zweiten Wahrnehmen, aber auch manche Wissenschaft pflegt sie. Zwischen Menschen kann sie im sozialen Feld entstehen. Immer fügt sie ein Mehr zum einfachen Vernehmen hinzu. Dieses Mehr ist ganz individuell und doch zugleich universell. Der Mensch betritt damit eine objektive Ebene.

Das meiste bis jetzt Betrachtete ist eine Vorbereitung auf das eigentliche Thema: Der Übergang von Opferung zur Wandlung im sozialen Kultus. Denn dieser und auch seine vier Stufen beruhen auf der zweiten, der Ich-aktiven Wahrnehmungstätigkeit. Der Mensch ist schöpferisch tätig. Er trägt Ich-Kraft in die Phänomene der Sinne und in die seines Denkens und Erlebens. Dort ist auch die Ebene einer einsetzenden Wandlung zu suchen. Dahin soll eine weitere Vorbereitung führen.

Rudolf Steiner spricht in vielen seiner Vorträge von der Weisheitswelt des lebendigen Äthers. Er spricht von der Dreigliederung des Menschen, von der Viergliederung, der Siebengliederung. Er entfaltet die Stationen der Erd-Evolution, er zeigt die christologischen Gedanken auf. Er wiederholt all dieses immer wieder und mit echter Anteilnahme und Wärme. Warum tut er dies? Er erzieht seine Hörer und Leser zu Gedanken, die sich an die irrtumfreie Weisheitswelt der Ätherregion herantasten. Der Studierende lernt eine Welt ohne Irrtum kennen und erzieht sich selbst dazu, die Ebene des Irrens hinter sich zu lassen. Von dort ist es ein Schritt in die Wahrwelt der Imagination.

Rudolf Steiner stellt fest, dass es ein «psychologisches Kreuz» gibt. In der Waagerechten treffen aufeinander ein Balken, der von links zur Mitte strebt. Er steht für das Denken des Menschen, das ganz aus Kräften der Vergangenheit besteht. Diesem Balken strebt von der anderen Seite ein zweiter entgegen, der den Willen repräsentiert. Der Wille strömt dem Menschen wie ein Keim aus der Zukunft entgegen. Das Denken ist Vergangenheit, der Wille ist Zukunft, aber die Zukunft wandert nicht hinweg von der Gegenwart in kommende Ferne, sondern die Zukunft strebt dem Menschen aus der Unendlichkeit entgegen und bildet mit der Spitze der Vergangenheit erst die Gegenwart.

Dieser Denkvorgang ist nicht vertraut. Man denkt, man plant vor allem Zukunft vom Jetzt ins Morgen, in die kommende Zeit. Man bemerkt nicht, dass man Kraft der Vergangenheit in die Zukunft projiziert und damit einen Fehler begeht.

Wenn man zeitfrei denken kann, dann zeigt sich, dass die Zukunft nicht zurückweicht, dass sie vielmehr auf den Menschen zuströmt.

Unter der gezeichneten Mitte befindet sich der physische Leib und über der Mitte erhebt sich eine Kraft, die das Ich entfaltet, indem sie aus der Gegenwart Elemente des Erlebens ins volle Bewusstsein erhebt und dort belässt. In der grafischen Darstellung sieht das aus wie folgt:

Das «psychologische Kreuz»

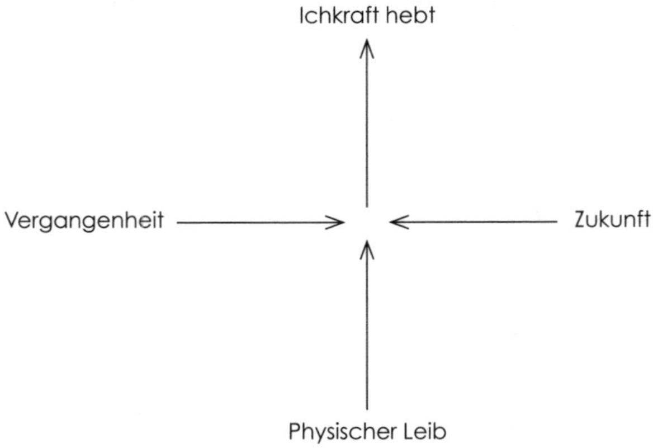

Das gewöhnliche Denken kann irren. Man weiß, diese Möglichkeit ist immer im Hintergrund. Der eine nennt einen Winter schneereich, ein anderer, in den Bergen an meterhohen Schnee gewöhnt, nennt ihn schneearm. Eine alte Dame nennt eine Sechzigjährige eine junge Frau, der Zwanzigjährige findet sie recht alt. Jemand schaut einen Baum ungenau an, nennt ihn eine Linde. Wer genauer hinblickt, erkennt dort eine Erle. Man ist an derlei Irrtümer gewöhnt und vermutet sie auch an anderen Orten. Trifft das zu?

Der Lehrer und die Eltern trauen dem heranwachsenden Kind etwas Wesentliches zu. Zutrauen ist ein sozial kostbares Geschenk. Das Kind nimmt vielleicht andere Wege, als die Eltern zutrauten und trotzdem hat das Zutrauen im Kind eine Türe geöffnet. Echtes Zutrauen befindet sich auf der Ich-Ebene und nimmt dort Seins-Charakter an. Ähnlich ergeht es dem Maler, der Farben in kräftigen Tönen vermalt und dabei Wesentliches aussagt. Die Farben kann der Pedant fehlerhaft nennen. Man kann sie aber auch übergeordnet empfinden und damit nehmen sie ebenfalls Seins-Charakter an. Das Ich hebt Phänomene aus der Ebene des Irrtums in die des Wesens oder des Seins.

Damit sind wir bei dem Übergang vom Opfer zur Wandlung. Die Wandlung folgt aber nicht auf das Opfer wie eine Treppenstufe auf die andere, sondern sie ist wesenhaft. Sie kommt dem Opfernden entgegen. Es handelt sich nicht um einen Übergang oder eine Stufe. Menschentun wird zum Seinsgeschehen. Es ist eine chymische Hochzeit.

Anmerkungen

1 Rudolf Steiner, *Heilpädagogischer Kurs*, GA 317, Dornach 1995.

2 Rudolf Steiner / Edith Maryon, *Briefwechsel. Briefe – Sprüche – Skizzen 1*912-1924, GA 263/1, Dornach 1990.

3 Weiteres dazu siehe Seite 72 im Abschnitt «Der Heilpädagogische Kurs».

4 Baruch Luke Urieli, *Empathie: Das Erwachen am anderen Menschen*, Urachhaus, Stuttgart 2001.

5 Rudolf Steiner, *Die Sendung Michaels*, GA 194, Dornach 1994.

6 Präfix «pro» im Sinne von «vor» anstatt «re» = « zurück», «wieder».

7 Wenn man sich z. B. mit der Hand auf den Kopf klopft, kann man den Körperschall hören! Das kann Frau H. nicht.

8 Vgl. hierzu die Vorträge vom 6. und 12. Dezember 1918, «Soziale und antisoziale Triebe im Menschen», enthalten in: Rudolf Steiner, *Die soziale Grundforderung unserer Zeit – In geänderter Zeitlage*, GA 186. Weiteres dazu im Abschnitt «Vom Wesen des Gesprächs».

9 Im *Heilpädagogischen Kurs* (GA 317) betont Rudolf Steiner, wie der Pädagoge mit seinem höheren Wesensglied auf das darunterliegende des Kindes wirkt. Der Pädagoge wirkt mit seinem Ätherleib auf den physischen Leib, mit seinem Astralleib auf den Ätherleib, mit seinem Ich auf den Astralleib und mit seinem Geistselbst auf das Ich des Kindes. Selbst ein schlechter Erzieher wirkt mit seinem Geistselbst auf das Ich des Kindes, dann aber eben im negativen Sinne. Weiteres dazu im Abschnitt «Das pädagogische Gesetz und seine Umkehrung».

10 Die in einem Organismus liegende Kraft zur Entwicklung von Anlagen.

11 Rudolf Steiner, *Heilpädagogischer Kurs*, GA 317, 11. Vortrag, Dornach 1995.

12 «Andacht zum Kleinen. Ja, zum Kleinsten.» *Heilpädagogischer Kurs*, GA 317, 10. Vortrag, Dornach 1995.

13 Siehe dazu auch die Vorträge vom 5. und 6. Juli 1924 in: Rudolf Steiner, *Heilpädagogischer Kurs*, GA 317, Dornach 1995.

14 Rudolf Steiner, «Was tut der Engel in unserem Astralleib?», Zürich 9. Oktober 1918 in: *Der Tod als Lebenswandlung*, GA 182, Dornach 1996.

15 Rudolf Steiner, *Das Karma des Berufs des Menschen in Anknüpfung an Goethes Leben*, GA 172, Dornach 2002.

16 Vgl. dazu auch Seite 52.

17 Vgl. dazu auch Seite 52.

18 Dieter Brüll, *Bausteine für einen sozialen Sakramentalismus*, Verlag am Goetheanum, Dornach 1995.

Literatur

Hans Dackweiler, *Gedanken zum Wesen handwerklicher Arbeit*, Verlag Freies Geistesleben 1996.

Rex Raab, *Edith Maryon – Bildhauerin und Mitarbeiterin Rudolf Steiners*, VAMG, Dornach 1993.

Rudolf Steiner, *Heilpädagogischer Kurs*, GA 317, Rudolf Steiner Verlag Dornach 1995.

–, *Kosmogonie. Populärer Okkultismus.*

–, *Das Johannes-Evangelium.*

–, *Die Theosophie anhand des Johannes-*

–, *Evangeliums*, GA 94, Dornach 2001.

–, *Die Theosophie des Rosenkreuzers*, GA 99, Dornach 1985.

–, *Das Karma des Berufes des Menschen in Anknüpfung an Goethes Leben*, GA 172, Dornach 1987.

–, *Der Tod als Herausforderung*, GA 182, Dornach 1996.

–, *Esoterische Betrachtungen karmischer Zusammenhänge*, GA 235-240, Dornach 1988-1994.

Baruch Luke Urieli, *Empathie: Das Erwachen am anderen Menschen*, Urachhaus, Stuttgart 2001.

192 Seiten, mit zahlr., farb. Fotos, geb.
ISBN 978-3-7725-1490-6

Es sind außergewöhnliche Menschen, die uns aus dem Bildband entgegenblicken: Menschen, die in Gemeinschaften und Werkstätten leben und arbeiten, die dort betreut, gefördert und gefordert werden.
Die Mitte woanders gibt auf atmosphärisch dichte Weise einen Einblick in die Besonderheiten der anthroposophischen Sozialtherapie, der Heilpädagogik und der Impulse in der Sozialarbeit. Die kunstvollen Porträts und einfühlsamen Momentaufnahmen des Fotografen Wolfgang Schmidt überzeugen durch die starke Intimität, die aus ihnen spricht, ohne distanzlos zu sein. Daneben setzt Holger Wilms in einzelnen Worten oder knappen Sätzen unkonventionelle Sprachzeichen, die zum Selber- oder Weiterdenken animieren.

Verlag Freies Geistesleben

184 Seiten, Leinen mit SU
ISBN 978-3-7725-2405-9

Unmittelbar unter dem Eindruck seiner Reise zum Herzen Mitteleuropas – nach Prag und vor allem zur Burg Karlstein – macht Karl König auf die Notwendigkeiten der sozialen Erneuerung aufmerksam. Das soziale Bauwerk muss heute im Inneren des Menschen aktiv entwickelt werden.
Nur aus dem Geiste heraus kann eine dem heutigen Menschen gemäße soziale Gestaltung entstehen. Doch kann König plastisch-bildhaft und in eindringlicher Weise aufzeigen, wie die Ansätze dazu im Menschen selbst veranlagt sind und im gewöhnlichen Alltagsleben durch konsequentes Üben wirksam werden können.

Verlag Freies Geistesleben

208 Seiten, Leinen mit SU
ISBN 978-3-7725-2402-8

«Allumfassend ist Heilpädagogik nicht nur Wissenschaft, nicht nur praktische Kunst, sondern menschliche Haltung. Als solche kann sie gleich einer heilenden Arznei denen gereicht werden, die unter der alles zermalmenden Bedrohung der menschlichen Person stehen. Das aber ist das Schicksal eines jeden Menschen von heute. Ihm zu widerstreben, zu helfen, und Hilfe zu empfangen, ist Sinn und Wert heilpädagogischen Tuns.»

Karl König

Verlag Freies Geistesleben